新闻与传播学译丛·学术前沿系列

交往在云端

数字时代的人际关系

[美] 南希·K.拜厄姆（Nancy K.Baym） 著
董晨宇 唐悦哲 译

PERSONAL CONNECTIONS IN THE DIGITAL AGE

第2版

中国人民大学出版社
·北京·

新闻与传播学译丛·学术前沿系列

丛书主编　刘海龙　胡翼青

总　序

在论证“新闻与传播学译丛·学术前沿系列”可行性的过程中，我们经常自问：在这样一个海量的论文数据库唾手可得的今天，从事这样的中文学术翻译工程价值何在？

国内20世纪80年代传播研究的引进，就是从施拉姆的《传播学概论》、赛弗林和坦卡德的《传播理论：起源、方法与应用》、德弗勒的《传播学通论》、温德尔和麦奎尔的《大众传播模式论》等教材的翻译开始的。当年外文资料匮乏，对外交流机会有限，学界外语水平普遍不高，这些教材是中国传播学者想象西方传播学地图的主要素材，其作用不可取代。然而今天的研究环境已经发生翻天覆地的变化。图书馆的外文数据库、网络上的英文电子书汗牛充栋，课堂上的英文阅读材料已成为家常便饭，来中国访问和参会的学者水准越来越高，出国访学已经不再是少数学术精英的专利或福利。一句话，学术界依赖翻译了解学术动态的时代已经逐渐远去。

在这种现实面前，我们的坚持基于以下两个理由。

一是强调学术专著的不可替代性。

目前以国际期刊发表为主的学术评价体制导致专著的重要性降低。一位台湾资深传播学者曾惊呼：在现有的评鉴体制之下，几乎没有人愿意从事专著的写作！台湾引入国际论文发表作为学术考核的主要标准，专著既劳神又不计入学术成果，学者纷纷转向符合学术期刊要求的小题目。如此一来，不仅学术视野越来越狭隘，学术共同体内的交流也受到影响。

国内的国家课题体制还催生了另一种怪现象：有些地方，给钱便可出书。学术专著数量激增，质量却江河日下，造成另一种形式的学术专著贬值。与此同时，以国际期刊发表为标准的学术评估体制亦悄然从理工科渗透进人文社会学科，未来中国的学术专著出版有可能会面临双重窘境。

我们依然认为，学术专著自有其不可替代的价值。其一，它鼓励研究者以更广阔的视野和更深邃的目光审视问题。它能全面系统地提供一个问题的历史语境和来自不同角度的声音，鼓励整体的、联系的宏观思维。其二，和局限于特定学术小圈子的期刊论文不同，专著更像是在学术广场上的开放讨论，有助于不同领域的"外行"一窥门径，促进跨学科、跨领域的横向交流。其三，书籍是最重要的知识保存形式，目前还未有其他真正的替代物能动摇其地位。即使是电子化的书籍，其知识存在形态和组织结构依然保持了章节的传统样式。也许像谷歌这样的搜索引擎或维基百科这样的超链接知识形态在未来发挥的作用会越来越大，但至少到现在为止，书籍仍是最便捷和权威的知识获取方式。如果一位初学者想对某个题目有深入了解，最佳选择仍是入门级的专著而不是论文。专著对于知识和研究范式的传播仍具有不可替代的作用。

二是在大量研究者甚至学习者都可以直接阅读英文原文的前提下，学术专著翻译选择与强调的价值便体现出来。

在文献数量激增的今天，更需要建立一种评价体系加以筛选，使学者在有限的时间里迅速掌握知识的脉络。同时，在大量文献众声喧哗的状态下，对话愈显珍贵。没有交集的自说自话缺乏激励提高的空间。这些翻译过来的文本就像是一个火堆，把取暖的人聚集到一起。我们希冀这些精选出来的文本能引来同好的关注，刺激讨论与批评，形成共同的话语空间。

既然是有所选择，就意味着我们要寻求当下研究中国问题所需要关注的研究对象、范式、理论、方法。传播学著作的翻译可以分成三个阶段。第一个阶段旨在营造风气，故而注重教材的翻译。第二个阶段目标在于深入理解，故而注重移译经典理论著作。第三个阶段目标在于寻找能激发创新的灵感，故而我们的主要工作是有的放矢地寻找对中国的研究具有启发的典范。

既曰“前沿”，就须不作空言，甚至追求片面的深刻，以求激荡学界的思想。除此以外，本译丛还希望填补国内新闻传播学界现有知识结构上的盲点。比如，过去译介传播学的著作比较多，但新闻学的则相对薄弱；大众传播的多，其他传播形态的比较少；宏大理论多，中层研究和个案研究少；美国的多，欧洲的少；经验性的研究多，其他范式的研究少。总之，我们希望本译丛能起到承前启后的作用。承前，就是在前辈新闻传播译介的基础上，拓宽加深。启后，是希望这些成果能够为中国的新闻传播研究提供新的思路与方法，促进中国的本土新闻传播研究。

正如胡适所说：“译事正未易言。倘不经意为之，将令奇文瑰宝化为粪壤，岂徒唐突西施而已乎？与其译而失真，不如不译。”学术翻译虽然在目前的学术评价体制中算不上研究成果，但稍有疏忽，却可能贻害无穷。中国人民大学出版社独具慧眼，选择更具有学术热情的中青年学者担任本译丛主力，必将给新闻传播学界带来清新气息。这是一个共同的事业，我们召唤更多的新闻传播学界的青年才俊与中坚力量加入荐书、译书的队伍中，让有价值的思想由最理想的信差转述。看到自己心仪的作者和理论被更多人了解和讨论，难道不是一件很有成就感的事吗？

译者序

社交媒体中的交往与想象

董晨宇　唐悦哲

我们先来讲两个故事。

1949 年 10 月，33 岁的美国作家海莲·汉芙在报纸上看到一则售卖旧书的广告，这家来自伦敦的书店宣称自己收藏了不少旧书珍本。贫穷的汉芙犹豫再三，还是给书店老板寄去一封信。她在信中写道："先生……我只不过是位对书籍有着'古老'胃口的穷作家。在我住的地方，总买不到我想读的书。随信附上一份清单，上面列出我目前最想读而又遍寻不着的作品。如果您那里有这些书，而每本又不高于五美元的话，可否将此函视为订购单，并将书寄给我呢?"

汉芙在落笔时绝不会想到，这封信会成为她与书店老板弗兰克·德尔长达 20 年友谊的开端。在最初几封信中，汉芙还尊称对方为先生，但从第五封信开始，她就直呼其名，如同与一位相知已久的老友谈天，购书甚至已经不再是那么重要的事情。更有好事者发现，德尔曾悄悄将信头"汉芙小姐"改称为"亲爱的海莲"，信件落款的时间是 1952 年 2 月 14 日情人节。

然而，汉芙与德尔的通信并没有换来哪怕一次的见面。直到德尔去世的消息传来，在汉芙心中，这个男人仍旧是一封封短信中的只言片语。之后的日子里，德尔的后人无心经营这家赚不到钱的书店，汉芙也久久不愿踏上英国的土地怀念旧人，她干脆将二人来往的信件编成了一本薄薄的小书，名叫《查令十字街 84 号》。

我们把时间再向前追溯几百年，来到中国宋朝，讲第二个故事。

宋代传奇小说《流红记》中写过这样一件事。书生于祐在宫门外散步，拾落叶一片，上有四句情诗："流水何太急，深宫尽日闲。殷勤谢红叶，好去到人间。"这首诗把宫女的生活写得太幽怨了，于祐读罢，便触动了怜香惜玉的心弦，别取红叶，回诗两句："曾闻叶上题红怨，叶上题诗寄阿谁？"他将红叶置于水上，看它漂入宫内。朋友听闻后，莫不笑他痴情。

于祐数年赶考，都没能取得什么功名，于是便来到一位姓韩的人家做教书先生。韩家的老爷见于祐生性淳朴，又未娶妻，便将自己的女儿许配给他。婚后，一日妻子整理房间时，发现于祐所藏红叶，正是自己做宫女时所写，于是潸然泪下，随即取出自己当年捡到的红叶，冥冥之中，"方知红叶是良媒"。

试想一下，如果不是信件，汉芙与德尔恐怕永远无法跨越遥远的大西洋，在等待与书写的交错间传递着理想的温情。如果不是红叶，书生与宫女又怎能跨越幽闭的宫门，在冥冥中埋下这段缘分的伏笔？当然，在我们生活的21世纪，恐怕不会有太多人愿意承受等待的煎熬或将缘分寄托给天意，选择通过信件或红叶与他人产生交集。不过，似乎我们在做的事情与汉芙等人的所为没什么本质上的区别。我们不如打个有点冒险的比喻：这一封封往复的信件，不就是汉芙与德尔那个时代的电子邮件吗？这一片片红叶，不就是书生与宫女那个时代的QQ漂流瓶吗？

前互联网时代中的社交媒体

这当然不止是在感性层面上开个脑洞而已。我希望表达的是，《查令十字街84号》中温情的书信，《流红记》中寄托爱意的红叶，和我们在互联网中亲昵的交谈，也许并没有太多本质的区别，至少，它们都属于所谓的中介化交往（mediated communication）。这样一来，我们自然会产生一个疑问，当我们将微信与脸书（Facebook）视作数字传播的革命，称它们为"社交媒体"（social media）时，对书信和红叶来讲，是否有些不公呢？难道是因为书信和红叶不够社交吗？

2015年出现了一本专门研究社交媒体的英文学术期刊，名叫《社交媒体+社会》（Social Media + Society）。这本期刊的主编齐齐·帕帕奇拉斯

(Zizi Papacharissi）算得上是互联网研究界的领军人物。不过，她却在创刊词中给“社交媒体”这四个字泼了盆冷水。她说自己第一次接到邀请时，看了这个期刊的名字，就有点犹豫。她非常讨厌“社交媒体”这个说法，既因为它体现出一种言过其实的暗示——社交媒体在社交性上是独一无二的，也因为它本身存在着同义反复——当我们说起“社交媒体”时，难道在暗示，还有其他一些媒体不是用来“社交”的吗（Papacharissi，2015)？如果从字面的意思来讲，无论是《查令十字街84号》中的书信，还是《流红记》中的红叶，其实都是社交媒体。我们在读中学时，给偷偷喜欢的人传小纸条，现在想来，也是在使用社交媒体。只不过，随着互联网技术的发展，更多时候，我们似乎更愿意在深夜打开微信，对自己暗恋的人说一句：“在吗?”

如果社交媒体仅仅突出媒体的社交本质，那么，汤姆·斯丹迪奇（Tom Standage）还要走得更远一些。在谈论人类社交媒体的起源时，他直接指向了古罗马。斯丹迪奇是《经济学人》的记者，特别钟情于通过古今传播技术的对比，来理解当下的现实问题。他写了许多传播技术史方面的畅销书，其中一本叫作《从莎草纸到互联网》（*Writing On the Wall*）（Standage，2015）。这里的“Wall”其实是一个双关语，不仅指脸书上的留言板，同时也指古罗马庞贝古城的残垣断壁。在那里，考古学家发现了一万多条涂鸦。涂鸦的内容可以说五花八门，有人在上面求爱，有人在上面发表政治观点，还有人在上面“出柜”。比如有一条涂鸦写道：“赛昆杜斯想念普里玛。”底下紧接着，普里玛就回复说，自己也向赛昆杜斯问好。想想看，这些墙上的涂鸦，与我们在脸书留言板上书写的对话，又有什么本质上的区别呢？

按照斯丹迪奇的描述，在古罗马人的社交盛宴上，其实这些涂鸦还只是前菜，他们最经常使用的社交媒体，是蜡板和莎草纸。蜡板就是涂上蜡的木板，形状和我们今天的平板电脑十分相似。蜡板比较沉，适合短途传递消息。如果是长途通信，古罗马人更喜欢使用莎草纸，这是一种用尼罗河边生长的草秆制作的纸张，价格相对贵了一些，但十分轻巧，便于携带。作者说，蜡板和莎草纸就是古罗马时期的社交媒体，而帮助贵族传递这些信件的奴隶们，就是古罗马时期的宽带，他们将贵族们发送的信息连成网络。

在古罗马时期，著名的演说家马库斯·西塞罗就是个社交媒体迷。即便没什么事儿，他也要和朋友通个信，问候一下近况。朋友们接到西塞罗的蜡板，就直接在空白的地方回复他，这不就是现代社交媒体的回帖功能吗？如果通信的内容特别有价值，收信人还会让奴隶抄写下来，转给其他朋友阅读，激发进一步的讨论，这简直就是转推功能。

从技术发展的高度上，莎草纸与微信当然不可同日而语。一方面，微信潜在地消灭了社会交往的时间和空间障碍，实现了“海上生明月，天涯共此时”的人类愿景；另一方面，我们同样可以发现，社交媒体在发展历程中不断地接近面对面的交流：信件可以还原语言，电话可以还原声音，视频通话可以还原样貌。如今，虚拟现实技术则可以还原场景（Bolter & Grusin，2000）。不过，即便如此，技术的精进不会改变的是人类的社交本能。不管是古罗马时期的蜡板和莎草纸，还是我们如今使用的微信、微博，都是人类社交需求的实现途径。因此，在社交需求方面，不管是古罗马人，还是生活在21世纪的我们，其实都是一样的，并没有贵贱之分。

《圣经》中说，太阳底下无新事。同样，社交媒体中的中介化交往，也并不是什么21世纪的新发明，甚至我们可以说，一切媒体其实都是广义上的社交媒体。区别书信与微信并不是一件困难的事，但如果我们想要理解社交媒体的意义，便需要从人类的社交本能与欲望出发，理解书信与微信之间若隐若现的延续性。

让陌生之事变得熟悉

理解社交媒体历史暗线的意义，在于帮我们抽身而出，更为理性地思考技术的社会影响，为社交媒体祛魅。按照本书作者南希·拜厄姆教授的话来讲，便是逃离乌托邦与反乌托邦的技术决定论思维（Baym，2015）。

回顾人类历史，几乎每一种全新的社交媒体（或更广义的传播技术）出现在人们生活中时，我们都难免会产生极端化的应激反应，要么认为它是洪水猛兽，要么认为它是救世灵药。人们憎恶王者荣耀、抖音、今日头条会毁掉青年一代；人们赞美人工智能会带来美好的未来。这些简单粗暴的憎恶与赞美，都在人类历史上不断上演，同时也反复被证伪。我们可以来试着读读这两段话：(1)“这将是一座没有屋顶的教室，教室的墙壁建立在整个地球上，每个家庭都是对哈佛大学的延伸”；(2)“新技术的卓越功能，将会把那些视觉化的手段和技术引入教育过程，对全世界的学生们来说，这将使得教育更加具有娱乐性和吸引力”。我在课堂上询问学生，这两段话让你想起了什么，很多人告诉我，这不就是在说在线教育吗？不过实际上，前一句是20世纪20年代对于广播的评论，后一句是20世纪40年代对于电视的评论（莫斯可，2010：121，124）。

对于传播技术的乌托邦和反乌托邦想象，还有更多的例证，如今看来，这些判断都难免让人笑场：“20世纪90年代，权威专家一致预测，互联网将开启一个文化民主的新时代，自主的消费者将要发号施令，旧的媒体寡头将要腐烂和死亡。互联网将振兴民主。在世界各地，弱者和边缘人将被赋予力量，迫使独裁者下台，并使权力关系重组。互联网将会使宇宙收缩，促进国家间的对话和全球理解。”(Curran，2012)“在美国，人们担心汽车会使青少年与家人产生隔阂，还指控书籍、漫画、电影和电视会导致青少年早熟或成为少年犯。在美国历史上，人们同样会担心19世纪中叶特别流行的廉价小说会损害其读者的智力发展、增加他们潜在的反社会行为和犯罪概率。”(Baym，2015)

在研究者的世界中，这种乌托邦和反乌托邦思考逻辑也并不罕见。20世纪80年代，研究者基于媒体反馈速度、多线索沟通能力、语言使用能力和情感传递能力四个指标，将媒体分为贫媒体与富媒体（Daft & Lengel，1984)。这一区分的目的，在于通过媒体的“贫富差距”，确定它们的实际用途。例如有研究就发现，贫媒体更适合传递功能性的信息，富媒体更适合传递相对复杂的信息（Kiesler & Sproull，1992)。比如我可以通过即时通信工具和朋友约定聚会的时间和地点，但我们之间的情感关系，还是要依靠面对面的相遇来表达和增进。由此，我们似乎推演出这样一个结论：社交媒体中的人际交往，注定是线索贫瘠的，社交媒体中的人际关系，也难免是相对肤浅和单薄的，这有些类似于雪莉·特克尔（2014）所说的“群体性孤独”。

然而，问题的关键在于，技术并不能完全决定人们的使用行为，它也许可以决定使用的起点，但却不能决定使用的终点。在整个过程中，人们进行情感交流的本能，永远是推动“情感补偿”行为的原动力。

情感补偿的第一种策略是标点符号的创意性使用，这要从20世纪70年代谈起。1972年，也就是阿帕网问世后的第三年，卡内基·梅隆大学的教授斯科特·法尔曼（Scott Fahlman）提出，由标点组成的 :-）可以用来表示微笑。这种字符表情其实就是绘文字（emoji）的前身。有趣的是，这种创造性表达看似简单，但却可以反映出一些文化上的特质。比如在日本，人们使用的微笑字符是在平直的嘴巴上方画上一对眯起的笑眼（^_^），这反映出的正是日本人在公共场合不能肆无忌惮地表达情感的礼仪。因此，注重用眼部来展露情感的文化特征反映在了微笑字符之中（Yuki，Maddux & Masuda，2007）。在中介化交流中，标点符号被赋予了新的意义。比如，省略号在中介化传播中，更多会表达“为难”，而不是像书面语一样表达省略。

其次是文字的创意性使用。拜厄姆教授在本书中举过一个例子，在英语世界中，表达我很繁忙，可以直接说“I am so busy”，但如果用户想在中介化交往中强调自己的情绪，便可以把这句话的副词大写（I am SO busy）、修改副词的形式（I am sooooooo busy）或重复性、非正规地添加标点符号（I am so busy!!!!!!）（Baym，2015）。在汉语世界中，人们也会使用文字、字母、数字的组合来表达情感。比如在几年前，年轻人经常会把“你是不是傻”写作“你4不4洒”，来表达无恶意的戏谑和调侃。

除此之外，还有一种更具文化色彩的情感补偿方式，即所谓的“视觉方言”（eye dialect）（Haas et al.，2011）。视觉方言是一种故意的、不标准的拼写方式，用以表示文字的读音和地域特色。这种方式在英文中分为两种，即词汇视觉方言和声音视觉方言。比如，用k表示ok，gonna表示going to都属于词汇视觉方言；而hmmm……（呃呃呃，表示犹豫），hahaha（哈哈哈）则属于声音视觉方言。这种互联网中的“方言”还可以用于增进亲密感、建立文化身份的认同感。例如推特上的黑人用户经常会使用一种被称为“黑人推特”（black twitter）的语言来表达彼此之间的熟悉与亲密，例如他们会用 wit 代替 with、用 tryna 代替 trying to、用 you 代替 your，还喜欢在形容词后添加 ass 来表达更加强烈的情感，例如“stupid ass”（Florini，2014）。

让熟悉之事变得陌生

当我们谈到“让陌生之事变得熟悉”时，想要传达的是这样一个观点：不论是普通读者还是研究者，在面对新媒体时，需要把新生之事放进历史的脉络中，才能更为清晰地洞察到它的真正意义。或者说，只有在经历资本的疯狂之后，一种新媒体变成我们身边熟悉的事情，我们对其社会意义才能获得更为冷静的思考和判断。丹尼尔·米勒（Miller，2011）的这段话完美地佐证了这种因热情而生的偏狭：“每当一种新媒体兴起时，总会出现一模一样的观点。举例来说，菲律宾的 EDSA 革命能把总统赶下台，就被归功于移动电话的出现，因为人们是通过发短信来协调政治抗争的。不过，更加清醒的分析却表明，移动电话的影响被夸大了。今天的人们已经不再认为，移动电话在政治方面具有特别的革命性，部分原因在于这种热情已经被转移到了社交网站上。”

“让陌生之事变得熟悉”，是社交媒体研究者需要进行的“祛魅”；相反，“让熟悉之事变得陌生”，则是社交媒体研究者需要进行的另一项工作。社会学家克莉丝汀·海恩提出了一个说法很有意思：因为这些社交媒体对我们来说太熟悉了，普通人也不难形成一些观点，这就带来了一种“平庸化”（banalization）的危险（Hine，2015：9），甚至会让人觉得，这些司空见惯的事情有什么可以研究的？此时，研究者要做的事情，就是“重新前置平庸的事物”（Re-foreground the banal）。换句话讲，就是借助专业的方法性工具，把平常无奇的事物，重新摆在显耀的位置上，赋予它们新的意义与解读。

为了解释这个观点，我们不如从社交媒体研究中最为基础的概念谈起

（把更为精彩的洞见，留到拜厄姆教授的正文中吧）。如果我们暂不考虑斯丹迪奇对古罗马的召唤，仅仅聚焦以互联网为基础的社交媒体，那么，何谓社交媒体呢？这似乎是一个“幼稚”的问题，因为社交媒体离我们太近了。不过，正因为这种接近，让我们甚至不愿多花时间来思考社交媒体究竟是什么，甚至一时慌了手脚：“这……很难一句话说得清吧。”那么，不如我们再把问题缩小一些：推特（Twitter）是社交媒体吗？

我想大概没人会否认，Twitter是社交媒体，因为人们会在上面相互“关注”。不过，在2010年，计算机研究领域中就出现了一篇“挑刺儿”的论文，提出了这样一个挑战常识的研究问题：Twitter究竟是什么，是社交媒体还是新闻媒体？（Kwak，Park &Moon，2010）。三位作者抓取了4 100万名Twitter用户的好友关系，发现了这样三个有趣的结论。第一，被关注人数超过100万的用户总共有40位，要么是布兰妮·斯皮尔斯这样的公众人物，要么是《纽约时报》这样的媒体账号，可以肯定的是，这些账号几乎不会反向“关注”那些关注他们的人。第二，只有22.1%的用户的关注关系是双向的，和其他社交媒体比起来，这个数字是非常低的，比如在图片分享网站Flicker上，互粉关系占到了68%。第三，67.6%的Twitter用户是没有被任何人关注的。综合这三个结论，Twitter的主要功能究竟是获取信息，还是建立关系，本身就要打个问号了。倘若真如结论所言，Twitter的信息功能压倒了关系功能，那么，它究竟是新闻媒体还是社交媒体呢？

当然，一种解释是，按照亨利·詹金斯（Jenkins，2005）的说法，我们生活在一个“融合文化”的时代中，很难找到一个纯粹专注一件事的平台。换句话讲，我们不能要求Twitter只做社交，也不能禁止Facebook推送新闻。当我们谈到社交媒体时，其实面对的是功能侧重性千差万别的互联网平台。对于这一点，我们可以从商学院的研究中获得一些启发，例如，简·基茨曼等人的研究就展示了不同社交媒体平台之间的差异（Kietzmann et al.，2011）。他们提出了社交媒体的七个功能块，分别是分享、在场、关系、身份、对话、群组与声誉。比如，职场社交平台LinkedIn更加重视帮助用户建立“身份”，位置打卡平台Foursquare更加聚焦于用户的“在场”

感，视频分享平台 YouTube 更加突出“分享”，脸书则更加强调用户之间的“关系”。这样一来，社交媒体就像是一把巨大的阳伞，把这些形态各异又松散相连的媒介平台罩在下面，并给它们取了一个看似整齐的名称：社交媒体。

这种策略一方面让“社交媒体”这一称谓充满了想象的张力，另一方面，却让定义它的尝试变得越发难以实现。当这些平台都被我们统称为社交媒体时，接下来一个残酷的问题便是，什么不是社交媒体呢？毕竟，社交元素已经越来越成为手机 App 中的标准配置，Apple Watch 等可穿戴设备在强调社交，鼓励人们分享自己的健身数据（你的朋友中是否有这么一个人，为了争取行走步数第一，每天晚上硬着头皮在马路上晃悠?）；网易云音乐鼓励用户把自己喜欢的歌曲分享到微信中，让朋友们听到（除此之外，我曾经真的在网易云音乐 App 上发私信和朋友约过一起吃饭……）；就连滴滴顺风车的广告也告诉消费者“粉色星期三，你有短裙，我有暖风”（此处省略一百字不便印刷的评论）。如果我们把具有社交性的互联网媒体都称为社交媒体的话，那么，整个互联网中，恐怕剩不下几个媒体不是社交媒体了。

因此，社交媒体这一称谓总在时不时被过度使用。随着社交媒体的流行，社交媒体这把伞的面积简直要遮住整个互联网世界。当然，这也许不过是“知识的商品化”的轨迹：社交媒体带有资本红利，资本就会贴标签，反过来，社交媒体的概念外延也便愈加蔓延和模糊，创造了一些新的词语。这样一来，学术概念成为一种商业产品。“这种商品化的趋势愈演愈烈，几乎发生于所有的科学和艺术创造之中”（盖恩，比尔，2015：4）。

毕竟，这是一个你管邻居借个电钻，都可以称为共享经济的年代。

《交往在云端》的一种读法

以上几千字的自言自语，并非希望喧宾夺主，而是想要借助以上两种逻辑，为读者提供一种阅读这本书的方法。

不如我们把阅读看作一场旅行，如此一来，本书的第一章和第二章，便是旅行前来打包一些行李。第一章重点落在互联网技术可供性（affordances）上，这也许是我这样的文科生最大的软肋。当我们谈论互联网时，多数在聚焦关系与文化，少数在关注技术本身。拜厄姆教授为此提供了七个理解互联网的关键概念：交互性（interactivity）、时间结构（temporal structure）、社交线索（social cues）、存储（storage）、可复制性（replicability）、可及性（reach）和移动性（mobility）。第二章重点落在对待技术的不同想象上，即技术决定论（technological determinism）、技术的社会构建论（social construction of technology）、技术的社会形成论（social shaping perspective）与驯化（domestication）。这也呼应了译者序中我们谈到的“祛魅”问题。我们当然需要正视“技术决定论”的价值，尤其是在这样一个技术更新飞速的时代，技术的社会影响是我们无法逃避的关键词；不过，我们更应该理性地考虑到这一过程的“互动性”，从社会因素出发，考虑社交媒体使用的“意外可能”——没人想到美国社交网站Orkut会迅速被巴西人和印度人占领；App的开发者也不会料到，人们以一种反社交的方式使用社交媒体。例如有人会使用地理位置打卡的App，避免遇到刚刚分手的前任。

打包好我们的行李，在之后的章节中，读者也许会发现，拜厄姆教授在表达自己的观点时，存在一条暗线，也就是通过分析人们对于技术可供性“不可预料”的使用方式，来驳斥技术决定论。

本书第三章聚焦数字空间中的传播“线索”（cues），拜厄姆拒绝了技术决定论的线性思维方式，而是关注用户如何在这些社交媒体上重塑了媒体本身。按照拜厄姆的话来讲：“人们并没有就此放弃，也没有甘于接受贫乏的社交线索，仅仅进行没有感情和关怀的中介化互动。相反，交流的必要性激励人们创造性地使用这些线索，以便能够表达感受、开展游戏、进行表演，并创造身份、关系和群体语境。”第四章聚焦网络“社群”（community）。同样，拜厄姆拒绝了技术决定论的线性思维方式，不认为线上社群一定能够解决美国人“独自打保龄球”的困境。她采取社会建构论的视角，关注“那些影响线上和线下社区的社会力量，其中包括参与者的社会身份、激发线上行为的不同动机，以及围绕如何在线上行事、哪些技能必不可少所发展出来的社会规范”。第五章聚焦互联网中的“自我”（self）。

同样，拜厄姆也拒绝了“线上关系一定更加肤浅”“线上自我一定更倾向于欺骗”的技术决定论思维方式。她援引了不少近年来的研究，证明“技术可供性能够影响自我呈现，但并不决定它”。第六章聚焦“交往”（interaction），技术决定论再次成为拜厄姆教授批判的对象，因为“媒介对于不同时间内、不同关系中的不同的人，都具有不同的含义”。除此之外，社会、文化、年龄、性别、个体人格特质等因素，同样会影响用户对于社交媒体的具体使用方式。

一本译著最大的受益者，往往是译者本人。因为恐怕没人会像译者一样，和书中的每一个字反复较劲儿。一年前，出于对本书的喜爱，我将它推荐给中国人民大学出版社的翟江虹老师，一年之中，我与唐悦哲一起，把这本英文书变成了“方块字”。我相信，无论是社交媒体的普通使用者，还是社交媒体的专业研究者，拜厄姆教授都为之提供了值得关注的洞见。当然，在翻译的过程中，我们虽然尽心尽力，但因为水平有限，难免有不妥之处，敬请读者不吝赐教。

对于社交媒体的解读，我们已拖沓太久，本该早点谢幕。剩下的时间，有请拜厄姆教授登场。

参考文献

盖恩，比尔．新媒介：关键概念．上海：复旦大学出版社，2015.

莫斯可．数字化崇拜：迷思、权力与赛博空间．北京：北京大学出版社，2010.

特克尔．群体性孤独：为什么我们对科技期待更多，对彼此却不能更亲密?．杭州：浙江人民出版社，2014.

BAYM N K. Personal connections in the digital age. Cambridge：Polity，2015.

BOLTER J D，GRUSIN R. Remediation：understanding new media. Cambridge：MIT Press，1998.

CURRAN J. Reinterpreting the Internet//CURRAN，FENTON，FREEDMAN. Misunderstanding the Internet. London，New York：Routledge，2012：3－33.

DAFT R L，LENGEL R H. Information richness：a new approach to managerial behaviour and organizational design. Research in Organizational Behaviour，1984，6：191－233.

FLORINI S. Tweets, tweeps, and signifyin': communication and cultural performance on "Black Twitter". Television & New Media, 2014, 15 (3): 223 – 237.

HAAS C, TAKAYOSH P, CARR B, et al. Young people's everyday literacies: the language features of instant messaging. Research in the Teaching of English. 2011, 4 (45): 378 – 404.

HINE C. Ethnography for the Internet: embedded, embodied and everyday. London: Bloomsbury Academic, 2015.

JENKINS H. Convergence culture. New York: NYU Press, 2005.

KIESLER S, SPROULL L. Group decision making and communication technology. Organizational Behavior and Human Decision Processes, 1992, 52 (1): 96 – 123.

KIETZMANN J H, HERMKENS K, MCCARTHY I P, et al. Social media? Get serious! Understanding the functional building blocks of social media. Business Horizons, 2011, 54 (3): 241 – 251.

KWAK H, LEE C, PARK H, et al. What is Twitter, a social network or a news media? // Proceedings of the 19th international conference on World Wide Web-WWW '10. New York: ACM Press, 2010.

MILLER D. Tales from Facebook. Cambridge: Polity, 2011.

PAPACHARISSI Z. We have always been social. Social Media + Society, 2015, 1 (1): 1 – 2.

STANDAGE T. Writing on the wall: Social media—the first 2,000 years. New York: Bloomsbury, 2013.

YUKI M, MADDUX W, MASUDA T. Are the windows to the soul the same in the East and West? Cultural differences in using the eyes and mouth as cues to recognize emotions in Japan and the United States. Journal of Experimental Social Psychology, 2007, 2 (43): 303 – 311.

目录 CONTENTS

第一章 新型人际关系

在理解数字媒体的性能及其社会影响的道路上，我们正处于一个不断变化的时期。新媒体层出不穷，新的人群也开始使用这些工具，新的功能同样在不断涌现。哪些人被排除在数字中介的交往之外，哪些人因为互联网而受益，这既非随机，更非无关紧要。

1 与过去相比，如今我们与他人交往的方式真是空前多样。曾经，我们只能依靠面对面交谈，但在过去的几千年中，新的交往技术不断被创造出来。数字时代的独特之处，便在于使人与人相联系的技术中介经历了快速转型。在面对面交谈、固定电话、邮政信件等传统交往方式的基础上，我们拥有了电子邮件、移动电话、短信、即时通信、网聊、留言板、社交网络、照片分享、视频分享、多人在线游戏等诸多新型交往方式。不过，在面对新媒体时，人们也时常感到困惑。在这个创新与扩散日新月异的时代，我们自然会关心这些新型交往方式对人际关系的影响。

面对层出不穷的新媒体，我们往往有两种反应：一些人对人际交往的浅薄化表示担忧，对于很多人而言，日益频繁的中介化互动似乎威胁到了人际关系的神圣性；另一些人则认为，新媒体为我们创造了更多与他人建立联系的机会，从而形成了更强大、更多样化的关系链。这两种观点都有着深厚的文化历史背景，也都印证了同一种观念：数字媒体正在改变社会关系的本质。随着时间的推移，当我们逐渐习惯了新的传播媒体时，人们的态度开始发生微妙的改变。这些媒体的存在被视为理所当然，甚至可以忽略不计。所以，我们思考科技、探索交往，以及反思两者关联的最佳时刻，就是这些新媒体刚刚出现，有关它们的使用准则还未固定之时。

2 本书围绕数字媒体和数字设备在人际关系中扮演的角色展开，旨在为大家提供一种批判性思考的方式。比起目不暇接、发人深省的故事逸闻，本书更愿意提供一些理论和数据资料，帮助读者理解人际关系中发生的重要变化。我从 1990 年开始关注这个领域，1991 年启动了我第一项有关网络人际关系的研究，1994 年起在传播学院开设传播和新技术的相关课程。本书的素材取自我的研究项目、观察以及大量与此相关的其他研究文献，这些素材为评估和理解人际关系的变迁奠定了框架。

新媒体，新边界

当我们试图理解数字媒体和它在我们生活中的位置，以及对我们的个性和人际关系的影响时，会发现各种各样值得思考的议题。在技术的最初发展阶段，它会影响我们如何看待世界、社区、关系和自我。这也会促使社会和文化的重构与反思。卡罗琳·马尔温（Carolyn Marvin）（1988）的一项著名研究考察了19世纪大众科学杂志，她发现在人类历史中，电、电报、电话这些新技术的出现会将人们熟悉的事物陌生化，因此也更容易导致改变。这种改变又会造成人们的焦虑。在古代社会，人们曾为书写的出现担忧；在维多利亚时代，人们害怕电；如今，我们的“焦虑不仅针对电脑，还针对更广泛意义上的技术”（Thomas，2004：219）。

从远古时代起，这些传播技术出现的根本目的就是能让人们在身体缺席时，仍旧能够传递信息。在19世纪电报发明之前，这种超越空间的能力不可避免地会伴随时间的延迟，信息传达给受众可能要用上几年的时间。随着电报的出现，人类在历史上首次实现了不受距离限制的实时通信。人们也许曾对写作和出版感到震惊，不过，与面临这种全新的、瓦解时空边界的力量时产生的震惊相比，前者只能算是小巫见大巫。毕竟数千年来，人类早已习惯面对面社交，这种以极高速度进行远距离交流的能力，打破了我们根植于集体意识深处的社会认知。数字媒体的出现则造成了更严重的困扰。它们向学者和普通人提出了许多重要的问题：怎样才能既在场又缺席？如果自我不再需要身体作为载体，它将是什么样子？我们为何会在拥有如此多控制权的同时，又丧失了如此多的自由？当个人交流通过大众媒体传播时，意味着什么？当大众传播被用于个人交流时，其到底该被如何定义？“私人”和“公共”如何区分？“真实”到底是什么意思？

肯尼思·格根（Kenneth Gergen）（2002）认为我们正在与“缺席的在场（absent presence）所造成的挑战”做斗争。尽管在物理空间中，我们身边不乏有血有肉的人，但我们依然为自己在“漂浮世界”（floating world）中与不在场的对象打交道感到忧心忡忡。雪莉·特克尔（Sherry Turkle）在《群体性孤独》（*Alone Together*）（2011）一书中指出，我们也许置身某地，但是心思和情感却在别处。例如，你的同伴虽然与你共进晚餐，但却一直低头用手机与别人聊天。那么他的身体既是在场的，但同时又是缺席的，于是，“自我”的本质就变得模糊起来。“他”到底在哪里？哈拉维（Haraway）（1990）在《赛博格宣言》（*Cyborg Manifesto*）中宣告，人类和机器的界限已经瓦解。不仅如此，自我和身体的界限也陷入不确定性之中。很快，一些人便认为，他们的“真实自我”在网上能得到最佳呈现（McKenna，Green & Gleason，2002）。异地恋的双方通过电子设备建立和维系关系，可穿戴设备被嵌入我们日常穿着之中，那么，我们又怎么确认真实的自我究竟在何处栖身呢？此外，如果数字媒体中的自我和面对面交流中的自我不一样，甚至相互矛盾时，我们又该怎么办呢？如果一个人在面对面交流中表现得很有教养，在一个网络论坛中咄咄逼人，在另一个论坛中则渴求关爱，那么，哪一个自我才是真实的呢？是否还存在真实的自我？它曾经存在过吗？

当传播无须我们在场时，我们便可以更好地控制社交，不过，这也让我们陷入新的控制、监视和约束中。内奥米·巴伦（Naomi Baron）（2008）称，新媒体让我们在管理社交环境和人际关系时可以进行“音量控制”（volume control）。我们可以创造新的交流机会，也可以逃避交流，比如在熟人出现时假装在打电话，或者让来电者给我们的语音信箱留言；我们还可以操纵交流，比如转发讨厌的电子邮件，或者使用免提通话；在一些可能让我们焦虑的情境下，比如调情和分手时，我们可以选择短信、电子邮件等非语言媒介；我们还可以通过 Foursquare（现在是 Swarm）或者 Facebook 查看联系人都在哪里签到过，然后选择避开这些地方（Humphreys，2011）。不过，一方面，我们能利用这些媒体有效管理他人，另一方面，别人也可以轻而易举地利用这些媒体来管理我们。我们被期待随时随地回复信息，这样一来，每个人的自主性便越来越受限。一种“永久联系”（perpetual contact）的状态在赋予我们权利的同时，也给我们带来困扰（Katz & Aakhus，2002）。显而易见，从已知的政府对移动通信、网络活动、在线游戏的监视来看，我们虽然对自己在数字媒体中的行为和关系越来越有控制权，但同时，我们的网络活动也留下了很多电子痕迹，由此带来的社会监控的规模也空前强大。

> 如果数字媒体中的自我和面对面交流中的自我不一样，甚至相互矛盾时，我们又该怎么办呢？如果一个人在面对面交流中表现得很有教养，在一个网络论坛中咄咄逼人，在另一个论坛中则渴求关爱，那么，哪一个自我才是真实的呢？是否还存在真实的自我？它曾经存在过吗？

新媒体最激动人心的部分之一，就是那些曾被大群体所独享的媒体，如今可以用于个人传播。这就模糊了大众传播和个人传播的界限，也瓦解了两者。当人们在网上讨论电视节目的时候，他们是大众媒体的受众；当他们和群体中的个人进行交流时，他们在进行个人传播；当他们的留言可以被其他人阅读时，他们又在进行大众传播。现在越来越常出现的一种现象是，粉丝之间的交流和素材会被运用到电视节目中，这就使得大众传媒生产和接收信息的界限也变得模糊了。

同时，私人领域的东西也可能被大众化。比如一个女孩给她的朋友们录了段视频，她上传到 YouTube 后，会被很多人浏览。个体在大众传播层面制作和传播中介化内容的能力得到大幅提升，这也为普通人带来了成名
的机会，要知道，在过去的文化工业里，这是根本不可能的。不过，有时 5
人们不能很好地控制这些信息的传播对象和范围，这就导致了私人信息的无计划传播，比如一名粗心的政客在 Twitter 上公开发布了一张带有性暗示的自拍。

因为数字媒体的出现，公共和私人领域的界限发生了混淆和变迁。以上所讲的，也只是这些改变的其中一个方面。互联网用户一直都会因为在网上泄露私人信息而饱受指责，手机用户则因为在公共场合进行私人谈话（并且对注视他们的人投去鄙夷的目光）而受到质疑。普罗（Puro，2002：23）认为，打电话的人身处一种“双重私人化”（doubly privatizing）的公共空间，因为他们“不用说话就能将自己进行隔离，然后再用私人事

务填补空间”①。家庭中还出现了一种“私人媒体丰富的卧室文化”（Livingstone，2005），人们利用这些媒体来制造隐私和孤独，这在富裕社会中表现得格外明显。所有这些都发生在这样一种文化时代：个人主义是通过购买大众媒体产品和品牌产品的消费主义行为来定义的（Gergen，1991；Livingstone，2005；Walker，2008），同时，要想取得事业成功，通过“个人品牌”来进行自我宣传也许也是至关重要的（Marwick，2013）。

边界模糊的核心是一种对于虚拟和真实的深度混淆。有些东西看起来是真实的，但实际上仅仅是对现实的模拟。即使是那些常常在网上闲逛和社交的人，也会把他们在网上的行为和现实生活中的行为相对立，因为他们相信中介化世界是不真实的。因此，数字媒体让我们的身份、关系和实践的真实性成为新问题（例如 Sturken & Thomas，2004）。一些批评家指出，这些混乱是我们从现代社会过渡到后现代社会的一个重要环节。在后现代社会中，时空被压缩，速度被提升，人类的流动性更强，人与人的交流替代基于地理位置的传播，人们的身份更加多样化，传播媒体更是无处不在（例如 Fornås，Klein，Ladendorf，Sundén，& Sveningsson，2002；Haythornth-
6 waite & Wellman，2002；Ling，2004）。另一些人则强调，在这些文化的变迁过程中，数字媒体因为嵌入日常生活和社会规范之中，最终将变得平淡无奇、枯燥乏味（例如 Haythornthwaite & Wellman，2002；Humphreys，2005；Ling，2004）。虽然前者是理解后者的必要背景，但本书的重点则是基于日常生活的视角，研究人们如何将数字媒体融入日常社交实践之中，以及会产生何种后果。

本书规划

在第一章的余下部分中，我将先界定一组用于区分数字媒体的重要概

① 普罗表达得有一些抽象，简单来讲，就是说打电话的人一旦举起手机，不用说话，便向公共空间中的其他人表达了一种信号，并将自己瞬间从公共空间中隔离出来。但是，打电话的人又经常会在电话中说一些私事，于是，他其实又将这些私人信息注入了他所处的公共空间中。因此，普罗称之为“双重私人化”。——译者注

念，这些概念影响了人们使用数字媒体的方式和效果。接下来将简要介绍本书中讨论的媒体，并对它们的使用者加以区分。本书第二章将会梳理有关传播技术和社会之间相互关系的主要观点，并探讨在数字媒体和人际关系的流行修辞中存在着哪些重要主题。第三章将会考察中介化语境中，语言和非语言信息发生了哪些变化。第四章将会讨论在线交流的群体语境，其中既包括网络社区，也包括社交网络。在最后两章中，我将会探讨人际交流中的二元关系。具体来讲，第五章将会解释人们如何在网上向别人呈现自己、如何结识新朋友，第六章将介绍人们如何利用新媒体来构建和维护这些关系。最后，在结论部分，我们将会重新为那些网络社会中的迷思正本清源，反驳那些试图脱离日常生活现实来理解“网络空间”的做法，阐明在现代关系的生活世界（life-world）中，线上与线下之间是合流、交融的关系。

七个关键概念

如果我们想充分理解媒体对人际关系的影响，就必须用一种更加复杂的方式来谈论媒体。如果我们不能弄明白这些媒体的功能，就没办法谈论它们会导致何种结果。那些改变人际互动甚至人际关系的媒体到底是怎样的呢？我们需要使用一些概念性工具，将不同媒体加以区分，并且将这些媒体与面对面（或巧妙地称之为“身体对身体”，Fortunati，2005）的交流 7
区别开来。同时，我们也需要一些概念，来帮我们认识一种技术的多样性。例如，手机可以用来打电话、发短信、玩游戏、传送照片和视频。智能手机时代来临以后，它更与无数应用程序相连。同样，互联网中也有多种多样的互动平台，比如 YouTube、购物网站中的商品评论、电子邮件和即时通信工具。在这本书中，我提出了七个可以用来有效比较不同媒体和面对面交流的概念：交互性（interactivity）、时间结构（temporal structure）、社交线索（social cues）、存储（storage）、可复制性（replicability）、可及性（reach）和移动性（mobility）。

> 在这本书中，我提出了七个可以用来有效比较不同媒体和面对面交流的概念：交互性、时间结构、社交线索、存储、可复制性、可及性和移动性。

互联网和手机中存在着很多种交流方式，这些方式在交互程度和种类方面各不相同。比如说，想想看，我们既可以用手机挑选一个新的铃声，也可以通过手机与恋人争吵；既可以在网站上买双新鞋，也可以在网站上和别人讨论时事。福纳斯（Fornås）等人（2002：23）为***交互性***赋予了多种意义。其中，社会交互性（social interactivity），即“媒体促进个人或群体之间社会互动的能力”，是我们最感兴趣的一点。此外还包括技术交互性（technical interactivity），即“媒体允许用户通过其界面操纵机器的能力”；文本交互性（textual interactivity），即“用户（读者、观众、听众）和文本之间创造性和解释性的交互作用”。劳拉·居拉克（Laura Gurak）（2001：44）写道：“与电视不同，在网络交流中，你有发声的权利，无论是回复大公司还是公民个人。”事实上，如今顾客们通常期待大公司在线上迅速回答他们的问题，社交媒体营销网站“说服与转换”（Convince and Convert，2012）的一项调查报告显示，通过社交媒体联系某个品牌、产品或公司的用户都期望在几天之内得到回复，其中三分之一的人期待在半小时之内得到回应。拉斐尔和萨威克斯（Rafaeli & Sudweeks，1997）认为，我们应该把交互性视作技术使用者制定的一种连续体（continuum），而不是一种技术条件。① 正如在接下来的几章中看到的，互联网为交互性赋予了新的可能，比如说，我们能在网上结识新朋友，也能和离开家乡的朋友继续保持联系。当然，人们也一直担心，这些新的可能或许意味着与危险为伍。

8 传播媒体的***时间结构***同样非常重要。面对面交谈、打电话和即时通信中的交流是实时发生的，因此被称为同步传播（synchronous communica-

① 拉斐尔和萨威克斯在这里其实区分了对于交互性的两种理解角度。一种较为传统的视角认为，交互性是一种可供即时沟通的传播条件（condition of communication），当我们讨论互联网的交互性时，常常会拿面对面交流作为比较的“尺子”。不过，拉斐尔等人认为，几乎不存在一种传播方式可以实现完全的交互性（full interactivity），面对面的交流也不例外。反而，交互性其实是一种连续体、一种变量。在以互联网为中介的交流和面对面的交流中，交流的转换和打断都具有不同的意义。——译者注

tion）。而邮件和语音信箱中，消息之间是有时间延迟的，因此被称为异步传播（asynchronous communication）。当然，在实践中，这种区别并不能总是与具体的媒体联系在一起。在糟糕的网络环境下，即使使用一些看似同步的在线媒体（例如即时通信工具），也可能会有时间延迟。手机短信通常被视为一种异步传播媒体，但也不尽然，比如 Twitter，用它进行沟通可能是同步的，也可能是异步的。倘若邮件的发送和接收之间做到无缝衔接，那么看似异步的它也能发挥同步传播的作用。Facebook 这样的社交网站看起来似乎是一种单一媒体，但它同时提供了两种沟通模式：留言板和消息功能属于异步传播，聊天功能又属于同步传播。当然，一些人也把留言板作为实时聊天的工具，这也不是什么新鲜事。

同步媒体的迷人之处，在于它们能跨越空间距离，实现信息的极速传输。正如我在本书中将会讨论的，当人们分隔两地时，同步性能够增强人们的去空间感（sense of placelessness）。数字媒体不仅鼓励这种感觉，还希望借此让人们体会到陪伴感（Baron，1998；Carnevale & Probst，1997；McKenna & Bargh，1998）。同时，同步性让消息变得更加及时和私人化（O'Sullivan，Hunt，& Lippert，2004），因此也增加了互动中的乐趣（Danet，2001）。不过，在这一过程中，互动双方必须调整自己的日常安排，以便同时在线，这也是同步交流的代价。此外，同步传播媒体不适用于大型群组中的互动，因为太多人同时迅速发送信息，会让这些信息难以整理和理解，更不要提回复了。所以，私人晚宴通常只会邀请一小群人参加，如果是大型宴会，就会安排很多张圆桌，每张桌子只会容纳十位左右的客人，这是有原因的。同样，大多数在线聊天室和其他实时交流论坛也都会限制人数。

对于异步传播媒体来说，上述的优势和劣势恰恰颠倒过来。它允许大型群组进行互动，比如社交网站，以及粉丝论坛、互助小组和兴趣小组这样的在线群体（我们将在第四章详细讨论这种传播）。除此之外，异步性也让人们有更多时间，更有技巧性地管理自我呈现。然而，在这样的群体和个体沟通中，交流的速度会更加缓慢。我们不能苛求对方及时回复，而只能等待他们想回复的时候再回复。我们也许要耗费比预期更长的时间去等待，甚至最终一无所获。数字媒体带来的最大改变之一，就是异步传播变得比以前更快了。异步交流的时间延迟是指一个人检查信息并做出回应的时间，而不是信息传送本身花费的时间。这样看来，和传统的邮政系统相比，互联网上的电子邮箱为人际沟通节省了好几周时间。

在人们通过数字媒体形成和维持人际关系时，产生的大多数问题，都源于稀疏的***社交线索***。这些线索的意义在于可以进一步提供关于语境、信息含义和交流对象的身份等信息。第三章将就此展开更详细的阐述。一般而言，富媒体（rich media）能提供更全面的线索，相比之下，贫媒体（lean media）提供的线索就较少。在身体对身体的交流中，人们拥有丰富的交流资源。在共享的物理环境下，人们可以借助语言符号和非语言符号（如指着一把椅子）进行交流，也受到相同环境的影响和干扰。他们可以看到彼此的身体动作、意蕴丰富的面部表情，也能凭借眼神来判断对方的注意力。他们还能看到彼此的外貌、听到彼此的声音。而所有的这些线索——语境的、视觉的、听觉的——都对解读信息和创造社会语境极为重要。信息也正是在社会语境中才能获得意义。

数字媒体提供的社交线索各有不同，但普遍都比较少。我们通过手机或网络与他人沟通时，对交流对象所处的地理位置所知甚少，甚至一无所知。所以很多手机通话都以“你在哪里”开场，这也能解释为什么有些人喜欢通过移动应用分享自己的GPS定位。当然，缺少共同的物理环境并不意味着没有共同语境。在人们进行交流时，都会多多少少对这段关系的背
10 景、知识和历史达成一些共识。在线小组经常能形成丰富的组内社交环境，只要你加入它，就能意识到这一点。

正如本书第六章将要详细讨论的，很多与我们进行中介化互动的人，都是已经具有面对面相识关系的人，不过，也有一些媒体基本不会向我们透露对方的个人信息。在一些情况下，这种匿名化的交流既能带来机遇，也能带来危险。一种可能性是，个人和社会身份线索的缺失会让人们更有安全感，在这样的环境中，他们也会更加诚实地表达自己。另一种可能性

是，当人们使用贫媒体时，会拥有更多能力来扩展、操纵、复制和扭曲他们呈现给别人的身份信息。本书第五章将会探讨这些身份问题。

不同媒体保存信息的时长各异。***存储***（服务器或硬盘对信息的保存）和***可复制性***（拷贝、复制信息的能力）都是很重要的。除非有人在打电话或面对面谈话时录音或录像（当然是在法律允许的范围内），否则谈话信息在对话结束后便会被迅速遗忘。毕竟，人们记忆谈话内容的能力真的非常糟糕。相反，在不同条件下，数字媒体中的信息却可能被储存在不同设备、网站和公司备份之中，日后它们可以被复制、恢复，以及重新编辑和传播（Carnevale & Probst，1997；Cherny，1999；Culnan & Markus，1987；Walther，1996）。如果要在 Skype 这样的同步传播媒体上保存聊天记录，就需要用到普通用户不会经常使用的记录小程序。异步传播媒体相比之下就好得多，保存、复制和重新发送聊天记录都是非常容易的事情，它们还可以被存档和搜索。比如美国国家安全局这样的政府机构，就会从庞大的互联网和手机流量中获取、保存数据和元数据（metadata）。尽管如此，网上的信息可能还是会让人觉得转瞬即逝。的确，很多网站都是今天还好好的，明天就变了个样子，或者干脆关掉了。当下十分流行的图片分享应用 Snapchat 迅速打开市场的秘诀，就是强调照片的观看时效，如同《碟中谍》（*Mission Impossible*）中的指令要“阅后即焚”一样，照片也会在发布 24 小时后自动消失（尽管实际情况是，文件的扩展名被改变了，但照片仍在缓存中）。

不同媒体所能容纳、支持和触及的受众数量也各不相同。居拉克（Gu- 11
rak，2001：30）将“***可及性***”形容为“速度的伙伴”，并指出“数字话语不仅传播得很快，还传播得很广……敲击一次键盘，就可以把一条信息发给千万人”。相比之下，面对面交流本质上局限于身处同一空间中的人们。就算是使用扬声器（本身就是一种中介形式），物理空间和人类感官的约束也限制了接收者的数量。电话可以用来进行小组讨论，但它能承载或维持的人数上限很小。相反，很多数字传播形式（例如网站）可以被所有互联网用户看到，还可以被拷贝、发送给数量惊人的受众，这多亏了数字媒体的可复制性。从本地到世界各地，信息无处不达，这大大颠覆了大众传媒的精英主义性质。因为在传统的大众传媒中，极少数传播者不仅主导了一对多的传播，通常还将其局限在固定地理范围内。不过，当个人以史无前例的广度和深度用数字媒体传播信息时，大众传媒的“守门人”作用便遭到挑战（Gurak，2001）。接下来的几章将会讨论可及性的增强是如何让人们能够建立新的兴趣社区和人际关系的。

最后，不同媒体的***移动性***也各不相同，也就是说，一种媒体在多大程度上是便携的（人们可以在任何地点发送和接收信息），或者在多大程度上是静止的（人们需要在特定地点联系他人）。手机这种媒体代表了移动性范式，因为不论置身何处，人们都可以借助它进行沟通。平板电脑和大屏手机逐渐兴起，比起那些与书桌、电源线难舍难分的笨重的台式电脑，人们更加偏爱笔记本电脑。这些现象都进一步强化了移动设备的发展趋势。除了提供空间上的移动性，一些数字媒体还帮助我们在时间和人际语境之间移动（Ishii，2006）。移动媒体给我们这样的承诺：即使被堵在路上，我们也永远不会和爱人失去联系。当我们和家人在一起的时候，也可以通过移动设备与朋友进行交流。我们也会在第六章中看到，移动媒体提供了微型协调（microcoordination）的可能性（Ling，2004）。人们可以通过手机和他人随时保持沟通、及时更新信息，或是快速安排会议和任务。① 然而，和其
12 他个人媒体相比，手机威胁了人的自主性，因为它的存在，我们必须处在随时待命的状态。电话中介交往研究的开拓者之一谢格洛夫（Schegloff，2002）认为，移动媒体提供了无间断联系（perpetual contact）的可能性，但并不会真的实现这种可能性，因为一些人总会以各种巧妙的方式躲避联系（Licoppe & Heurtin，2002）。

以上七个概念帮助我们认识了面对面交流和中介化交流的异同，当然也包括不同类型数字沟通之间的差异。就像所有我们将要讨论的数字媒体一样，面对面交流也是互动性的，人们在信息交换中彼此回应。面对面的

---

① 按照定义，微型协调是一种社会互动的微观管理方式。在我们已经和朋友约好了见面的时间，但却不得不迟到的时候，手机便为我们提供了这种微型协调的可能性。参见 Ling R. The mobile connection：the cell phone's impact on society. San Francisco：Elsevier，2004：69 – 70. ——译者注

交流是同步的，它还承载着那些使彼此的身份、所处的社会和自然环境更加明晰的社交线索（当然，正如我们会在第五章讲到的，这并不能保证人们百分之百的诚实）。面对面的谈话不能被存储，更不能被复制。即便我们把交谈的内容录制下来播放，它也失去了很多面对面传播本质上的语境元素。如上所述，面对面交流的可及性有限，它限制了交流的参与人数和信息的传播范围。此外，只有在交流双方在同一空间一起移动的时候，面对面交流才是具备移动性的。上述几种性质共同赋予面对面交流某种特殊性，各种各样的线索、不可复制性、对时空共存性的要求，这些特质都增强了面对面交流的真实感，也把“共享”（communion）融入了传播（communication）之中。

相反，一些中介化交流的形式是异步的，它能传播的信息更多、触及的范围更广，但却降低了联系感（sense of connection）。Skype 这样的视频聊天技术提供了很多社交线索，比如声音、面部表情，还能从聊天窗口中看到周围环境，但也缺乏一些能凸显亲密感的线索，比如触觉和嗅觉。大部分数字媒体所能提供的社交线索比它更少，仅仅将交流局限在声音甚至文字中。由于它们将这些声音和文字转换成了电子信号，所有数字媒体中的信息都可以被储存，而且通常即便是在被人们删除之后（例如 Facebook 可以保留从未发布过的信息草稿），就算对话和信息没有被储存，它们也可能 13
会留下一些痕迹，比如哪些手机号码之间通过话、哪些 IP 地址访问过哪些网站，或一个人在 Twitter 上发布了多少条信息。相比同步的数字信息，异步的数字信息更容易被复制。数字媒体的可及性因媒体不同而千差万别。打电话和即时通信聊天通常局限于一对一交流，但是像社交网站、电子邮件、邮件列表和讨论组这样的数字模式都拥有非常广泛的可及性。随着网络和移动电话融为一体，数字媒体的移动性也越来越强，这意味着这些技术可以使交流发生在从前不可能发生的地方，也可以前所未有地代替面对面交流。人们在不同媒体上会有截然不同的体验，但却没有一种媒体能提供面对面交流中的亲密感和联系感。接下来，我们还会继续探讨这些区别和融合带来了哪些潜在的社会变化。

数字媒体

阐明以上七个核心概念非常重要，它们形塑了中介化社会交往，同时也帮我们简单梳理了本书关注的媒体。同样重要的是，我们需要意识到，如今我们使用的媒体都是有其历史前身的，它们在当时制造的混乱一直延续至今。汤姆·斯丹迪奇（Tom Standage）的《从莎草纸到互联网：社交媒体2000年》（*Writing on the Wall*：*Social Media-The First* 2，000 *Years*）（2013）就生动地追溯了社交媒体的始祖，例如在古罗马时期岩壁上书写的文字，威廉·鲍尔斯（William Powers）的作品《哈姆雷特的黑莓手机》（*Hamlet's Blackberry*）（2010）也是如此。除此之外，阿萨·布里格斯（Asa Briggs）和彼得·伯克（Peter Burke）的《媒介社会史》（*A Social History of the Media*）（2009）详述了早期技术的前身，以及新旧媒体之间的连续性。这类书籍表明，与新媒体相关的现象和担忧早在电子时代之前就已经存在，更不用说数字媒体时代了——这是下一章将讨论的主题。

14 想必读者对手机已经相当熟悉了，所以接下来，我会重点聊聊互联网的发展史，尤其是数字媒体对人际交往的吸引力是如何影响其发展的。与手机不同，互联网最初并不是作为一种人际传播媒介而建立的，更不是为了帮粉丝找到同好者、帮人们找到恋人、帮雇主找到潜在的雇员，抑或是类似的社会过程而建立的。它建立的最初目的是保护军事机密。在美国国防部的资助下，互联网在1969年诞生，最初被称为“阿帕网”（ARPA-NET）。当时显然没人预想到它会成为一种人际传播媒介。不过，这种网络计算系统并不是互联网的唯一来源。计算机爱好者们为了彼此传送文件、互动和游戏建立了拨号公告板系统（dial-in bulletin board systems）；伊利诺伊大学等研究机构又开发出像PLATO那样的计算机网络。事实上，我就出生于伊利诺伊州厄巴纳，在20世纪70年代中期，我就曾在课后通过网络阅读笑话、玩游戏、与匿名的PLATO用户聊天，不过当时，我和我的同学们都没意识到，原来我们已经走在时代前列。在同一时期，公告板系统的用户们也已经能够通过家中的服务器彼此聊天。正如凯文·德里斯科尔（Kevin Driscoll）（2014）所写，很多人都认为阿帕网是互联网发展的开端，比如珍妮特·阿巴特（Janet Abbate）（1999）就在书中对这一段历史做过详细描述，不过，这仅仅是关于“互联网”起源的诸多故事中的一个而已。当然，对互联网的技术发展或社会发展进行详细描述已经超出了本书的范畴，但我也要首先声明：把不同种类的数字媒体罗列一番，这一做法注定是徒劳的。因为从我写这本书到你读它的这段时间里，数字媒体一定会有新的发展，现在流行的东西，也可能很快就过时了。所以我们需要记住，我们的重点绝不应该是这些媒体本身，而是它们具体的功能和影响。

> 把不同种类的数字媒体罗列一番，这一做法注定是徒劳的。因为从我写这本书到你读它的这段时间里，数字媒体一定会有新的发展，现在流行的东西，也可能很快就过时了。所以我们需要记住，我们的重点绝不应该是这些媒体本身，而是它们的具体功能和影响。

文本互联网

在互联网发展的最初 25 年中，它都是纯文本的。由于社交线索非常有限，互联网似乎和人际交往沾不上边。但随后，研发人员（同时也是主要用户）只不过用了几个月的时间，便意识到互联网对人际交流的效用。互 15
联网出现不到三年，电子邮件便已投入使用，四年之内，电子邮件贡献了四分之三的在线流量（Anderson，2005）。到了 2000 年，电子邮件不仅成为人们开始使用互联网的一项重要原因，同时也是让用户持续在线的主要理由之一（Kraut et al.，2000）。

在互联网发展初期，还诞生了个人和小组的同步交流工具，例如“Talk”。使用 Talk 时，一条水平线会将电脑屏幕分成上下两部分，每一半显示一个聊天者所发送的信息。对于文本传播而言，这种媒体已经达到了至简至纯的地步。直到 20 世纪 90 年代初期，Talk 仍然非常流行。我从 1990 年开始使用互联网，当时我不能给男朋友打电话，因为他把电话线和调制解调器连接在一起。不过，Talk 为此提供了一个非常简便的解决方法，我几乎每天都用它联系男朋友，告诉他晚饭做好了。在 Talk 之后，网络中继聊天（IRC）和网络聊天室相继出现，后者还实现了不同群组的实时交流。在 20 世纪 90 年代出现的即时通信服务（instant messaging）也可以被视为 Talk 的升级版。作为一种人际交流媒体，它提供了一串好友列表，还会标出哪些好友是在线的、可供联系的，这一功能让它在当时显得与众不同。

电子邮件诞生后不久，邮件列表（mailing lists）便出现了。通过这个工具，一个邮箱账号可以向群组中的所有订阅者发送信息，成员们（通常）可在收到邮件后回复。虽然电子邮件和邮件列表的技术规格一样，但它们之间也存在一些显著区别。尤其是在邮件列表中，发送者很可能根本不认识绝大多数（或所有）的邮件接收者，因为邮件列表的订阅者通常数量庞大。就拿互联网研究者协会（Association of Internet Researchers）的邮件列表 AIR-L 来说，它在全世界大约有 5 000 名订阅者。相比之下，其他私人性质的邮件列表则规模较小，以家庭和朋友为主。我有位同事的亲戚得了癌症，于是他就建了一份家庭邮件列表，便于随时分享这位亲戚最新的健康状况。当然，已经毕业的同学们，抑或是希望保持联络的人们，也都可以组建这样的私人邮件列表。

16 在 20 世纪 80 年代初期，另一种具有高可及性的异步群组交流工具出现了——新闻组（Usenet）。新闻组被部署在多个服务器上，是一种以话题为基础的论坛。尽管如今它已成为垃圾邮件的集散地，但仍旧被人们用于网络讨论。最开始时，人们通过 Unix 操作系统中内置工具来阅读新闻组消息，随后发展成了独立的 newsreader 工具。如今人们一般是通过网页访问新闻组，其中最著名的就是谷歌讨论组（Google groups）了，不过恐怕很多人都不会意识到，他们其实也是新闻组用户。对于时下流行的网络讨论版和社交媒体群组来讲，这些工具就是它们的雏形，同时也是我参加线上群组讨论的入口，以及我个人早期研究的切入点。

在一些早期的站点中，开发人员和参与者为了实现同步传播，使用单词和代码创造了丰富的地理语境和高度发达的符号。20 世纪 70 年代末，理查德·巴图（Richard Bartle）和罗伊·特鲁布肖（Roy Trubshaw）开发了 MUD1，这是一款交互式在线角色扮演游戏。几乎与此同时，阿兰·克利茨

（Alan Klietz）独立完成了另一款 MUD 游戏“哥特权杖”（Sceptre of Goth）（Bartle，2004）。如今，魔兽世界等多人在线角色扮演游戏的玩家们都知道，MUD 是这些游戏的鼻祖。MUD 有时候被解释为多用户域（Multi-User Domain），有时候又被解释为多人地下城（Multi-User Dungeons），后面这个解释呼应了角色游戏的鼻祖“龙与地下城”（Dungeonsand Dragons）的名称，不过，现在看起来已经有点过时了。许多 MUD 游戏都预先准备了不同的角色类型，人们通常先要选择自己的性别（通常有两个以上的选项）和种族。根据不同 MUD 游戏的设定，人们可以选择扮演妖精、精灵、猫、龙、巨魔、吸血鬼等多种奇幻怪物。

Lambda MOO、MUDs、MOOs、MUCKs、MUSHes 和其他一些用首字母缩略词命名的平行站点相继出现。这些术语究竟有什么区别，对本书而言并不重要。它们中大部分都是简单创造了一些环境，比如虚构的房间和景观，但这些空间是为社交而非游戏设计的。大量的早期互联网研究都将 MUDs 和 MOOs 作为研究对象，不过，它们其实往往只是互联网的一种次要用途（受它们的启发出现的图像游戏另当别论）。

万维网 17

20 世纪 90 年代迎来了数字传播的重大转折，由蒂姆·伯纳斯·李爵士（Sir Tim Berners-Lee）带领的团队在瑞士 CERN 物理实验室开发了万维网。这预示着网络传播从纯文本形式向多媒体形式转变，同时也催生了更多新的媒体互动形式，例如网页、博客、维基、社交网站、分享视频和照片的网站以及异常逼真的虚拟世界等等，可以说不胜枚举。

同样在 20 世纪 90 年代，网页填补了 Usenet 的空缺，发展出陌生网友之间的异步讨论小组，由个人或团队创作的博客便是其中一种。在博客上，最近一次的更新出现在上次更新之上，从而形成了反向的信息时间表。博客内容多样，可记录私人琐事，也可议论国家大事，读者从零到几百万不等。按照惯例，一个博客的页面上总会包含通往其他博客的超链接列表，它可以在博客之间建立联系、增加流量。博主们还会阅读和评论彼此的博客，与志同道合的博主们建立社区，以及发起半组织化（semi-organized）的草根社会运动。

同样是在此期间，Active Worlds 等网站开始研发图像更为丰富的界面。大型多人在线角色扮演游戏（MMORPGs——一个通常被读成“more pigs”的缩略词）在21世纪初井喷式出现，例如魔兽世界、英雄联盟，以及像第二人生（Second Life）那样的不能被归类为游戏的网络空间。

21世纪的头十年迎来了所谓的“Web 2.0”时代，这是一种由用户来主导内容生产的互联网模式。不过，读了上面的介绍，你一定会很疑惑，在文本互联网阶段中，以及 web 1.0 时代的大部分时间里，又有多少内容不是由用户生成的呢。维基（Wikis）是这一代数字媒体中的耀眼明星，其中尤以维基百科（Wikipedia）为翘楚。维基是一种百科全书式网站，人们在上面相互协作，共同编写信息条目。虽然这听起来枯燥无味，但是在条目编
18 辑的背后，却是拥有共同背景、习俗、实践的互联用户们创造出来的丰富的社交世界。在 Facebook 或新浪微博这样的社交网站（SNSs）上，用户可以撰写自己的个人资料、上传不同的媒体内容（图片、视频、音乐、链接等），还可以通过“加好友”与他人的主页产生联系。这些社交网站取得了惊人的成功，几乎遍及全球，尤其在一些国家的年轻群体中备受欢迎。博伊德（boyd）和埃利森（Ellison）（2007）找到了社交网站的源头，即在1997年出现的 SixDegrees. com，接下来是 AsianAvenue、BlackPlanet 和 MiGente，随后又出现了 LiveJournal、Cyworld（1999）和 LunarStorm（2000）。MySpace 和 Facebook 分别在2003年和2005年问世，职业类社交网站 LinkedIn 从2003年开始进入大众视野。视频和图片分享网站，如 Instagram（由 Facebook 所有）、YouTube（由 Google 所有）和 Flickr（由 Yahoo! 所有）都可以被看作社交网站的一种子类型。还有一些广受欢迎、领域更加细分的平台也可以被看作社交网站，例如 Tumblr 和 Spotify。在这些网站中，用户创建个人账号、上传个人资料，还会或公开或私密地与他人分享这些资料。社交网站融合了多种传播方式，因此提供了足够广泛的社交线索，除此之外，用户对这些社交线索的控制权也非常大，这些特质都让它显得独一无

二。随着人们日益频繁地购买手机流量套餐，像 Swarm 这样的社交媒体也变得日益普遍，它鼓励人们在自己去过的地方“签到”。

早期互联网到网页和手机的转变，在一定程度上可以看作“平台”与“应用”的崛起。塔尔顿·吉莱斯皮（Tarleton Gillespie）（2010：348）认为平台具有潜在的政治性，这是由开发人员的动机决定的，他们在自我定位时需要考虑用户、客户、广告商和政策制定者，这些平台因此也成为“线上文化交流的主要守护者”。在《连接：社交媒体批评史》（*The Culture of Connectivity*）① 一书中，何塞·凡·戴克（José Van Dijck）（2013）用批判的眼光重新梳理了社交媒体史。她认为人们对于**连接**的渴望，驱使互联网发展成一种连接性工具，或者说，是一种用户和网站关系的生产、储存工具（想想看，除了 Facebook 之外，“赞”这一按钮还出现在多少其他网站上）。诸如新闻组、邮件列表等早期互联网媒体都是由公共部门资助开发的，同时，这些媒体连接用户的初衷更多是为了用户自身的利益。不过，连接文化的主要驱动力却来自商业性平台，这些平台旨在将人际关系商品 19
化，从而使经营者和风险投资家获利。此外，如今的大部分平台不再会简单地向用户展示他们没有读过的新消息，而是会通过特定算法来确定在什么时间，向哪些用户推送何种内容。

通过这些简单的回顾，我们意识到，即使我们想知道新媒体的整体影响，也不能把新媒体当作一个整体来看待。包括手机在内，每一种媒体在交流方面都有自己独特的可供性（affordance），也都有一系列的潜力和限制（Gibson，1977；Norman，1988）。即使选择从某种媒体的特质进行思考，我们也必须明白，我们生活在“复媒体”（polymedia）环境中，媒体之间彼此勾连、相嵌，并且共同提供了理解这些媒体所必需的语境。在这种媒介生态系

> 我们生活在“复媒体”环境中，媒体之间彼此勾连、相嵌，并且共同提供了理解这些媒体所必需的语境。在这种媒介生态系统中，一个人选择某种媒体而不是另一种媒体来传递某种信息，本身就是它的关系性意义的一部分。若要了解我们如何使用媒体以及由此带来的影响，我们就既需要独立考察某一媒体，又需要把诸多媒体视为整体进行考察。

① 《连接：社交媒体批评史》（*The culture of connectivity：A critical history of social media*）将由中国人民大学出版社出版。——编者注

统中，一个人选择某种媒体而不是另一种媒体来传递某种信息，本身就是它的关系性意义的一部分（Gershon，2010；Madianou & Miller，2012a，2012b）。若要了解我们如何使用媒体以及由此带来的影响，我们就既需要独立考察某一媒体，又需要把诸多媒体视为整体进行考察。同时，如果我们想要知道某种新媒体新在哪里，又旧在哪里，就需要弄明白人们是如何使用和理解那些早期数字媒体的。正是因为这个原因，你会发现，在这本书接下来的部分里，我们会讨论很多如今已经不再流行的在线传播模式，以及对这些模式的研究。

谁在使用新型数字媒体？

在我们讲述线上媒体的历史时，用户变迁是其中一条故事主线。当我们思考新媒体和社交生活如何相互交织时，必须明白我们到底在谈论谁。在互联网发展初期，唯一的用户便是它的开发者，而且他们几乎都在美国和英国（Abbate，1999）。到了20世纪80年代，大学里的科学家们开始使用互联网，到了80年代末，大学生们也开始接触它。不过，整个80年代的互联网发展，几乎完全靠美国政府下设的国家科学基金会（NSF）资助。商
20 业互联网活动被严格禁止，几乎所有用户都只能通过大学的附属机构、政府资助的实验室或政府机构获得互联网访问权限。20世纪80年代，诸如CompuServe、Prodigy和America Online等用于连接家庭计算机的网络逐渐发展起来，同一时期问世的，还包括那些对互联网的社会性产生重大影响的私人公告板系统（Driscoll，2014）。它们都为家庭网络爱好者提供了一种上网方式，但这些技术彼此之间并不相关，也没有和互联网相结合。

在整个20世纪80年代和90年代初期，互联网逐渐被推广到其他一些国家。到20世纪90年代中期，在美国和其他一些国家（主要是英国和北欧国家）中，互联网开始步入普通人的日常生活。1994年和1995年对互联网的发展具有重大意义。美国国家科学基金会撤资，使得商业活动合法化，万维网（World Wide Web）也从理念变为现实。美国在线（America Online）

等互联网服务提供商出现之后，美国人陆续开始上网，这也引发了新老用户之间的文化冲突。到了 20 世纪 90 年代末，多数美国人都拥有了上网的机会。

不过，要是从整体视角来看，情况就截然不同了，因为互联网仅在美国部分群体中得到普及。不管是单看某个群体之内，还是对比不同群体之间，网络媒体的普及率都远没有那么高。许多书籍和文章也都在强调这种“数字鸿沟”（digital divide）问题（例如 Norris，2001；Warschauer，2004）。整体来看，数字鸿沟与本书的主题“人际关系”并没有多大关系。其重点主要集中在政治参与、职业发展以及财务和健康信息的使用上（例如 Hargittai & Hinnant，2008）。这一研究话题旨在说明，比起那些不使用新媒体的人，可以接触新媒体的人们更有机会借此改善自己的生活，因此，这两种人在社会地位和财富上的差距便会增大。不过，本书的讨论范围，仅仅限于那些可以接触或参与互联网世界的人群。

数字鸿沟常常被简单界定为对上网人群和非上网人群的对比，但即使
在一些国家内部，不同群体的互联网使用情况也有差异。在美国，皮尤互 21
联网和美国人生活项目（Pew Internet & American Life Project）（*Who's Online*，2014）进行的多项调查研究都发现：美国人在使用互联网方面始终存在人口学差异。2013 年 5 月，在一项对美国成年人的随机电话调查中，研究者发现：白人使用互联网的可能性比西班牙裔高出 10%；在年轻人群体（18 到 29 岁）中，使用互联网的比例高达 98%，而在 65 岁以上的人中，使用互联网的比例仅有 56%；收入也与互联网的使用密切相关，在年收入低于 3 万美元的家庭中，只有 76% 的人使用互联网，而在年收入 7.5 万美元及以上的家庭中，这一比例高达 96%；教育对此也有影响，在高中未毕业的人口中，互联网使用率是 59%，而在拥有大学学历的人口中，使用率为 96%；当然，地理位置同样重要，居住在城市和郊区的人们使用互联网的可能性比农村地区高 16%；最后，残疾人使用互联网的可能性也会大大减小。皮尤研究中心的数据（Fox & Boyles，2012）显示，在 2012 年年中，被诊断为功能性残疾的美国人中只有 54%（约占美国总人口的 27%）使用互联网。

在许多互联网普及率低于北美的地区，手机使用的普及程度却要高得多。联合国国际电信联盟（International Telecommunications Union，ITU）报告（ITU，2013）估计，世界上41.3%的家庭接入了互联网，38.8%的个人使用互联网，不过，却有高达96.2%的人使用手机。报告还指出这样一个事实：并非所有人的互联网接入方式都相同——只有9.8%的全球人口可以通过固定的互联网接口享受宽带服务，29.5%的人可以通过移动连接获得宽
22 带服务。在发达国家，27.2%的人口使用固定接口，74.8%的人口使用移动宽带。在发展中国家，这两个比例分别是6.1%和19.8%。这也意味着，虽然发展中国家的移动宽带使用量大幅提升，但对于低收入者，这项服务仍旧遥不可及。皮尤互联网和美国人生活项目（Horrigan & Rainie，2002）还发现，宽带接入方式的不同，会深刻影响人们到底是仅仅浏览网络信息，还是会参与内容生产。

2001年联合国人类发展报告（2001 UN Human Development Report）中的数据无疑已经过时，但它对全球发展趋势的分析仍然敏锐（UN，2001）。在全球范围内，文盲率仍旧很高，大部分的互联网用户依旧是男性、受过高等教育的人和中高收入群体。无论在发达国家还是发展中国家，女性用户都占少数。2013年的国际电信联盟报告显示，尽管性别差异正在缩小，但这仍旧是个问题。在全球范围内，男性使用互联网的可能性比女性要高出11%（具体而言，发达国家高出2%，发展中国家高出16%）。

从本书第一版问世到如今，上述提到的许多差距都在缩小。不过，正如宽带这一案例所表明的，接入率并不能反映全部情况。即使一个人有时会使用某种媒体，诸多其他因素也会影响其最终可能从中获得多少益处。有研究者为了评估“互联网使用”实际带来的连通程度，提出了互联网连接指数（Internet connectedness index）（Jung，Qiu，& Kim，2001）。他们认为，其中重要的变量包括一个人是否拥有家用电脑、拥有电脑多长时间、有多少可供上网的场所、上网时间有多少，以及可以在网上做哪些事情。

埃斯特·豪尔吉陶伊（Eszter Hargittai，2002）的研究指出了技能的重

要性。她将互联网用户在技能层次方面（例如了解互联网术语、搜索和评估信息）的差别称为“第二层数字鸿沟”（second level digital divide）。在一项对美国年轻人进行的随机抽样调查中，豪尔吉陶伊和欣南特（Hargittai & Hinnant，2008）发现，女性、未受过大学教育的人，以及家中没有接入互联网的人普遍网络使用技能水平较低，同时也更不可能去访问那些可能会改善自己生活的网站，23
去阅读新闻以及政府、卫生、金融和产品类信息。黑尔斯佩尔和艾农（Helsper & Eynon，2013）发现，技术技能、社会技能、创造性技能和批判性技能往往彼此相关，并会共同影响一个人对技术的包容程度，同时，他们还发现不同类型的社会排斥（social exclusion）（例如教育、年龄、性别等）与不同类型的技能有关，这有助于解释社会排斥和数字排斥（digital exclusion）之间的循环关系。

> 我们正处于一个不断变化的时期，新媒体层出不穷，新的人群也开始使用这些工具，新的功能同样在不断涌现。哪些人被排除在数字中介的交往之外，哪些人因为互联网而受益，这既非随机，更非无关紧要。

总而言之，在理解数字媒体的性能及其社会影响的道路上，我们正处于一个不断变化的时期。新媒体层出不穷，新的人群也开始使用这些工具，新的功能同样在不断涌现。哪些人被排除在数字中介的交往之外，哪些人因为互联网而受益，这既非随机，更非无关紧要。同一工具在不同环境或时期中，对不同的人群可能会产生截然不同的意义。现在做出最终的判断还为时过早，任何判断似乎都不会永远是普适或稳定的。尽管如此，我们确实从近四十年的研究中收获了很多。在本书的其余部分中，我们将通过已知的数据，梳理我们对于互联网的知识。我希望敏锐的读者能从字里行间体会到，我们所需要了解的，远远不止于此。

第二章 理解新媒体

每一种新媒体出现时，人们面临的挑战之一就是如何理解它。而具体到技术与社会的关系来说，有三种论点较为普遍——技术决定论、社会构建论和社会形成论。而伴随着人们对新媒体认知的不断深入，驯化理论，这种认为通过驯化最终会将新技术融入日常生活的视角，开始逐渐为人们所接纳。

24 每当一种新型传播媒体出现时，学者、使用者和非使用者都会面临一项直接的挑战，就是如何理解它。它有什么用？它会带来哪些风险？又会带来哪些好处？我曾要求学生们集思广益，思考互联网为他们增添了哪些希望和恐惧。他们的答案五花八门。有人希望互联网能帮他们形成新的联系、新的跨文化交流，获得更多的社会支持和更密切的家庭关系，但同时，也有人担心会失去面对面交流的机会，同时遭遇更多的虚假关系、欺骗和跟踪，还有可能遭受陌生人的攻击。要想理解新媒体及其潜在影响，我们就需要考虑媒体的技术特征，以及这些特征所唤起的我们对于个体、文化、历史的假设和价值观。

在第一章中，我提出新媒体会引发文化焦虑，并阐述了几个技术概念，用以帮助我们思考不同类型新媒体之间的差异，以及它们与早期传播形式的区别。人们对数字媒体和它们的历史前身都充满焦虑，这是由媒体的互动性导致的。尤其当一种媒体的社交线索匮乏时，互动性也会让我们对人、互动和关系的真实性及其带来的幸福感等一系列问题产生焦虑。另外一种焦虑则源于数字媒体的时间结构，它似乎迫使我们持续互动。互联网储存和复制信息的能力，同样容易让人们担心有哪些内容会被牵扯其中，以及这种能力可能会被如何滥用。一些新媒体的流动性意味着我们现在可以在公开场合谈论那些原本只会发生在家庭中的话题，也意味着不论我们置身
25 何处，都可以和他人保持联系。在这种情况下，隐私和友情也不可避免地遇上了新问题。

除了技术特征以外，社会力量也在塑造着我们及我们对新型传播技术的焦虑和疑问。本章将探讨新媒体中传播的信息，并以此来展示社会力量如何影响技术的解读和使用。在我们彼此讲述一天中发生的事情时，在

我们为了轮到谁使用电脑而在家中争论不休时，新媒体就会适时出现。大众媒体中同样有新媒体的身影。在新闻故事、杂志文章、电影和电视节目里，技术都扮演着主角和配角。像《电子情书》（*You've Got Mail*）和《网络惊魂》（*The Net*）这样非常受欢迎的电影，都是在互联网风靡美国不久后公映的，它们如同当代童话一般，为理解网上恋情和身份盗用问题提供了文化参考。这些电影和后来的电视纪录片《鲶鱼》（*Catfish*），俨然已经成为人们判断网络诈骗问题的验证标准。在科幻爱情电影《她》（*Her*）中，一个男人与人工智能相恋，这隐约象征了一种担忧，即机器可能比人类更有吸引力。我们也会在接下来的案例里看到，这些大众媒体中的信息，蕴含了我们用于理解新型传播技术的社会元素，也形塑了人们理解、设计新技术的方式。

> 通过传播，人们赋予技术以象征意义。我们传播的有关技术的信息是具有自反性的，它在透露我们对技术的使用方式的同时，也透露了我们作为传播者的观念。

通过传播，人们赋予技术以象征意义。我们传播的有关技术的信息是具有自反性（reflective）的，它在透露我们对技术的使用方式的同时，也透露了我们作为传播者的观念（Sturken & Thomas，2004）。当我们谈论数字媒体时，我们实则作为个体、群体和社会在谈论我们自身。当我们通过文字、对话、隐喻、图像等方式展现这些陌生的人际交流工具时，我们也在集体讨论着人际关系究竟是什么，我们期待它成为什么样子。当我们谈论技术时，我们是在“既乐观又焦虑”地分享那些“凝聚现代社会的愿景”（2004：1）。关于技术的信息除了在介绍一种媒体，同时本身也为我们探究“特定社会背景下的欲望与忧虑，以及历史上某些特定时刻的当务之急”提供了绝佳场所（2004：1）。

关于技术的交流也颇具成效，因为它能创造出技术的新意义、新用途， 26
甚至还能创造出新的技术（Sturken & Thomas，2004）。早在 16 世纪，有一个关于“交感针”（sympathetic needle）的城市传说，它可以让人们跨越地理空间，实现即时交流。这一传说成为电报的灵感之源（Standage，1998）。威廉·吉布森（William Gibson）1984 年出版的科幻小说《神经漫游者》

（*Neuromancer*）首次提出“赛博空间”一词，他和尼尔·斯蒂芬森（Neal Stephenson）的一些作品，尤其是斯蒂芬森的《雪崩》（*Snow Crash*）（1992）一书，为我们提供了虚拟世界的模型，“第二人生”便是在这些作品的基础上搭建的。哈努·拉亚涅米（HannuRahaniemi）的小说《量子窃贼》（*The Quantum Thief*）（2010）为我们展示了一种未来世界，人们戴着“缠结指环”（entanglement rings），共享集体的“外记忆”（exomemory），并且可以通过激活“隔弗罗”（guvelot）来保护隐私，在观察者和外记忆面前模糊自己的形象。当这本书的主人公通过指环收到来自女友的消息时，他若有所思地说道：“在大脑之间通过量子传送渠道直接传递信息，这似乎是一种肮脏的、侵入性的沟通方式。”（2010：38）也许有人觉得这些都是天方夜谭，不过现实是，允许人们通过意念控制计算机的技术原型已经存在，开发人员正在努力研究能够显示消息的指环，Facebook 和 Google 其实就已经初具“外记忆”的功能了。

当人们解释一种新媒体的影响时，有时会从技术的角度出发，有时会从社会力量的角度出发，有时干脆将两者结合起来思考。实际上，他们都要依赖于一些因果关系的理论假设。本章内容将会围绕那些理解技术与社会之间因果关系的主要理论框架展开。特别是当新技术刚刚问世时，人们总是倾向将这种技术视作因果关系的动因，一种人类几乎无法抵挡的社会变革力量。这种观点被称为***技术决定论***（technological determinism）。当一种媒体刚出现时，关于它最流行的判断大都是从决定论视角出发的。第二种观点是***技术的社会构建论***（social construction of technology），这种观点认为人是技术和社会变化的主要推动者。与前两者不同，***技术的社会形成论***（social shaping perspective）则认为技术和社会在不断彼此影响。随着时间的推移，人们最终将不再质疑这些技术，而是通过***驯化***（domestication）理所当然地
27 将它们视为日常生活中的一部分，也不再会认为技术会成为社会变迁的动因。在本章中，我们将分别从这四种视角出发，考察人们对于新旧技术的不同观点，以及这些观点的形成过程。

技术决定论

机器改变我们

在《大西洋月刊》（*Atlantic*）一篇引起轰动的文章中，尼克·卡尔（Nick Carr，2008）批评谷歌正在“让我们变得愚蠢”。在谈论他人的故事和相关神经科学研究之前，他先描述了自己是如何变蠢的：

> 在过去的几年里，我一直有种很不舒服的感觉，像是有人或者什么东西在胡乱鼓弄我的大脑，重塑我的神经回路，重新编程我的记忆。我大概能确认，自己的大脑思维还在，但也确实正在改变。我不再以过去的方式思考问题，尤其是在阅读的时候，这种感觉尤为强烈。曾经，专注阅读一本书或一篇冗长的文章对我而言并不是什么难事儿。我的思维会很快融入作品中，也能紧紧跟随作者论证中的关键点，而且我也能一连几个小时徜徉在冗杂的文章中。不过，这种情况如今已经很少发生了。现在的我翻了两三页书，注意力就开始飘忽不定，我会突然烦躁不安，失去头绪，接着就开始找别的事情去做。

正如卡尔所言，“有人或者什么东西”改变了他，他是受外力驱动的被动接受者。从他自己的阐释中可以发现，卡尔的文章十分切合技术决定论的悠久传统，在这种传统中，技术被概念化为一种影响并改变社会的外部动因。

在卡尔这篇文章发表一年之后，很多媒体都报道了一场学术讲座。讲座对比了Facebook如何“提升智力”，而Twitter又如何“损害智力”。英国《每日电讯报》（Cockroft，2009）描述了斯特林大学记忆专家特蕾西·阿洛维（Tracy Alloway）如何看待异步和同步在线互动对大脑的不同影响：

> 数独挖掘了记忆运转的潜力，在Facebook上与朋友保持联系也能做到这一点。不过，Twitter和Youtube上的信息具有“即时”性，这对

记忆运转却有所损害。“在 Twitter 上，你会接收源源不断的信息，同
28 时，这些信息非常简洁，”阿洛维博士说，“你不必用心处理这些信息，你的注意力持久性随之持续减少，你也根本不必过多动用大脑和神经联系网。”

不管这种担忧是否正确，我们都不该忽略，而应该把它放在新技术接受的理论和历史语境中加以理解。早在古希腊，人们对技术的流行观点便趋向于技术决定论。在《斐德罗篇》（*Phaedrus*）中，苏格拉底（Socrates）（Plato，c. 370 BCE）谴责字母和文字的发明，认为它们对希腊社会的口述传统造成威胁（Ong，1982）。苏格拉底借用了一位埃及神灵的话，对字母表的发明者发出警告。有趣的是，两千年之后，这一警告又重新出现在了希腊报纸上（Koutsogiannis & Mitsikopoulou，2003，在下一章中我们将会回到这一话题）：

> 你的发明将会在学习者的灵魂中播种遗忘，因为这样一来，他们就会依赖写下来的东西，不再去努力记忆。他们不再用心回忆，而是借助外在的符号来回想。所以，你发明的这帖药，只能起到提醒的作用，不能医治健忘。你给学生们提供的东西不是真正的智慧，因为这样一来，他们在文字的帮助下，可以无师自通地知道很多事情，但在大部分情况下，他们依旧一无所知。他们的心看起来是填满了，但装的不是智慧，而是智慧的赝品。这样的人会给他们的同胞带来麻烦。（Plato，2008［360 BCE］：69）①

尽管语言和证据形式已经发生了变化，但是“传播技术让我们变愚蠢”这样的担忧，和人们当初对于书写的恐惧简直如出一辙。正如林恩·斯皮格尔（Lynn Spigel）（2004：140）所言：“即使社会已经发生了翻天覆地的变化，人们还是有重复同样想法的冲动。”如果我们阅读马尔温的《旧技术初生时》（*When Old Technologies Were New*）（Marvin，1988）、斯丹迪奇的

① 《斐德罗篇》此段内容的翻译在王晓朝先生的译文基础上略做修改而成。——译者注

《维多利亚时代的互联网》（*The Victorian Internet*）（Standage，1998），或者费希尔讲述早期电话发展史的作品《美国的召唤》（*America Calling*）（Fischer，1992），便会发现，当下关于互联网的讨论，与当年的那些论调竟是如此惊人的相似。

技术决定论有几种变体。第一种视角经常与加拿大媒介理论家马歇尔·麦克卢汉（Marshall McLuhan）等人联系在一起。麦克卢汉提出“媒介即讯息”这一说法，认为技术能将自身的特性传递给使用者。克劳德·费希尔（Claude Fischer）称之为“冲击－影响”（impact-imprint）模式，即技术可以将“它们的基本特征”转移给用户，印刻在用户的个人和集体心智 29
中，并以此改变历史（1992：10）。费希尔还以梅罗维茨的名著《消失的地域》（*No Sense of Place*）（Meyrowitz，1985）为例，说明电子媒体将物理和社会空间分隔开来，导致使用者模糊了对于地域的理解。有人认为影视作品中镜头的快速切换使人们的注意力持续时间越来越短，也有人认为暴力电子游戏容易诱发暴力行为，这些观点都体现了上述视角——“技术从外部进入社会，给社会生活造成‘冲击’”（Fischer，1992：12）。

当一种技术刚刚出现时，这种“直接影响”的观点可能是最强烈的，因为人们还不了解它。人们也许并不是在“使用它”，而是在“被它使用”（Fischer，1992：12）。这也导致了一种对于技术的简单化思维：你使用技术的次数越多，技术利用你的次数也越多，你受技术的影响也越大。例如，在许多关于互联网使用的研究中（其中一些将在第四章和第六章展开讨论），研究者通过测量在线时长，将人们划分为重度和轻度用户，或者用户和非用户，然后将它与结果变量联系起来，比如孤独程度或是和家人相处的时间。不过，人们究竟在网上做什么，是和母亲聊天，还是处理银行业务，是研究政治信息，还是浏览色情网站，却并没有受到这些研究者的关注。在他们眼中，一切动因都只是互联网而已。

第二种视角关注媒体选择，这是一种较为温和的技术决定论。这种视角承认技术特征会带来直接影响，但人们同样可以战略性地，通常也是理性地选择他们会使用哪种媒体来实现哪些目的。换言之，即“个人会将媒体的固有特征与自身任务要求有效匹配”（Fulk，Steinfeld，Schmitz，& Power，1987：531）。约翰·迪米克（John Dimmick）（2003）则在此基础上发展了利基理论（niche theory），他认为不同的媒体允许不同的资源交换。例如，即时通信工具“看起来更适合用于深夜在家与朋友聊天”，而座机电话则更适合“在工作时联系”（Dimmick，Feaster，& Ramirez，2011：1278）。

从媒体选择的视角来看，变化发生在个人而不是在社会层面。进一步
32 来说，这也意味着人们可以通过避免接触技术来规避技术的影响。不过，琳内·马库斯（Lynne Markus）（1994）却认为，问题的关键并不在于哪些技术特性能带来哪些影响，而在于“最终结果的好坏在多大程度上会取决于技术特性，抑或是否有其他影响因素介入”（1994：122）。马库斯坚信，技术决定论从根本上讲是一种乐观的理论，因为如果负面后果可以在技术层面追溯到原因，那么研发更好的技术就可以消除它们。不过同时，这也是一个让人失望的观点，因为它承认人们无力阻止这些变化，除非他们发明新的、更好的或不同的技术，再或是完全放弃技术。

苏格拉底、卡尔和阿洛维的观点都在暗示，技术决定论的论调往往是公式化、夸张的（Turkle，2004）。在一组熟悉的二元对立中，预料之中的消极故事找到了同样预料之中的积极替代。例如，在20世纪20年代，人们预测电台将“为大众提供文化和教育，消除政治人物煽动暴民情绪的能力，使人们与政府事务更加接近，并制造出一种超越区域和地方偏见的国家文化”（Douglas，2004［1999］：20）。如今，道格拉斯（Douglas）继续说道：“我们已经见证了有关互联网的各种过激和矛盾的预测：它会在赛博空间中重建政治和文化社区；它也会将色情作者、跟踪狂和信用卡诈骗集团带到我们家中，腐化我们的孩子，侵犯我们的隐私。”

19世纪的美国人如何回应当时的新技术呢？历史学家大卫·奈伊（David Nye）（1997）就此展开了广泛的研究。他在随后一篇文章中总结（2004），美国人本来可以用许多不同版本的叙事来理解技术，但实际上，他们最常

用的只有六种：其中三种属于***乌托邦***，设想世界会因为技术而变得更美好；另外三种属于***反乌托邦***，设想世界会因为技术而变得更糟糕。在乌托邦版本的故事里，技术进步被视为社会自然发展的一部分，意味着日常生活水准的提高，或者是一种改善现实的力量。反乌托邦版本的故事则反复强调对于失控、过度依赖以及无力阻止改变的恐惧。奈伊发现，在这三种反乌托邦叙事中，技术被看作精英控制大众的一种方式，是厄运的象征，或者是无耻的骗子——最初承诺为我们带来积极的变革，最终却不断破坏我们的生活。博迪（Boddy）（2004：4）写道："长久以来，流行文化对电子通信的态度不断徘徊于担忧与期待之间，这意味着，欢愉与恐惧的短暂幻想实际上具有持续的历史相关性。"即使在反乌托邦文章中，卡尔（2008）也寄予了乌托邦式的幻想，认为"虽然新技术确实会带来［苏格拉底］所担忧的影响"，但是苏格拉底却"并没有预见到，写作与阅读能够在许多方面被用于扩散信息、刺激新想法，以及扩充人类知识（即便不是智慧的话）"。

> 美国人本来可以用许多不同版本的叙事来理解技术，但实际上，他们最常用的只有六种：其中三种属于乌托邦，设想世界会因为技术而变得更美好；另外三种属于反乌托邦，设想世界会因为技术而变得更糟糕。
>
> 33

新技术接受中反复出现的主题

经常有人认为媒体特性将会引发某些社会后果。在这一小节中，我将梳理一些在大众媒体中有关新媒体和社会生活的常见主题。除了之前提及的理论家和技术文化史学家，我也参考了珍娜·奎德尼·安德森（Janna Quitney Anderson）（2005）编写的一本预测与描述互联网的书，这本书汇集了 20 世纪 90 年代早期美国报纸、杂志等媒体中的报道。同时，我还借鉴了杂志《纽约客》（*The New Yorker*）中的漫画和专栏。这份杂志历史悠久、颇具影响，早在 20 世纪 20 年代创刊时，便以幽默的方式质疑我们和技术的关系。《纽约客》中的两个广受欢迎的专栏"安·兰德斯"（Ann Landers）和"亲爱的艾比"（Dear Abby）以回信的形式向读者提出生活建议，它们也带给我很多启发。《纽约客》的目标受众是那些生活在城市、受过良好教育并且比较富裕的社会阶层人群，而这些人也极有可能是最先接触互联网和早期新技术的一群人。在 20 世纪 90 年代中期，"安·兰德斯"和"亲爱的艾

34 比”的读者数量加起来有1.1亿之多，它们探讨了互联网在人们的亲密关系中扮演了何种角色。在当时的大众媒体中，这很有可能是独一无二的。这些资料看似琐碎、愚蠢甚至有些八卦，但它们在反映大众文化态度方面的能力不该被低估。作者和编辑在设计传播内容时，一定想要与受众关心的事情产生共鸣，他们的生计仰仗于此。相比之下，其他一些信息来源，比如我们在接下来几章中将会关注的学术研究，或许能更加准确地把握新媒体的影响，不过，大众媒体中的信息却更有可能影响人们对新技术的态度，以及他们随后的行为。在本部分中，我将考察以下几个主题：中介化交流和关系的真实性、中介化互动的质量、新型关系的形成、匿名的影响（诚信、欺骗、解放和潜在的阶层消除），以及对既有亲密关系的影响（亲密关系会因此变得更亲密吗？它会被中介化的关系所替代吗？它会不复存在吗?）。在这一部分中，我暂时不会讨论儿童群体。在后面的社会建构论部分，我将重点讨论儿童拥有的自主权如何对他们造成危害。

苏格拉底认为，写作提供的“不是真理，而是真理的赝品”，这一观点仍与我们息息相关。大多数（即便不是全部）对于中介化人际关系的讨论都有一个核心，即强调中介化互动所维持的人际关系并不***真实***。许多人“害怕真实的人际关系已经不可挽回地消逝了”，但也有一些人期待“传播技术能加强人们的联系”（Sturken & Thomas，2004：3）。电话刚出现不久时，不少人担心它最多只能维持“一种貌似‘真实的’关系”（Fischer，1992：224）。这种根深蒂固的假设同样反映在以下的习惯之中：我们经常使用“虚拟”（virtual）一词指代线上关系和线上群组，却用“IRL”（即in real life，意为“在现实生活中”）这一缩略词来描述线下联系。

人们常常会质疑***中介化互动的质量***，认为技术中介会剔除那些内涵丰富的社交线索（这是下一章我们要深入探讨的话题）。瓦尔特·本雅明（Walter Benjamin）提出过一个著名的观点：有形艺术的重要价值在于其“光晕”，而在机械复制时代，这种光晕却消失了。[①] 与本雅明相仿，互联网

① 什么才是光晕，本雅明并没有给出一个确切的定义，他仅仅使用否定的方法，宣称“在机械复制时代凋萎的东西”，便是艺术作品的光晕。本雅明在使用光晕时，希望凸显艺术的“原真性”，凸显它“此地此刻”的价值。——译者注

批评家斯托尔（Stoll）（1995，引自 Anderson，2005：65）认为，与书信相
比，电子互动是冰冷的。“纸张不会老化，签名也不会褪色。也许未来一代 35
会把他们的罗曼史刻录在软盘上，［但］我更想要一个装满旧信的鞋盒。”

电子信息常常被认为是“空洞的”。例如，市场调查公司 Pear Analytics 在 2009 年的一项研究中，将 Twitter 上 40% 的信息归类为“毫无意义的喋喋不休”（“Twitter tweets are 40%‘babble’”，2009）。我们对电话也有同样的抱怨，认为通话中充满了空洞的对话，即使双方无话可说时，也往往不得不为了交流而交流。类似的批评还可以追溯到 1927 年《纽约客》的一幅漫画中，漫画里一位衣着华丽、精心打扮、一脸富态的女人倚在沙发上说：“先别挂，亲爱的……我正在思考我脑子里在想些什么。”

互联网带给我们的期望之一，便是它能够***扩大我们潜在的关系网***，并 36
发展新的关系（在第五章中，我们将回到这一话题）。例如，1996 年，一位
芝加哥网友给安·兰德斯写信说：

> 我是在网上认识我女朋友的。她是加拿大人，而我住在伊利诺伊州。我们仅面对面聊过一次，但是在过去的几个月里，通过网络交流，我们加深了对彼此的了解，并且坠入爱河。我们每周打两次电话，每天晚上用电子邮件沟通，还计划了四次约会。
>
> 我还在网上交了很多朋友。虽然大部分应该永远见不到面，但是每当有人沮丧时，我们总会伸出援手，当一切顺风顺水时，我们也都会感到高兴。
>
> 仅仅是在网络新闻组里，我就认识了很多朋友。到目前为止，有四对有情人终成眷属，还有好几对情侣正在交往，而且很可能要结婚了。没有谁的生活会被拴在网上，但我们的确会经常上网看看这些线上伙伴们过得怎么样。

当然，许多人也会质疑在网上交朋友是否和面对面交朋友一样真实。 37
中介化环境之所以会导致不确定感，原因之一便是视觉和听觉方面的社交
线索比较匮乏，因此，人们难以***相信***他人所声称的身份，这也是匿名问题
的关键所在。有关互联网匿名性所引起的希望与恐惧，彼得·斯坦纳（Pe-

ter Steiner）1993年在《纽约客》上刊登的漫画表达得最为淋漓尽致。漫画中有两条狗，一条坐在电脑前的椅子上，另一条坐在地上。坐在电脑前的那条对地上的狗解释道："在网上，没人知道你是一条狗。"安德森（Anderson）（2005：228）评论说："这句话将永远是网络文化的试金石。"这幅
38 漫画不仅出现在很多学术文章和书籍中，也在维基百科上拥有自己的主页，从重印权和展示权的申请量来看，它还是《纽约客》历史上最受欢迎的漫画。仅仅在2009年，这句话就在Google上被搜索了25万多次，截至2013年，总搜索量更是达到了近5 300万次。除此之外，这幅漫画还出现在爱沙尼亚一本关于互联网的书的封面上，这也足以证明它的跨国影响力（InstitutZaEtnologiju I Folkloristiku，2004）。

虽然斯坦纳也承认，当他画这幅漫画时，自己其实并不清楚这到底意味着什么，但《纽约客》的卡通编辑罗伯特·曼科夫（Robert Mankoff）却认为它"完美预测了互联网的前景及问题"（2004：618）。这幅漫画究竟是场美梦还是噩梦，恐怕要取决于一个人扮演的角色了——你是那条狗，还是那个不知不觉在与狗聊天的蠢货。

当然，没有人真会相信家里的宠物能够上网，还能假装自己是人。不过，人们通常会认为，匮乏的社交线索会更容易导致欺骗。正如有人在1994年写给"安·兰德斯"的信中解释的那样：

> 网上的每个女人都把自己描述为辛迪·克劳馥（Cindy Crawford），每个男人都把自己形容成汤姆·克鲁斯（Tom Cruise）。女人隐瞒自己真实的婚姻状况、体重、年龄和职业。告诉你吧，安，有些在网上自称是女性的人，其实是男的。

我们将在第五章中讲到，真实的自我呈现往往并不是简单的对错问题。互联网有可能让人们从现实语境的束缚中获得解放，因此，有些人会在网上变得***格外诚实***。一位来信者向艾比承认，虽然她在网上的身份是假的，但她在网上投入的情感和关系却是真实的：

> 我和一位英俊、聪明、富有爱心的男人相爱了。我们在一起很快乐，

> 也订婚了。那么问题呢？我们是在网上认识的。艾比，他以为我26岁，但其实我不是。我和他说的很多东西都是假的。事实上，我才12岁。

在社会层面上，匿名性让人们有可能从彼此的种族、年龄、性别、是
否残疾等社会区分中获得解放。斯丹迪奇（Standage，1998）讲过一个故
事，两个人对彼此的种族身份一无所知，却通过电报交流并建立了跨种族 39
的人际关系。一种早期关于互联网的论调认为，社交线索的减少会让人们
重视彼此的内在价值，而不是交流者的地位。于是，马丁·路德·金（Mar-
tin Luther King）梦想的世界便可以在互联网中得以实现——在这个世界里，
我们以品格而非肤色来评价一个人。1997年的“超级碗”中，某著名电信
公司打出这样一条广告：“无种族、无性别、无年龄、无疾患，唯有思想。
乌托邦？不，是互联网。”Facebook和（一段时间内的）Google+这样的网
站坚持要求所有个人账号都应该使用真实姓名，而且它们鼓励用户发表可
被识别的信息，例如真实的地点和时间。

与此同时，许多人，尤其是那些中上阶层群体，却认为社会区分是一
种非常有用和必要的手段，它可以保护自己和家人免受不必要的外在影响
和威胁（Marvin，1988；Spigel，1992）。对于他们来说，通过技术***抹去社会*** 40
地位信息是非常可怕的。长期以来，传播技术都被视为家庭问题的来源，
因为它容易让人们与其他阶层的人发展出“不合规矩的恋爱关系”
（Marvin，1988：73）。人们担心电话可能会让他们与其他年龄、阶级和种族
的人产生“错误的”社会交往（Fischer，1992：225）。在电话发展初期，
许多文章批评那些动不动就给纽约市长打电话的人。这些人也许认为这就
是技术发展的乌托邦式结果——允许他们接触那些地位更高的阶层，同时
还能拥有更多政治参与的权利——不过，对市长和其他精英阶层而言，这
却是一种打扰和威胁。此外，即使普通人并没有入侵特权阶层的庇护所，
传播工具也会替他们这样做。有人认为留声机和收音机会使人腐化、堕落，
因为它们将黑人音乐家创作和演奏的拉格泰姆音乐（ragtime）① 和爵士音乐

① 美国流行音乐形式之一，产生于19世纪末，是一种采用黑人旋律的早期爵士乐。——译者注

带入富裕的白人家庭，这无疑纵容了种族间的互动（甚至是性!）（Douglas，2004［1999］）。

一直以来，在网络上建立新型人际关系让人们可以“组装自己的电子邻居”，当然，这到底是好是坏，人们众说纷纭（Dertouzos，1991，in Anderson，2005：49）。有些人，比如德图佐斯（Dertouzos），认为这是一种乐趣，但也有人担心，技术不仅不会减少社会阶层之间的差异，反而会复制或增加更多社会鸿沟。1995年，布朗（Brown）在《西雅图邮报》（*Seattle Post-Intelligencer*）上担忧道：“信息高速公路确实能将我们与那些拥有相似兴趣、信仰的人们连接起来，但我们却越来越少和那些与自己不同的人进行沟通。从社会层面上看，我们也许会发现自己正在回归到一种同族意识（tribalism）之中，依据种族、民族、意识形态的界限来寻找自己归属的群体，并且只选择去接触那些我们的身份和信仰所认同的信息。”（引自 Anderson，2005：64）伊莱·帕理泽（Eli Pariser）（2011）在《算法统治一切?》（*The Filter Bubble*）这本书中也提出了类似顾虑，即算法会根据人们的兴趣，来塑造人们在网上看到的内容。

在技术决定论看来，对于人们凭借面对面交往维系的亲密关系来讲，新型传播媒体就像是一把双刃剑。电话让人与人之间更加亲近，帮助人们
41 建立社区，还能减少孤独感（de Sola Pool，1977；Fischer，1992）。电的发明让家务劳动变得更轻松，这就减少了夫妻间的矛盾，因此能够降低离婚率（Marvin，1988）。汽车的普及实现了人们家庭聚会的梦想，我们也经常能在媒体上看到一家人自驾出行的画面（Fischer，1992）。在早期广播和留声机的广告中，也经常描绘这种幸福家庭的画面：在客厅中，父母坐在收音机或留声机的周围，稚气未脱的孩子向他们投去认同的目光。斯皮格尔（Spigel）（1992：3）对电视早期阶段的大众传播如此分析道：“（电视）被描述为治疗战时生活下心灵创伤和家庭破裂的灵丹妙药……它能重建家庭团聚的信心……然而……反乌托邦的观点也同样发出警告，认为电视会损害家庭关系、破坏家庭的有效运转。”

在当代数字媒体的背景下，人们依旧希望新型传播技术能够***让家庭成***

员和爱人彼此相连。如今，有人用 Skype 与他们的孩子们取得联系，也有人购买手机服务商的“家庭计划”套餐，让家庭成员可以保持沟通。《连线》杂志（*Wired*）在 1995 年的一篇文章中曾预测说，在新的传播等级体系中，家庭将会上升至顶层。“每个家庭都将拥有属于自己的邮件列表，每位成员都囊括在内……我觉得规则差不多会是这样的：朋友在陌生人之上，家人在朋友之上；在这些分类之中，地理或者时间上较近的人，会凌驾于较远者之上（Hapgood，1995，引自 Anderson，2005：64）。”

不过，与之相对的反乌托邦观点却担心新媒体可能会让人们脱离这些亲密关系，因为他们会用中介化关系、甚至是媒体使用本身来替代面对面的交流。在 20 世纪早期，人们担心电话可能会取代登门拜访（Fischer，1992）。对于电视，人们也有同样的担忧。比如，在一幅 1962 年《纽约客》的漫画中，一对夫妻正坐在餐桌前，丈夫把脸埋在报纸里，而妻子正在看电视。在电视画面中，一对情侣正共享一顿浪漫的晚餐。电视屏幕中虽然展现了夫妻之间的亲密，但现实中，新媒体（电视）和旧媒体（报纸）则阻断了这对夫妻的交流。在 2013 年社交网络上，也流传着一张主题相似的 42
照片。这是一张富有历史感的黑白照片，上面是一辆满载的火车，乘客们都背对着镜头阅读报纸。这幅照片的题目是“技术让我们反社会”。

在数字媒体破坏人际关系的故事中，一种常见主题便是“网络出轨”（cyberaffair）。互联网在美国刚刚开始普及时，杂志专栏经常把它比喻成“家庭破坏者”。不管是读者来信还是专栏作者的回复，都会反复讲述一些男人或女人在网上邂逅了新的恋情（或迷上了网络色情），最终导致婚姻的破裂。1995 年，一封写给安·兰德斯的信件恳求安告诫读者：“一个阴险的怪物即将袭击美国人。它将以闻所未闻之势摧毁更多人的婚姻和生活。它就是互联网。”安·兰德斯也认为这种现象十分猖獗，她在 1998 年写道：“我收到的邮件告诉我，互联网将成为下个世纪的头号家庭破坏者。”

除了对亲密关系的破坏之外，互联网和其他新媒体也经常被认为是**社 43
会孤立**的罪魁祸首。海斯（Hays）在《华尔街日报》（*Wall Street Journal*）上猜测说：“在互联网上与别人联系，可能导致人们比以往都更加孤立，因为人们不再需要面对面的接触。如果一位烦恼或害羞的上班族能够非常容易地在网上找到慰藉和认同，那么，她是否会更不愿意在工作中寻找朋友呢?”（1993，引自 Anderson，2005：96）。在20世纪90年代后期，“安·兰德斯”和“亲爱的艾比”的来信者经常把互联网用户称为“瘾君子”，过度“沉迷”网络世界破坏了他们在现实中的亲密关系。一位来信者写道：

> 和我结婚22年的丈夫如今就像一个隐士一样。他拒绝接受所有的社交邀请，不再参加孩子们的活动，瞒着我偷偷上网。他就像个酒鬼，虽然他向我道歉，并且承诺改变，但是一打开电脑，他就整天坐在那里，直到凌晨。(1998)

“当人们在网络空间玩得更开心时，他们就不会再想走出家门了。”英国《独立报》的未来学家费思·帕帕考恩（Faith Popcorn）如此警告道（Anderson，2005：67－8）。在《美国新闻和世界报道》（*US News & World Report*）中，尼尔·波兹曼（Neal Postman）设想了一种未来世界的场景，简洁地概括了反乌托邦式的恐惧：

> 因为我们没有及时察觉并且扭转这一过程，公共生活将会消失，令人眼花缭乱的技术几乎将所有的社会活动私人化……我们用视频电话和电子邮件取代了和朋友会面……我们害怕真实的人，也终将忘记如何在公共场所中行事，而公共场所几乎完全被犯罪分子占领。我们其他人也并不需要与彼此相处。(1993，引自 Anderson，2005：96)

总而言之，有关传统传播技术和数字媒体的技术决定论非常相似，都经常聚焦于身份的真实性和“现实”关系的幸福感。乌托邦观点强调技术的光明面，认为科技将帮助人们摆脱地理的束缚和边缘化社会身份的桎梏，释放真实自我，让人们在丰富线下关系的同时，也能在线上建立新的关系。
44 错综复杂的反乌托邦观点与此恰恰相反，它更加关注欺骗行为、同族意识，以及社会阶层差别的消失。这也在我们心中累积了诸多萦绕不去的阴霾：传播技术将会使我们彼此孤立；让我们生活在巨大的蚕茧中，只能容下与自己相似的群体；我们更喜欢机器，而不是人。这都是些预测性的言辞，更重要的是，它们不仅表达了一种有关科技的观点，至少在同等程度上，也表达了社会对待技术的一种立场。这些观点发掘了人们对于信任、联系、保护与自我保护的深层需求，以及这些需求引发的持续不断的斗争。

> 反乌托邦观点更加关注欺骗行为、同族意识，以及社会阶层差别的消失……它们不仅表达了一种有关科技的观点，至少在同样程度上也表达了社会对待技术的一种立场。这些观点发掘了人们对于信任、联系、保护与自我保护的深层需求。

技术的社会建构

人的影响力

从我刚刚所讨论的案例，以及这些案例所代表的历史趋势看来，技术是人和社会生活发生变化的驱动力。决定论认为技术独立于社会语境而产生，进而会影响社会语境。其他一些视角也在关注着这一问题，但却并不同意技术是唯一的动因。技术的社会建构论（SCOT）关注技术是如何从社会过程中产生的。这一视角的支持者认为技术决定论的“解释力欠佳，并且具有危险的误导性，（因为）人类发明了改变他们生活的新机器系统。人类才是变革的推动者，而不是机器”。（Nye，1997：180）。社会建构主义的焦点之一在于社会力量如何影响新技术的发明（Bijker，Hughes，& Pinch，1987；Bijker & Law，1992）。在这种视角看来，发明者生活在社会语境之中。人类在车库中发明个人电脑、在自行车修理店里发明飞机，都要依托于他们生活的社会语境。设计师和开发人员在开发技术时所做的选择，也要依赖于所处的社会语境，而这种语境反过来也会受到传播技术的影响。在当代社会语境下，人们可能会发现，网络游戏中女性化身，几乎都被设计得和那些色情人物一模一样。其中的原因也许在于，这些化身的设计者（主要是男性）生活在男权文化的社会中，认为男性才是他们的主要用户，而女性不过是性对象而已。 45

技术的社会建构论者还认为，在发明者之外，技术发展还会受到许多其他因素的影响。无论投资者是个人还是政府，他们都有权优先决定哪些

46 技术值得研发，并给它们提供资源保障；竞争对手则会从不同方向推动技术的发展。例如微软模仿苹果的图像操作系统，从 DOS 界面转向 Windows；Facebook 吸收 Twitter 的成功之处来调整自己的网站；政府机构可能会通过资金分配来形塑技术发展，通过政策预先规定机器和网站的权限，以及通过行动来影响公司行为（例如当一些公司开始默认使用安全连接以降低美国国家安全局窃听用户的可能性时）。除此之外，费希尔（1992）指出，用户也在塑造技术发展的方向，尤其是当他们联合起来的时候。事实上，这些影响源的立场并不总是一致，它们经常彼此冲突，所以说，任何一种技术形态往往都是妥协的结果。

社会建构论的支持者同样关注技术接受的过程，认为广泛的社会、经济、政府和文化因素都将影响人们如何接触和使用技术。费希尔（1992：269）在研究电话的接受过程时主张采用“使用者视角”。他如此写道：“使用者试图将新技术应用于自身，这可能会导致矛盾的结果，而且，这种结果并不能直接从简单的技术逻辑中推断出来。”利斯特等人（Lister et al.，2003：81）借鉴了媒体理论家雷蒙·威廉斯（Raymond Williams）的观点，认为“无论技术研发的初衷如何，拥有不同利益或需求的其他社会群体都会调整、修改或颠覆那些最初的技术设定”。正如上文所讨论的，在这一过程中，人们对技术的传播至关重要。人们对于电报、收音机、冰箱和互联网预料之外的使用方式，形成了它们如今最重要的功能（Nye，2004）。以互联网为例，最初它被视作一种军事后备系统，不过后来，使用者重构和改造了它。

虽然了解用户的力量很重要，不过我们却很容易夸大个体的影响力。正如费希尔（1992）所说，其他社会结构也在发生作用，例如访问权限、可用性、价格和市场等。发短信便是一个有趣的例子。过去，当我提到用手机发短信时，大部分学生都会茫然地看着我，虽然几乎他们所有人的口
47 袋里都有手机。在亚洲和欧洲，发短信很早之前就已成为手机的一项主要用途，但因为监管和定价的原因，这一功能在美国没有很快被推广（Ling，2012）。大约在2005年，美国手机厂商的价格计划发生改变，发短信不再那

么昂贵。从那时起，我的学生们才开始纷纷使用这一功能，不再一脸茫然。事实上，在上课时，一些学生会忙着在书桌下发短信，而根本不会注意到我在说什么。

珍妮特·富尔克（Janet Fulk）（1993）提出的社会影响模型（social influence model）关注一个人对媒体的感知和后续使用是如何受到同伴影响的。她在组织传播的背景下研究了新媒体（主要是电子邮件）的使用，发现同事的观点，尤其是那些“有吸引力”同时也是朋友关系的同事，会强烈影响一个人对电子邮件的态度。坎贝尔和拉索（Campbell & Russo，2003）在美国中西部地区进行的一项研究也发现，同伴的态度会影响我们对一些行为的态度，例如在餐厅用餐时是否应该关掉手机。当人们讨论新媒体的时候，以及当这些新媒体在电视、印刷品和电影等其他媒体上出现时，设备本身就带有了社会意义（所以有些手机看起来很酷，有些却很傻）。媒体有时候也会与性别产生一些联系，比如电脑更加男性化，电话更加女性化（Rakow，1992；Hijazi-Omari & Ribak，2008），抑或是 Siri 和 Cortana 这类去身体化的声音由女性发出。

道德恐慌

正如我们在讨论技术决定论时所看到的，新媒体常常激起人们对道德沦丧的恐惧。这些恐惧与反乌托邦式的观点形式相似，还可能会影响到个人、家庭、政府和技术设计层面的重要政策决定。换句话说，在新媒体的使用和影响方面，技术的传播比技术本身更重要。这种视角往往尤其关注儿童，尤其是十几岁女生的幸福感。似乎在任何新媒体诞生后，对儿童保护的关切都会随之而来。儿童往往被视为无辜的受害者，他们可能会被技 48
术腐化、破坏，产生永久性的改变，而父母、教师和政治领导者却无力阻止这一切的发生（Facer，2012；Marvin，2004；Sturken & Thomas，2004）。马尔温（Marvin）（2004：283）写道：“儿童与媒体文化的关系，以及塑造这种关系的更大的社会语境，都在大众媒体和公共话语中不断被讨论和翻新。”在美国，人们担心汽车会使青少年与家人产生隔阂（Fischer，1992），还指控书籍、漫画、电影和电视会导致青少年早熟或成为少年犯（Fang，2008）。在美国历史上，人们同样担心 19 世纪中叶特别流行的廉价小说会损害其读者的智力发展、增加他们潜在的反社会行为和犯罪概率。不过，人们同时也将启蒙的希望寄托在新媒体身上（Fang，2008）。

如今，人们认为儿童很可能会在互联网上接触色情和性（或者更糟糕的是，为它们所利用），还会遭遇普遍存在的网络欺凌。在有关互联网的这一类话语中，最突出的案例便是性捕猎（sexual predation）。在大部分公众的想象中，网络世界里的性犯罪已经达到了新高度，毫不知情的无辜者被诱骗至虚假关系中，最终遭到骚扰、绑架甚至杀害。的确会有成年男子通过互联网将女孩诱骗进不正当的关系中，这也确实很可怕，但事实上却并不常见。当成年男子和未成年女孩通过网络进行性接触时，通常是在双方自愿（未成年人也有同意的能力）且坦诚的情况下，虽然这在道德上是存疑的（Cassell & Cramer，2007；Wolak & Finkelhor，2013）。卡斯尔（Cassell）和克拉默（Cramer）对美国联邦犯罪报告的详细分析表明，针对 12～17 岁儿童的犯罪在 1993—1995 年后下降了 46%～69%，尽管在那个时间段中，互联网已经走进数百万年轻人的生活中。相比于熟人关系中的性侵而
49 言，陌生人之间的性侵仍然是极其罕见的，其中，网友实施的性侵又只占陌生人性侵案件的极小一部分（Internet Safety Technical Task Force，2008）。

不过，仍有一些人坚持认为，大多数年轻人在使用互联网时都会面临严重的风险，这其实是一种典型的“道德恐慌”（moral panic）。所谓道德恐慌，指的是人们在理解一种新的文化趋势时，因为仅仅聚焦于无法控制的社会力量而感到焦虑（Cohen，1972）。实际上，相比技术而言，还有很多更重要的事情值得我们焦虑，不过或许是因为它们太困难，或太难以直接面对，所以我们就转而对技术表达恐慌（Thomas，2004）。当然，人们其实也可以同样简单地认为，互联网其实保护了青少年，因为它让青少年一直待在家中。性捕猎是可怕的，但我们如果想要减少那些针对妇女儿童的性犯罪，就不应该瞄准互联网开炮。不过，虽然大部分针对儿童和妇女的犯罪都发生在婚姻、家庭、社区、教堂和学校中，但与它们相比，互联网似

乎是一个更容易被攻击的对象（Internet Safety Technical Task Force，2008）。

同样，有关网络欺凌（通常以青少年自杀结束）的媒体报道虽然并非完全失实，但也具有欺骗性。事实上，网络欺凌几乎总是根植于线下欺凌（Livingstone & Smith，2014）。一项研究综述了2000—2010年进行的青少年互联网安全调查（Jones，Mitchell，& Finkelhor，2013），认为网络骚扰增加的主要原因是更多女性朋友通过互联网进行互动的频率增加，这使得更多的线下攻击渗透到了网络之中。

在互联网为儿童带来的风险和伤害的问题上，利文斯通和史密斯（Livingstone & Smith，2013）回顾了所有他们能找到的、经过同行评议的相关实证研究。他们发现，大约有20%的青少年受到网络攻击、陌生人骚扰、色情短信（sexting）或色情内容的影响。尽管近年来青少年上网的人数在不断攀升，但是他们所遭受的风险和实际伤害并没有变得更加频繁（Livingstone & Smith，2014）。然而，父母往往高估自己的孩子在网上遇到这些侵害的可能性（Sorbring & Lundin，2012）。这当然不是说孩子们不会在网上受到伤害，对于少部分在网上接触色情内容，或者因为遭遇性猎捕者而十分痛苦的年轻人来说，他们受到的伤害是真真切切的（Livingstone & Smith， *50*
2014）。不过，我们同样需要认识到，孩子们在数字媒体上受到的伤害与没有新媒体时相比并没有增加，甚至还有所减少。

没有了家长监督，儿童在新技术的环境中不仅遭受威胁，他们本身就被看作是危险的。很多早期的电脑广告都将家长作为目标客户，想说服他们给自己的孩子买一台电脑。这些广告不惜将家长描述为无知者，同时将孩子描述为理所当然的电脑使用者。这种策略会让人们逐渐认为父母一辈对互联网一无所知，孩子们却天生就了解互联网（Facer，2012）。[①] 尽管孩子本身并不具备这些广告所宣称的数字技能，也不认为自己真如广告中宣

---

① 具体来讲，克里·菲斯（Keri Facer）认为这些广告建构出孩子与科技的一种天然连接，例如将孩子描述为“网络一代”（net generation）或“赛博儿童”（cyberkids），抑或是“数字原住民”（digital native）。相反，他们的父母则被描述为“数字移民”（digital immigrant），他们在技术时代中不断挣扎、充满焦虑。参见 Facer K. After the moral panic? Reframing the debate about child safety online. Discourse：Studies in the Cultural Politics of Education，2012，33（3）：397－413. ——译者注

传的那样（Livingstone，2008），不过，的确有一部分孩子锻炼出了这些能力，并可以用逃脱父母和他人控制的方式来使用技术（Banet-Weiser，2004；Marvin，2004）。比如，在我儿子的中学里，学生们被禁止在学校机房中使用社交媒体，为了反抗这一限制，学生们创建了一个秘密的文件夹系统，继续访问那些被禁的网站。

青少年发送色情短信、用手机分享彼此的裸照这些现象，恰好与人们对儿童性行为的恐惧，以及对儿童使用新媒体的潜在负面后果的担忧不谋而合。有学者全面综述了澳大利亚的色情短信研究、媒体报道和教育文件，辅之以焦点小组研究，发现青少年把“色情短信”视为一个成人词语，这个词语并不能反映他们这一年龄段的实践和经历（Albury，Crawford，Byron，& Mathews，2013）。考虑到不少名人曾因为在Twitter上发布他们生殖器的照片而遭到公开羞辱，我不得不怀疑，成年人对儿童这些行为的恐惧，是不是实际上反映了他们对自己的恐惧。

对儿童使用新技术的恐惧也可以理解为成年人害怕丧失控制权，不过，无论技术存在与否，这其实都是抚养孩子过程中的固有问题。技术看起来更容易被控制，于是，恐惧往往更容易转移到它身上。为了保护儿童，父母、儿童福利机构、医生、教师和政府经常试图建立监控系统，立法限制儿童接触技术，以及创造更新的技术来限制儿童与技术的互动（Marvin，
51 2004：281）。将我们对儿童的焦虑转移到互联网和手机上，这看起来使得我们的恐惧更易于管理，但对于保护儿童却几乎没有任何帮助，还可能让他们因此很难意识到新技术所带来的福祉（Cassell & Cramer，2007；Ito et al.，2010；Livingstone，Haddon，& Goörzig，2012；Livingstone & Helsper，2013）。

总而言之，社会建构论为技术决定论提供了一种截然对立的解释。它不把社会变化看作新媒体作用的结果，而是把新技术和新技术的使用视为一种社会因素的后果。从这个角度看，我之前讨论的那些乌托邦和反乌托邦观点，其实对技术本身言之甚少，但却可以帮助我们洞察技术是如何形成的、如何被理解的，以及如何被使用的。道德恐慌的案例说明，技术决定论的观点是如何左右我们理解技术，以及如何影响政策制定的。当然，

这些政策也会反过来影响我们的媒体使用，尽管后果并不总在我们的预料之中。

技术的社会形成

如果说技术决定论是从技术角度来找原因，社会建构论是从人的角度来找原因，那么第三种观点，有时也被称为社会形成论（social shaping）（MacKenzie & Wajcman，1985/1999），则算是站在中间立场。从这个角度看，技术的后果来自一种混合的“可供性”（affordances）（Gibson，1977；Norman，1988）——技术所提供的性能结构（capabilities configurations）——以及人们如何以一种意外、创新的方式利用这些可供性。设计者期望产品设计本身可以影响人们对技术的使用方式（Gershon，2010；Nardi，2010），但这些影响并非主导性的。卡茨和奥克许斯（Katz & Aakhus，2002）也认为，技术有其“逻辑”和“机器精神”（apparatgeists），它们会影响使用，但却不起决定性作用。道格拉斯同样认为，机器“不会自己创造历史，但是，一些机器能够影响历史和人类的发展方向”，机器也“的确能够加速某些趋势、放大某些文化弱点，并在巩固某些社会结构的同时侵蚀其他社会结构”（Douglas，2004［1999］：20－21）。社交媒体平台也不例外，一方面，它可以塑造一些类型的社交，但另一方面，用户也会在使用时创造属于自己的规范（van Dijck，2013）。

人、技术和机构都有能力影响技术的发展和后续使用。“在不断变化的社 52
会技术网络中”，他们是“相互关联的节点，在不同时间、地点，针对不同群体，塑造不同的技术形式和用途”（Lievrouw，2006：250）。历史分析表明，社会形成论是“一个没有单一主导力量的过程”（MacKenzie & Wajcman，1985/1999：29）。例如，我和琼·伯吉斯（Jean Burgess）一同研究了 Twitter 上某些使用习惯的发展过程，比如在回复时@他人，加标签和转发他人的推文（Burgess & Baym，2014）。我们发现，在 Twitter 把这些功能整合进他们的产品设计之前，早就有用户开始使用它们。从社会形成论的角度来看，我们应该考虑到社会环境如何导致技术的产生，技术提供了哪些具体的可能和限制，以及在日常生活的使用实践中，人们又如何去处理、拒绝和修订这些可能和限制。

技术驯化

如今，我们已经不再就座机电话和字母表进行乌托邦或者反乌托邦式的讨论，这就说明早期技术其实已经被我们成功驯化。曾经那些看起来奇妙甚至诡异的东西，那些能够制造伟大和恐惧的东西，现在都变得如此平淡无奇，没有它们的生活也变得让人无法想象（我儿子曾经问我，在电脑发明之前，人们是如何上网的）。当别人不使用这些技术时——比如有人拒绝使用手机、短信或 Facebook——这不仅会成为他们的问题，也是我们的问题（Ling，2012）。

20 世纪 90 年代，英国和挪威的媒介技术研究提出了技术的“驯化”（domestication）概念，填补了技术形成论的空白（Haddon，2006）。驯化和技术形成论一致认为，新媒体的影响力被技术与社会同时塑造，不过，驯化格外关注在日常实践中，新媒体从边缘（野生的）转变为日常（驯服的）
58 的过程。早期的驯化研究表明，在大多数用户接触技术之前，广告、设计和我们讨论的各种观点早已在他们心中为这些技术赋予了社会意义。不过，“家庭和个人还是会给这些技术增加更多私人化的意义和重要性”（Haddon，2006：196）。这在我们刚刚“掌握”驯化时尤其明显，此时，我们如何使用和表现这些技术、如何根据我们的需求重新调整这些技术，都能最大化地影响它们的后续发展（Ling，2012）。驯化过程不仅在社会层面发挥作用，在日常交往中人们决定把设备放在哪里，更重要的是谁去使用它、如何使用它、谁不使用它，都是一种驯化（Silverstone，Hirsch，& Morley，1992）。

如今，我们已经不再就座机电话和字母表进行乌托邦或者反乌托邦式的讨论，这就说明早期技术其实已经被我们成功驯化。

随着技术融入日常生活，它们就像一种微妙的混合剂，同时包含了积极和消极的意义。就拿手机举个例子，虽然几乎人人都用手机，但仍然有两种针锋相对的说法围绕着它：有人说手机是炫耀、昂贵和压力的象征，容易让人们产生坏习惯；但也有人认为手机能够让我们获得安全感、自主性、连接性，还便于我们控制日常生活的节奏（Ling，2012）。两面论观点（Syntopian perspectives）（Katz & Rice，2002）认为新技术本身就有利有弊。极端的观点也会继续存在，但在两者之间，我们可以通过传播来协调其中众多的细节、矛盾和复杂性。在新技术诞生时，威胁与惊喜共存，如今，它们却普通到不值一提。在结束这一章之前，我想谈谈这种变化的过程。前面提到的那些建议专栏（Advice column），就是一个了不起的缩影，透过它，我们可以看到互联网的驯化过程。

在早期的读者来信中，尤其是 2000 年以前，大家似乎有一个共识，即互联网是危险的。互联网用户常常被描述为瘾君子、隐士，或者充其量也就是个“还算正派的人”（如安·兰德斯在 1994 年写的）。不过，就两个专栏的读者而言，他们的经历各不相同，这两个专栏提供了一个讨论平台，那些在网上体验良好的人能够反驳这些消极的信件，以及安、艾比在回复中对互联网的负面评价。1996 年，一位芝加哥网友在来信中（详见上文）描述了他在网上建立的所有积极关系，这便是一个极好的例子。类似对互 54
联网充满赞许的读者来信不断涌入，安·兰德斯在 1996 年写道，这类邮件“实在是令人瞠目结舌，大部分读者竟然都对它表示认可”。

许多来信者都不同意互联网的反乌托邦论调。有人将互联网比喻成火、公园、刀具，甚至在一封信中，有人把它比作电话（我发誓不是我写的），比如这封 1996 年的读者来信中写道：

> 因为不恰当的使用方式就说互联网具有破坏性，就像说因为火可能很危险，所以没有火的世界会更美好一样。
>
> 仔细想想吧，安。因为有人在网上遇到流氓就谴责互联网，就如同因为恋童癖在公园里骚扰孩子，我们就谴责公园。
>
> 讨论人与互联网的关系时，问题并不在互联网，而在于人们如何利用互联网。这就和刀具一样。在手术中，医生用手术刀救了我的命，

而就在同一天，镇上的一个人却被人用刀杀死了。

安，你对互联网很警惕吗？我敢打赌，如果你生活在19世纪80年代，你也会怀疑电话，因为它也可能被用于某些“邪恶的目的”。接受任何新事物都需要时间。

从网络和电话的对比中可以看出，为互联网辩护的来信者通常从社会建构论的角度来看待技术与社会之间的关系。一些人对安、艾比和其他来信者提出挑战，认为根本不像他们所说的“技术是这一切的原因”。这些人认为，技术其实只是既有现实问题的一种症状表现而已。

你曾经提到，互联网破坏了夫妻之间的关系，甚至危及他们的婚姻。可那并不是互联网的错，那些关系本来就已经岌岌可危。(1996)

那些熬夜玩电脑的人面临的问题并不是上网，而是上瘾。(1997)

有些人则站在社会形成论的立场，他们认为互联网只是影响现实的其中一个因素，同时还存在着很多其他问题：

我们19年的婚姻生活过得很艰难，要面对事业上的压力，经济上的压力，孩子带来的压力，等等。只不过在这时候，我的丈夫“罗恩”学会了网络聊天。(1996)

55 请记住我的话，安，中年危机和互联网是爆炸性的组合，称得上是雪上加霜。(1996)

到20世纪90年代末，两位专栏作家也对互联网和社会问题的关系采取了社会形成论立场。虽然技术可能催生了一些新麻烦，但这些麻烦的根源还是要追溯到上网的人本身。安·兰德斯最终写道，互联网会对那些本来就“乏味”的婚姻构成威胁（1996），但它并不是“婚姻杀手”，也“不会比电视机刚刚进入客厅时带来的危害更大”（1998）。“把湿面条①拿开，”兰德斯用她独特的语言风格写道，“我的读者说服我相信，如果使用得当，

① 安·兰德斯在专栏中有一句名言，如果她认为有人做了坏事，就会幽默地说：“拿一根湿面条抽他四十鞭子。”（forty lashes with a wet noodle）在这里，兰德斯说“把湿面条拿开”，意思是她承认问题也许并不在互联网，不应该用“湿面条”抽打它。——译者注

互联网比我想象中有用得多。”（1999）

一旦达成这种微妙的理解，虽然互联网这一主题继续在信件中出现，但是口吻却完全不同了。例如，在一封2004年的来信中，写信人控诉自己的未婚夫在婚恋网站上征友，兰德斯回复说，她的未婚夫“根本不了解婚姻的责任和义务”“这种人很可能会和邻居的妻子私奔”。与先前那些回复不同，安和艾比不再哀叹说互联网是家庭破裂这种“流行病”的元凶，回信中甚至都不会提到互联网。到了2004年，互联网似乎在来信中已经销声匿迹。

虽然互联网和电话都已经基本被我们“驯化”了，但这并不意味着与之相关的所有焦虑都已经得到解决。数字媒体仍然是建议专栏、《纽约客》漫画、所有其他流行媒体以及日常聊天时的话题。当一种中介化传播形式刚刚被驯化后，另一种略做变形的新媒体就会站出来迷惑我们。当讨论技术时，我们会表达某些社会层面的担忧。其实，在没有这些技术时，我们也会有同样的担忧，因为这些担忧的本质是一直存在的。比如说，如何成为真正的自己，如何与他人建立有意义的关系，如何走出自己的生活圈，如何在一个充满差异的世界中安身立命。

虽然在理解技术-社会关系的社会过程时，社会形成论和驯化理论各自的重点并不相同，但它们一致认为技术与社会的影响是双向的。与决定论 56
不同，它们认为技术是以一种逐渐浮现（emergent）的方式影响着社会生活。即使我们在一开始便知道所有的影响因素（当然，这是一个不可能完成的壮举），我们也仍然无法精准预测，在人们与技术的具体的持续互动中，会产生哪些社会交往、社会形态和社会变化。

本书同意社会形成论和驯化理论的观点，认为如果我们想要将技术和社会影响联系起来，就不仅需要了解技术的特点，也要了解那些围绕技术产生并影响技术发展的实践，以及在这些实践中，人们对技术的观点究竟扮演了何种角色。如果你仅仅想为“电脑和手机对人际关系的影响”寻找一个简单的答案，那么这本书恐怕会让你感到失望。数字媒体做了许多事

> 当讨论技术时，我们会表达某些社会层面的担忧。其实，在没有这些技术时，我们也会有同样的担忧，因为这些担忧的本质是一直存在的。

情，具体到对哪些人做了哪些事，则要取决于许多因素，并且只有一部分因素是具有预测性的。接下来的章节将会说明，因为媒体可供性（有些人之所以能打电话来说他们要迟到了，是因为他们有手机，手机又有这个功能）的缘故，这些媒体的使用方式有时是可被预测的，不过，媒体的使用方式也可能是充满意外（美国社交网站 Orkut 迅速被巴西和印度人占领，Friendster 成为东南亚主要的社交网站）、混乱倒置的（人们在见面前就已经在互联网上建立了亲密关系），还可能被用于沟通感情（人们可以用手机来增强家庭凝聚力）。社会形成论和驯化理论虽然比较复杂，但这并不意味着我们应该举手投降，放弃理解新媒体的可能性。只不过，我们应该始终对过于简单的解释保持警惕。

第三章 数字空间中的传播

技术决定论认为，社交线索的缺失和潜在的传播异步性，使得中介化传播的亲密性、人际交往品质下降，甚至会产生敌对性矛盾。但人们在中介化互动中创造了新的语言表达方式和社交线索，以此为基础创造了全新的社交语境和文化，并重塑了新媒体本身。

57 如果让人们谈谈自己如何看待面对面沟通、电话沟通和网络沟通，许多人可能会这样回答：

> 面对面交流更加私人化；手机也是私人的，但是并不像面对面那么亲密；互联网是三者中最不私人的，但它最方便。
>
> 面对面：这是我最喜欢的沟通方式，因为我想看到人们的面部表情。打电话：听到人们的声音固然很好，但是我更想亲眼看到他们的反应。互联网：还不错，但无法揣测到对方的真正意图。
>
> 我倾向于选择更加亲切、舒服的面对面沟通。打电话时我也可以尝试传递这样的感情，但并不总是很有效。互联网太没有人情味，根本无法传递感情。
>
> 互联网肯定是最没有人情味的，其次是打电话（起码可以有声音上的满足），而最亲切的肯定是面对面交流。

这些是我在2002年的一项调查中听到的答案。从中可以看到，非语言社交线索的程度（“听到人们的声音”“看到他们的反应”“声音上的满足”）会影响人们对一种媒体亲密度的判断。在第一章中我们说到，一种媒体究竟有多大能力传达有关互动者、互动情境的社交线索，很大程度上决定了它在沟通方面的可能性和局限性。在第二章中我们看到，人们从不同视角出发，讨论了有限的社交线索如何影响人、人际关系和人的社会阶层。这些讨论贯穿古今，有人充满希望，也有人感到恐惧。如果一种媒体的社交线索较少，那么，有些人便期望它能让人与人的关系变得更加平等，让人的价值更多体现在思想而非社会身份上。不过，另一些人也会担忧，互
58 动、身份和关系会因此变得越来越肤浅、虚假和匮乏。

本章将会探索交流本身——人们交换的信息——在数字媒体上发生了

什么改变。既然在本章开头引用的观点中，受访者认为中介意味着贫瘠（impoverishment），那么我们就从这一点讲起。我们将仔细考察“网络论战”（flaming）现象，或者也可以称之为“极端争论式的交流”，并以此来检验社交线索的缺失是否会影响人们行事的方式。当然，非语言线索的匮乏远不能解释所有现象，我们将看到，人们如何将社交性注入中介化传播之中，表露情感、表达亲密、娱乐，并建立新的社会结构。我认为，中介化交流应该被视为一种新颖、兼容的混合交往方式，而不仅仅是具身（embodied）交流的缩减版本，因为它将面对面传播与书写交流的元素加以结合，同时越来越频繁地使用图像。在这一章的最后部分，我们将考察线上信息如何被传播者的社会身份所影响，同时又如何反过来塑造了传播者的社会身份，例如性别与文化。

中介化交流应该被视为一种新颖、兼容的混合交往方式，而不仅仅是具身交流的缩减版本，因为它将面对面传播与书写交流的元素加以结合，同时越来越频繁地使用图像。

贫瘠的中介

社交线索的隐退

本章开篇引用的观点其实代表了一种公式化思维。它们试图给媒体排名，将能提供最广泛的语言和非语言社交线索的媒体放在最前面，反之则放在最后。正如我们在第二章中看到的，这是一种贯穿整个人类历史的思考方式，很可能也会和你的直觉产生共鸣。除此之外，它也与早期研究的路径相似，这些研究将面对面交谈视为一种标准，再拿其他类型的传播方式与之比较。从这一角度看，中介化传播可被看作面对面交谈的缩减版。早期研究把双方同时在场的传播当成标杆，这样看来，电话和互联网上的交流就不那么真实，内在的亲密性也没那么高，因此，也就不那么适合用来发展人际关系。 59

第一项比较中介化交流和面对面交流的研究出现在20世纪70年代。当时的大型机构都已经安装了音视频会议系统和计算机网络系统，但管理层往往不知道在什么时候应该使用哪种媒体，于是，相关的研究看起来就势在必行了。简单来说，机构管理者和学者都想知道，在什么情况下他们可以选择召开电话会议，什么情况下必须召集员工进行面对面沟通。有关媒体选择的最初两种理论——社会临场感理论（Social Presence Theory）（Short，Williams，& Christie，1976）和媒介丰富性理论（Media Richness Theory）（Daft & Short，1984）——都在讨论媒体性能和任务要求的匹配性。这里的媒体性能，意思就是媒体传递社交线索的能力。

肖特和他的合作者们（Short，Williams，& Christie，1976）想要弄明白，在同步互动中，社交线索的多少如何影响一个人对传播对象真实性的感知。他们将社会临场感定义为“在人际互动和关系中，交流对象的显著性程度（以及主观感知的亲密性和直接性）”（1976：65）。此外，瑟洛、伦格尔和托米奇（Thurlow，Lengel，& Tomic，2004：48）则将社会临场感描述为“人际接触的程度，以及交流中所感受到的亲密程度”。

社会临场感描述了互动者如何感知彼此，它是一种心理学现象，而与媒体特征无关。不过，人们对社会临场感的感知会受到非语言线索是否匮乏的影响，这就与传播中介息息相关了。重要的非语言线索包括面部表情、目光注视的方向、姿势、着装、外貌、亲近性和身体朝向。在身体对身体的交流中，以上这些非语言线索承担着重要的功能（例如 Wiemann & Knapp，1975）。举个例子，望向某人、将身体转向他们、点头，以及使用“嗯嗯”这样的词，通常都是我们表现专注的方式（例如 Goodwin，1981）。我们也会用手势吸引观众的注意力，并解释我们的观点。那些非语言的“徽章”，比如美国人竖起大拇指的图案，已经有了直接的口头翻译（在这种情况下，可以翻译成“是的”“真棒”或“我可以搭便车吗”，当然，同
60 样的手势在其他一些场合中，也可以被翻译成一些更具煽动性的意思）。除此之外，微笑、皱眉、咬紧牙关等面部表情都可以用来表达喜欢和厌恶、困惑和理解等认知状态（例如 Andersen & Guerrero，1998）。在协调互动和传达意义，尤其是情感意义时，这些非语言线索至关重要。因此，不难理解，人们会质疑中介化传播是否能成功地承担这些社会功能。

社会临场感理论家认为，如果你知道不同社交线索在谈话中分别承担了什么功能，又知道不同媒体包含哪些线索，那么，你就能预测不同媒体的使用者能够感受到多少社会临场感。他们相信，比起成员们各司其职、互不相扰的小组来讲，那些在完成任务的过程中需要维持人际关系的小组，会更加需要社交线索丰富的媒体。在实验中，他们发现人们在面对面交谈中体验到的社会接触感更强，在视频会议中则相对较弱（Short et al.，1976）。正如富尔克和科林斯－贾维斯（Fulk & Collins-Jarvis，2001：629）总结的那样，诸多相关研究都已证明，人们在音频会议中感受到的社会临场感最少，因为他们觉得音频会议“不那么私人，不利于了解别人，而且情感交流也没有面对面接触时那么有效”。

社会临场感关注我们对他人作为“真实者”（real）和“在场者”（present）的感知程度，由达夫特和伦格尔（Daft & Lengel，1984）提出的媒介丰富性理论与此密切相关，但关注的焦点却放在了媒体上。他们将媒介丰富性定义为媒介承载信息的能力，主要有四个判断标准：反馈的速度、多线索沟通能力、自然语言（而非数字）的使用能力，以及传递感受和情感的能力（从概念上讲，我认为第二条标准与第四条标准其实很难明确区分）。认同媒介丰富性理论的学者比较了富媒体和贫媒体在解决任务时对多义性和不确定性的适应能力。和社会临场感理论的研究者相反，大多数媒介丰富性理论的研究者关注的是异步传播（Fulk & Collins-Jarvis，2001）。研究者们预测说，在不确定程度较高的任务中，比如解决人事问题时，可能的处理方式很多，此时，富媒体会比较适合；不过，在明确性较高的任务中， 61
比如告诉别人你迟到了，贫媒体就更加恰当（Daft & Lengel，1984）。

这两种理论被提出时，所有在线交流还都是纯文本的，那时的研究也都采取了“线索滤除”（cues filtered out）取向（Walther，Anderson，& Park，1994）。简单来说，“线索滤除”这一研究取向认为，中介化传播的社交线索普遍是贫乏的，只是程度不同而已，它会难以避免地阻碍人们处理人际交往的能力。在通过电脑交流时，交流双方看不到、听不到也感受不到彼此，这样一来，他们不能利用那些常规的线索做出判断，比如外表、非语言信号和物理环境特征等。在处理某些任务时，中介化传播可能会比面对面沟通要好，不过，一旦涉及个人身份和情感，中介化沟通似乎有着天生的劣势（Fulk & Collins-Jarvis，2001）。

“线索滤除”方面的研究检验了社交线索匮乏会如何影响沟通的社交质量（Baron，1984；Kiesler，Siegel，& McGuire，1984），它的一些观点与我们在上一章中看到的大部分公共话语都能产生共鸣。首先，中介会损害交流一致性（conversational alignment），并让相互理解更加困难，信息将更难协调。这也就意味着，为了达成理想的沟通结果，交流双方都必须费更大力气。

第二，在互联网中，因为社会身份线索相对隐晦，交流者的性别、种族、地位、外貌和其他公共身份特征都不是一眼就能看出来的，匿名程度也就更高。这样一来，人们便会“被剥夺个性”（depersonalized），失去对自我和他人的感受力。这种去个人化的环境会让媒体本质上显得不够友善，也不适合情感联系。与此同时，匿名性也将导致社会权力的再分配，我们在第二章中也提及了一个相似的观点，即社会地位的模糊化。随着社会等级线索（例如年龄、着装、座位安排）的缺失，小组成员将能够更加平等地参与交流，这种平等主义的平衡性将使一些人更难支配别人，也更难把自己的观点强加给别人（Baron，1984；Walther，1992）。当然，对于那些
62 寻求快速解决方案的人而言，多元化的声音并不一定是什么好事。当人们七嘴八舌地发表观点时，做出一项决定、完成一项任务、达成一项共识都可能要花费更长的时间（Sproull & Kiesler，1991）。

“线索滤除”方面的研究人员同时还预测说，社会线索的匮乏也会让人们的行为不再被社会规范所约束（Kiesler et al.，1984；Rice，1984，1989；Sproull & Kiesler，1991）。面对面交流一般会受到社会语境中那些显性规范的控制（例如，在正式的场合中，突然暴跳如雷、站起来骂人，一定是不妥当的），相比之下，计算机中介话语则被视为一种社会真空（social vacuum），任何事都可能发生在其中。很多人相信，线上沟通可能会导致更少的社会交流和情感（社会情感）交流，而有些自相矛盾的是，这些人同样相

信，线上交流会助长消极情绪。因为缺少社交线索而导致的匿名性，我们不再遵守礼貌、文明的社会规范，而是比以往任何时候都对人更加刻薄。

这些理论也有助于我们理解传播媒体。一直以来，社会临场感理论和媒介丰富性理论持续影响着学者们如何看待中介化对互动的影响，它们也成为后续研究重要的分析框架。时至今日，社会临场感理论仍然是互联网研究中的一个重要脉络（例如 Cortese and Seo，2012）。此外，在任务完成度方面，线索滤除研究的预测也在实践中得到了检验。不过，上述理论对社会交往的预测却很有问题，有时甚至是完全错误的。当然，有些人在某些情况下确实容易变得咄咄逼人，但是人们同样也能建立温暖有爱的关系，为彼此提供各种各样的社会支持，我们刚才聊到的这些研究取向完全忽略了这一点。这些理论的贡献自不必说，但还远远无法全面描述和解释中介化传播的社会影响。

造成这种情况的其中一个原因是学者们倾向使用实验研究策略，这种方法往往与实际脱离，仅仅依靠短时间的一次性互动，比如要求一个小组完成一项指定的任务（Rafaeli & Sudweeks，1997；Walther et al.，1994）。 63
此外，他们的研究结果，以及通过其他方法获得的研究成果，也都为实证批判提供了依据。实验室研究的确发现面对面交流和计算机中介化传播存在差异，但其实这种差异是非常小的（Walther et al.，1994）。

更为重要的是，研究人员也进行了少量的田野研究。他们在那些计算机系统已经自然存在的社会情境中进行观察，发现互联网中的情感交流不仅存在，而且更有可能是亲社会的，而不是反社会的（Hiltz & Turoff，1978）。在早期的田野研究中，互联网传播中的社会线索包括排印艺术、称呼、语言的正式程度、辅助语言（paralanguage）、交流风格和消息标题（message headers）（Hiltz & Turoff，1978；Lea，O'Shea，Fung，& Spears，1992）。赖斯和洛夫（Rice & Love，1987）在对 CompuServe 专业论坛的文字进行内容分析时发现，社会情感内容（定义为表达团结，缓解紧张，表示赞同、对抗、紧张和分歧的内容）约占总体内容的30%，而且大部分是积极的。

也有人批评说，“线索滤除”研究在概念方面存在问题。媒介丰富性理论将媒介的情感传递能力和社会线索传递能力严格区分开来，但它们之间其实有深刻的联系。许多研究将情感表达视为解除抑制（disinhibition）的证据（Lea et al.，1992），可是这样一来，友好的题外话也被视为媒介缺乏规范的证据。正如我们下一章所要谈论的，事实上，随着时间的推移，中介化群体发展出了强有力的交流规范，来指导人们的行为。除此之外，在第五章中，我们还将谈谈解除抑制的积极后果，例如它能促进自我表露，也能让人变得更加诚实。不过，以上这些研究却忽视了这一点，或干脆认为它们也是负面的。

上述观点认为中介化沟通是面对面沟通的缩减版，不过，这种观点忽略了影响中介化沟通的许多其他因素，例如人们对技术的熟悉程度、沟通双方是否已经熟知彼此、他们现在的关系、他们是否计划再次见面、他们对于社交的期望和动机，以及互动的社会语境。最重要的是，这种观点让
64 人短视，也让人无法意识到，人们其实在最大限度地提高沟通满意度和互动性。这种“沟通必要性”（communication imperative）（Walther，1994）促使我们利用新媒体进行人际交流，并用创造性的方法来跨过障碍，而不是屈从于语境消失、情感匮乏的交流体验。

数字空间中的敌意

我在本章开篇提到的那些受访者评论，以及第二章中那些关于技术的观点都是有问题的，但即便如此，仍有很多人认为“线索滤除”取向是可靠的。虽然我坚决认为没有什么能够取代一个温暖的拥抱，然而，即使我们承认面对面交流提供了一种中介化传播无法提供的社会联系，这也不能说明，包括贫媒体在内的中介沟通在情感和社交方面就一定是贫瘠的，更不能说明它一定是无法容纳社会语境的。

在第二章中，我认为要理解中介化沟通所带来的社会后果，最好的方式是站在社会形成论的立场，承认技术和社会都会影响行为。关于网络论战的研究便说明了媒体质量和新兴群体规范是如何影响在线群体行为的。沃尔瑟等人（Walther et al.，1994）认为网络论战中包含了诅咒、侮辱、辱

骂、负面言论和排字能量①（typographic energy）。网络论战也是一种完全符合“线索滤除”取向的行为，多数人认为这种行为不仅随处可见，还十分令人不快。如果说“线索滤除”理论可以全面解释某种社会互动现象，那就应该是解释网络论战了。

如果要说明网络论战是多么恶毒、琐碎、卑鄙，但却同时让人感到好笑，1993 年 Usenet 新闻组 rec. arts. startrek. current 上的论战仍是我的首选：

> 对我来说还不错。就我个人而言，我很想让卢萨和她的姐妹（都是克林贡人）参加。那一定会是个有趣的约会。
>
> 吉姆·海德

> 你这个呆子能找一个真人吗？有半个脑子的人都知道人类和克林 65
> 贡人是不能交配的。克林贡人的交配过程会杀死人类的（除了长着你这种大脑的人）。别再上网了，蠢货！
>
> 某网友

> 哦，真的。呃……那我想亚历山大和他妈妈大概都是克隆人还是其他什么？如果你们还记得，她是半个人，亚历山大只是四分之一个人，罗慕伦人似乎并不比人类强壮，那里也有杂种。
>
> 所以我不是只有半个脑子的人。小子，你在成为网络“纳粹”之前，先认清事实好吗。这是公共论坛，没人有义务对你的观点卑躬屈膝。回家好好学习拼写吧！大蠢货！
>
> 吉姆·海德

可以预见，这类信息经常会出现在网络小组的互动中，一方的谩骂受到另一方充满敌意的还击，于是便会导致一场“骂战”（flame war）。然后，

---

① 指字体外观对于观看者产生的能量。例如，美国人会在一句话中全部使用大写字母，来表达热情或愤怒。——译者注

敌意升级，更多人便会参与进来。围观者会敦促骂战的发起者排除分歧、忽略敌意。最终，人们丧失了兴趣，讨论也就随之结束。很多网页在描述这种骂战模式，还会提供一些防止骂战的网络礼仪技巧（例如 Shea，n. d.）。

但是网络论战并不都像上面那个例子一样可以一笑置之，特别是当它和网络喷子（trolling）[①]（Hardaker，2010）结合起来时。针对个人和少数族群的仇恨言论在网上很常见，并且引发了监管相关的重大政策问题（Citron & Norton，2011）。YouTube 评论中的攻击性尽人皆知——正如我采访的一名音乐家所言：“我觉得 YouTube 上有一些东西值得好好谈谈。如果你把经常评论的人放在一块，给他们武器和军装，他们就可以接管整个世界，因为他们真是我见过最烂的人。”由于那些攻击女性的恶毒言论，Twitter 已经受到批评。例如卡罗琳·克里亚多－佩雷斯（Caroline Criado-Perez）事件，在她（成功）说服英格兰银行将一位非王室成员女性［作家简·奥斯汀（Jane Austen）］的肖像印在10元英镑的钞票上之后，她受到了
66 无数强奸和谋杀的威胁，最终至少有一人遭到逮捕，还引发了一场敦促 Twitter 加大力度控制秽言恶语的运动。2014 年，伊利诺伊大学厄巴纳－香槟分校的亚裔女校长因为拒绝在极其寒冷的一天取消课程，她在 Twitter 上被男性和女性用户用最恶毒的性别和种族歧视的言语谩骂。许多像 Facebook 和 Google + 这样的新闻网站已经鼓励评论者实名登录，认为这样人们会更注意自己的言论（但浏览一下 Facebook 的群组便会发现，几乎没有证据表明用户愿意这么做）。

毫无疑问，网络论战和网络暴力行为是真实存在的。在某种程度上，这也是学者们所描述的“线索滤除”所诱发的。在线索隐退（reduced-cues）的媒体中，社会临场感和责任感的缺失会让这些媒体变为供网民发起攻击的平台。然而，如果网络论战真是由于社交线索的减少而造成的，那

① Trolling 是一个英文网络世界中的词语，按照 Baker 等人的定义，trolling 是一种通过煽动性评论激起他人反感，旨在引发冲突的行为，类似于中国网络中的“喷子”。具体定义可参见：Baker P. Moral panic and alternative identity construction in Usenet. Journal of Computer-Mediated Communication, 2001, 7（1）.——译者注

么它在互联网上应该是很常见的，可事实上它并没有人们所想的那么普遍。在赖斯和洛夫（Rice & Love，1987）的研究中，网络中只有0.2%的信息是敌对性的。我们之所以会高估网络论战的数量，一方面是因为这种信息会被许多人看到，另一方面则是因为攻击性的言论会让人印象尤其深刻（Lea et al.，1992）。事实上，大多数在线群组的成员都十分友好（e.g. Preece & Ghozati，1998；Rice & Love，1987）。即使像克里亚多－佩雷斯这样网络暴力的受害者，也表示在事情被曝光后，获得的支持要远超过辱骂。

如果网络论战是由线索隐退导致的，那么，我们也应该在同一媒体上的所有互动中看到同样数量的谩骂。但实际上，在不同的网络群组中，攻击性言论的数量和容忍度相差巨大。马丁·李（Martin Lea）和他的合作者（1992）认为，与“线索滤除”这一解释相反，网络论战并非源于规范的缺乏，而恰恰是由于规范的出现。讨论型沟通风格的群组鼓励人们遵从整个群组的风格，礼貌型群组则希望人们使用更加谦恭的言辞。在我研究的由女性主导的肥皂剧讨论小组中，几乎没有什么谩骂，仅有的那一点，也是那些刚刚进入小组的人发起的（Baym，1996，2000）。

此外，网络论战并不是发生在社会规范缺失的情况下，与此相反，那
些发起论战的人往往很清楚自己在破坏这些规范（Lea et al.，1992）。在骂 67
人时，他们可能会用标点符号代替字母，也可能受到html语言启发，使用〈论战开始〉、〈论战结束〉来发送辱骂性信息。同时，网络论战也会被用来惩罚那些行为不当的人，从而维护群体规范。当论坛中的参与者试图弄明白他们究竟在进行哪种类型的活动时，规范还会通过网络论战来形成。例如，癌症支持小组可以用网络论战来决定发泄是否是合理的（Aakhus & Rumsey，2010）。在一些团体中，网络论战是一项好玩的活动。虽然女性也会参与进来（Savicki，Lingenfelter，& Kelley，1996），但网络论战往往和男子气概联系在一起，或者说，是一种“线上自我捶胸顿足的表演”（Myers，1987a：241）。Twitter上厌恶女性的喷子通常来自Reddit这样的网络社区，这些社区本身就支持并助长辱骂行为。

数字传播中的社交线索

与其关注中介如何影响传播，不如问问人们如何处理中介化传播。人们将媒体特征视为追求社交和关系目标的资源（O'Sullivan，2000）。即使在线索最贫乏的纯文本媒体中，人们也会表现情感和亲近性，享受乐趣，建立和加强社会结构。由于人们对数字社交互动的热情，开发者也为我们创造了更为丰富的交流方式。Facebook 是世界上最大的照片储存库，Tumblr 以图片为主，Instagram 则完全基于图片，这些图片迷因（meme）① 在整个网络传播中无处不在，“自拍”（Selfie）也成了牛津词典 2013 年年度词语。YouTube 让人们可以通过视频交流，Skype 也已经成为远在异地的人们之间保持交流的常用手段，使用它的不仅有异地恋情侣，还有身在世界各地的移民（例如 Lingel，2013；Madianou & Miller，2012a，2012b）。事实上，即
68 使是纯文本传播，也可以用于完成关系连接和社会沟通，更不用说那些包含视频、图像和声音等附加线索的媒体了。

1972 年，也就是阿帕网出现后的第三年，卡内基·梅隆大学教授斯科特·法尔曼（Scott Fahlman）提出，标点符号可以结合起来，用 :-) 表示微笑（Anderson，2005）。法尔曼的创新回答了一个如今我们已经很熟悉的问题——如果没有面部表情和语调，情感信息是否很难通过中介传递？在互联网中表达讽刺可能会尤其棘手，这常常容易引起争议。这个笑脸在被许多人使用的同时也遭到了一些人的唾弃，不过它现在已经被列入表情符号表，该表中的大部分的确能代表某种情绪，但另一些只是为了好玩。如今，表情符号已经嵌入新媒体中，

> 与其关注中介如何影响传播，不如问问人们如何处理中介化传播……即使在线索最贫乏的纯文本媒体中，人们也会表现情感和亲近性，享受乐趣，建立和加强社会结构。

① Meme 通常被音译为迷因、模因、米姆等，这个词最初来自 Richard Dawkins 的名著《自私的基因》（*The Selfish Gene*），指的是在一种文化中迅速传播的某种观点、行为或风格。Meme 本身具有强大的自我复制和病毒式传播能力。也有人认为，Meme 一词和中文网络中所说的“梗”有一些相似，例如我们把名人照片制作成表情包，在微信沟通中大量使用，这其实就是一种 Meme。——译者注

当我第一次在电脑上输入表情符号组合的时候，文字处理器自动将它转换为这样一个图形☺。绘文字（Emoji，一个结合了“图片”和“字母”的词）现在早已超出面部表情的范畴，并且成为智能手机键盘上的标配。大部分情感符号（emoticons）和绘文字都起源于标点符号的创新使用，它们可以被用来阐明某种感情，或者传达文字信息的解读方式（Dresner & Herring，2010）。表情符号和绘文字虽然并没有完全帮助人们理解文字信息的含义以及这些信息背后传达的情感，但它们的确起到了一些作用。

在纯文本的交流中，人们还会使用一些其他方法来传达非语言社交线索。我们如果想要强调一件事，就会把一个词用星号括起来，例如“I am * so * busy”（我的文字处理软件会自动把带星号的单词转换为粗体）；或者把强调的词大写，比如“I am SO busy”；再或者重复字母和标点符号，例如“I am sooooooo busy”或者“I am so busy!!!!!!”（例如 Darics，2010；Herring，2001）。同时，在使用纯文本媒体时，人们还经常简单地用词语或者缩略词来描述他们的非语言反应。在我之前研究过的肥皂剧讨论小组中，人们在表达对他人搞笑信息的非语言反馈时，经常会说“我笑得非常厉害，以至于大家都知道我没有在认真工作”，或者更隐晦地说“有人知道怎么清除键盘上的咖啡渍吗”。在我研究的乐迷群体中，有人说她一边听着讨论的歌曲，一边在沙发上跳舞。缩略词“LOL”（要么表示“lots of laughs”，即“大笑”；要么表示“laughing out loud”，即“笑出声”）比之前出现的 ROTFL 或者现在常见的 ROFL（“rolling on the floor laughing”，意为笑到在地板 69 上打滚）都更为普遍。我们在进行缩短心理距离和增进归属感的交流时，还能在网上表现出即时性（Mehrabian，1971）。

我们通过亲近性线索（immediacy cues）向他人表明自己是很容易接近的，对他们也是有兴趣的（O’Sullivan et al.，2004）。即时性的语言是非正式的，充斥着不标准的拼写、删改，随意的俚语、问候和道别（Baron，2008；O’Sullivan et al.，2004），以及其他语言标记。例如，我在 Twitter 简讯中写道，受过高等教育的好友经常用“yer”（你的）、“tho”（但是）、“Hahaha”（哈哈哈）、“LOL”（大笑）和“sammich”（三明治）。“Tho”说明我们有时会省略一些字母。[1] 我们也可以省去物主代词（例如用“gotta go now”表达我现在得走了）、元音、标点符号，以及文字信息中的空格、形容词和副词（Hård af Segerstad，2005；Ling，2005）。这些省略也许部分是因为消息空间和时间上的限制（特别是在同步媒体中），或者是打太多字让人觉得麻烦，不过，它们却能够创造出亲近性。总之，这些语言变体为营造友好的谈话氛围提供了充足资源。

人们还会将数字媒体的特性作为娱乐资源。布伦达·达内（Brenda Danet）（2001）在《赛博游戏》（*Cyberpl@y*）一书中追踪了许多在线互动中的游戏特征（尤其是在同步交流的情况下），造就这些特征的原因包括交互性、同步性、匿名性、明确权威和正式管理结构的缺乏，以及黑客文化对文字游戏、双关语、反语、冷嘲热讽（flippancy）、非常规性文字拼写的热爱。在 Twitter 上，人们还把字体玩出了花样。

许多人都已经注意到，在中介化传播语境中，幽默无处不在：青少年用手机彼此分享荤段子（Oksman & Turtiainen，2004）、转发有趣的电子邮件或链接、在网络群组中展示创造性（例如 Baym，1995；Myers，1987a），或是偏爱由黑人群体创造的一系列独特的表达方式（例如 Brock，2012；Florini，2013——我之后会重回这个话题）。莱法利和萨威克斯（Rafaeli & Sudweeks，1997）针对不同国家的网络论坛编码了数千条信息，发现其中超过 20% 包含幽默元素。在对于肥皂剧群组的研究中，我也发现，即使在讨论一些让粉丝们讨厌甚至不安的情节时，也有 27% 的信息包含幽默元素。在调
70 查和讨论中，肥皂剧群组的成员纷纷指出，幽默是评估信息质量的重要标准之一。

在文本媒体中还有其他类型的创意玩法。在 ASCII[2] 艺术中，键盘上的符号被用于绘制图像。一个特别聪明的玩家“@Glitchr”利用代码中隐藏的程序错误，让带有字母和符号的推文蔓延到了文本框之外，并以此破坏了

---

① 这个词的完整形式应该是“though”。——译者注

② ASCII，即 American Standard Code for Information Interchange，意为美国信息交换标准代码，是基于拉丁字母的一套电脑编码系统，主要用于显示现代英语和其他西欧语言。——译者注

Twitter 本身的外观。达内（Danet，2001）研究的一个 IRC[①] 群组利用键盘和彩色字体的组合，创造了带有传统民间设计风格的插图，就像我们在地毯和其他纺织品上看到的那样。在文本交流中，人们还发明了许多新词甚至方言。例如流传甚广的 LOLcat[②] 图片。图片中通常会有一只猫（可能还附加其他东西），再搭配一段充满语法和拼写错误的短句，例如“I can hazcheezburger?”［我能吃知识（芝士）汉堡?］或“Literecy cat is amaized at urperfickgrahmar”［屎（识）字的小猫咪为你完美的鱼（语）法感到吃鲸（惊）］。这些都是新出现的语法方言，允许错误的出现。“You me give cheezburger”［给我个知识（芝士）汉堡］在语法上是错误的，但如果它是 LOL 语（LOLspeak），就没什么问题。最近，与 LOLcat 相似，人们通过想象狗如何说话，发明了一种新的方言——狗语（doge）。我们在这些迷因的创造和传播中看到了俏皮的幽默，例如社交尴尬的企鹅（Socially Awkward Penguin）、励志小男孩（Success Kid），以及在 knowyourmeme. com 上分类展示的那些迷因（Milner，2012；Shifman，2013）。这些幽默有赖于人们对“本地创造力”（vernacular creativity）的熟悉（Burgess，2006；Milner，2012；Miltner，2014），否则它们就不会显得那么有意思，也不会被线上社区接受。

当人们利用纯文本媒体来传递社交线索、创造亲近性、享受娱乐、互相炫耀时，他们实则是在为自己创造身份、建立人际关系、搭建社交语境，这是我们在下一章中要聊到的话题。良好的表现能带来别人的认可，或者至少能让人感到，匿名文本的背后的确存在一个真实的人。我们表现出的情感和亲近，以及我们娱乐他人的意愿，都在告诉别人我们真实、友好，也喜欢与他们沟通。我们爱开玩

良好的表现能带来别人的认可，或者至少能让人感到，匿名文本的背后的确存在一个真实的人。我们表现出的情感和亲近，以及我们娱乐他人的意愿，都在告诉别人我们真实、友好，也喜欢与他们沟通。

① IRC，即 Internet Relay Chat，中文一般称为互联网中继聊天。它是由芬兰人 Jarkko Oikarinen 于 1988 年首创的一种网络聊天协议。——译者注

② LOLcat 一般指一幅家猫的照片加上它说的话，一般来讲，这些话往往都是不符合语法规则的，以这种方式编写的句子，也被称为 LOLspeak（LOL 语），有些类似中国网络文化中的火星文。——译者注

笑的惯例，以及只有圈内人才能领会的内部笑话，都可以制造出有助于凝71 聚团队的符号。随着时间的推移，共享的视频、图片、声音和其他线上多媒体互动方式会提供更多的附加线索，这也会进一步强化我们所讲的这些现象。

混合形态的数字语言

如果说直接比较中介化文本和面对面交流的做法并不恰当，那么，我们也许可以将数字传播视为一种混合形态。在这种形态中，面对面交谈和书写这两种传播实践中的要素被整合在了一起。我们并非用面对面交谈的方式去处理中介化交流，然后发现后者还有所欠缺，而是利用我们在其他模式中习得的传播技巧，竭尽全力让某种媒体为我们所用。

网络语言被称为“交互式书面记录”（interactive written register）（Ferrara，Brunner，& Whittemore，1991）、混合语（hybrid）（Danet，1997）、克里奥尔语（creole）①（Baron，1998），抑或是“未经烹饪的语言食材”（uncooked linguistic stew）（Baron & Ling，2003），它将书面和口头语言的元素与网络媒体独一无二或至少是更加突出的特征相结合。在很多语言文化中（包括英语、法语、瑞典语和挪威语），中介化交流都结合了书面语和口头语（Baron，2000；Baron & Ling，2003；Baym，1996；Danet，1997；Ferrara et al.，1991；Hård af Segerstad，2005；Herring，2001；Ling，2005）。

在线交流在很多方面都和写作类似。巴伦（Baron，2008）对那些自然存在于互联网的信息进行了详细分析，并认为总体而言，电子邮件、即时通信和短信虽然看起来更像是写作而不是说话，但其实是介于两者之间的。就像写信一样，线上文字互动有一个地址；消息能在传送之前预先进行编辑；传播者和接收者在空间上（通常也是时间上）是分离的；消息可以被匿名读者阅读，但不一定会收到这些读者的回复；对话者在说话时不必担

---

① 克里奥尔语是一种“混合语”，由皮钦语演变而来。“克里奥尔”原意为“混合”，泛指世界上那些由葡萄牙语、英语、法语以及非洲语言混合并简化而生的语言。——译者注

心“撞车”，也不会被打断；语境必须通过语言来创建，所以信息常常是明确而完整的；传播者和接收者都很少会认为他们身处同样的物质语境中；信息可被复制、存储。

与此同时，网络语言和口头语言也有很多类似之处。在讨论亲近性时我们已经说过，拼写错误和省略通常体现的是语言的语音特征。尽管在谈 72
话的协调方面存在一些挑战（Herring，2001），信息通常与上文相关，而且通常轮流发送，受众通常能快速做出反应，然后完成对原始信息的重构。在线交流的主题变化很快，谈话经常会让人感到转瞬即逝，接收者也通常不会储存这些谈话记录，虽然技术上完全允许这样操作。

这种新型语言形式仅仅结合了书面语和口头语。不过人们却担心，这种语言形式的幽灵四处游荡，会让人们口头对话和书面写作的能力严重退化。例如，报纸里有文章担心，即时通信工具的短暂交流方式会让我们失去面对面交谈的能力，拼写和标点的误用也会扼杀我们的语法知识。以芬兰为例，那里的手机短信中充斥着不标准的芬兰语，于是，老师们便非常担心这将给孩子们的写作带来负面影响（Kasesniemi & Rautiainen，2002）。这种担忧并非仅仅局限于芬兰，事实上，似乎在每个使用这些媒体的国家中，我们都能听到类似的声音。

仅以现在获得的少量证据来看，人们的担忧似乎并没有充足的理由。事实上，这种对标准语言的误用要比人们想象中少得多（Baron & Ling，2003）。巴伦（Baron，2008）的确在美国大学生的即时通信工具中发现了一些简称、缩写、拼写错误、使用表情符号，以及省略标点符号的做法。不过，比如在网络论战中，很少有语言的非标准使用是因为粗心或无知导致的（Herring，2001），相反，大部分其实是出于社交目的，是一种有意适应新技术和社会背景的行为。中介化互动中的语言“顶多是一种微不足道的方言变体”（Baron，2008：163）。

围绕这些媒体产生的恐惧，以及对语言衰退的担忧（体现在第二章有关新媒体的观点中），其实都可以看作对于公共生活中日益增长的非正式性人们做出的一种文化反应。巴伦（Baron，2008）认为，从文化角度看，正式性已经日益被随意性所取代，这一点已经延伸到跨媒体写作上。在她看来，传统的写作标准正在衰落，因为我们在咬文嚼字方面花的时间越来越少。社会对校对和完美写作的态度也发生了变化，因此人们的写作速度也就越来越快。一项调查表明，在美国大学预修课程和国家写作计划的教师
73 中，有68%的人对此表示担忧，他们认为数字工具使学生们更有可能走捷径，并在写作方面投入更少的精力（Purcell，Buchanan，& Friedrich，2013）。“计算机并不是如今这些语言态度和实践发生转变的原因，”巴伦写道（Baron，2008：171），但是“像信号增强器一样，它们放大了这种前进的趋势”。

人们通常都明白，并非所有的文本型数字媒体，或者这些媒体被使用的环境都是相似的，于是，人们会做出调整。例如，和其他网络交流平台相比，即时通信工具、聊天软件和手机短信的信息长度比较短，这是由它们的时间结构和软件结构所决定的。诸多因素会共同影响数字语言的使用，其中包括技术特质、交流目的、群组规范、个人习惯，以及发言者所属的线下群组拥有何种传播风格。标准化的“数字语言”是不存在的。

虽然我们没有必要对语言在现实生活中的整体退化太过担心，不过，关于在什么时候使用数字风格的语言元素才是适合的，人们却并没有达成统一意见。这是我们正在试图解决的价值观问题。有一件事特别能说明这一点。雅虎首席执行官杨致远（Jerry Yang）给所有员工写了一封电子邮件，宣布公司将会裁掉数千名员工。这封邮件在互联网上传播甚广，因为在邮件中杨致远没有使用任何大写字母，这在网民中引起了很大争议。虽然有人认为这是一种创造亲近感的方式，借此可以表达对员工们的同情，但是，其他人却认为这是一种愚蠢的怪癖。还有些人觉得，在这样的职业性语境之下，尤其是在这么困难的时候，通篇使用小写字母的信件是非常不合适的。再拿师生关系来说吧，对于学生在邮件里使用不恰当的亲近性线索这件事，大部分老师都能讲几个故事。比如，我经常收到学生们向我寻求帮助的邮件，他们开头就用“嘿，南希！”和我打招呼，

> 人们通常都明白，并非所有的文本型数字媒体，或者这些媒体被使用的环境都是相似的，于是，人们会做出调整……标准化的“数字语言”是不存在的。

虽然我们从没有见过面。一些教授已经开始编写电子邮件使用指南，并把它放进他们自己的教学大纲中（一般规则：当你与一个更有权力的人交流时，再怎么正式和礼貌都不为过。）

网络语言之所以复杂，是因为它混合了书面语和口头语。不仅如此，如今我们在聊天和写作中融入了更多其他风格和形式的元素，例如电影、电视、 74
音乐视频、摄影等，这就进一步加深了网络语言的复杂性。艾丽斯·马威克（Alice Marwick）（出版中）分析了“instafame”现象，这个词是指有些人在Instagram平台上吸引了大量的粉丝，但在平台之外并不出名。她发现Instagram上很多广受欢迎的自拍，都在借用明星文化中常常看到的姿势和道具。按照阿尔珀（Alper，2013）的说法，这些人都在使用特有的“视觉词典”（visual lexicon）。具体到Instagram来讲，这种“视觉词典”借鉴了名人拍摄时的着装、姿势和背景。总而言之，与单纯的文字相比，图片——尤其是自拍——会让人感觉“比文本更加‘真实’”（Van House，2011：131）。

线上传播中的语境影响

到目前为止，我们关注的是在线传播的技术驱动力和社会驱动力。传播同时也受到了更广泛的社会力量（social forces）的影响，在中介化交流中，这些社会力量时刻相伴我们左右。因此，在这一部分中，我们会简单聊聊性别和文化如何在线上发挥作用，并以此说明社交语境和中介化传播是如何相互产生影响的。

性别

所有文化对男性和女性都会存在不同的习俗、规则和行为期望。很多早期观点都认为，在互联网中，性别可能变得无关紧要，或者性别将会被互联网重新建构。的确，在一些网络语境中，性别会被作为语言游戏（linguistic play）的主题。以LambdaMOO为例，这是一个被广泛研究的多用户域，为参与者提供了多种性别身份选项，每种性别都拥有属于自己的一组代词（Danet，1998）。除了男性、女性和中性之外，人们还可以选择成为斯皮瓦克（Spivak）①、星号（splat）、复数（plural）、自我本位者（egotistical）、皇室（royal）或第二人称（2nd person）。这些选项的第三人称可以是他、她、它、他/她、E、e ＊、他们、我、我们和你。

一些关注语言的研究者比较了男性和女性在中介化媒体上发送的信息，发现性别不但会影响面对面交流，也一样会影响中介化交流。人们并没有从性别中解脱出来，而是通过他们交流的方式来表现性别（例如 Herring，1996）。关于性别化传播（gendered communication）的大多数研究都发现，
75 男性和女性在沟通上的相同点远远大于不同点，不过，女性会更多地关注对话的关系维度，而男性则更专注于信息维度（Burleson & Kunkel，2006；Kunkel & Burleson，1999）。

性别差异体现在中介化互动之中，这不足为奇。一项对新闻组的大规模样本数据分析发现，性别对语言风格的确存在影响，但影响程度相对较小（Savicki et al.，1996）。凯斯涅米和劳蒂艾宁（Kasesniemi & Rautiainen，2002：185）发现芬兰女性的短信“通常在社交方面比较柔和（social softening），话语比较烦冗，还充满了情感化的经验分享；男性却往往只写在哪里发生了什么，怎么发生的……而女性就通常会考虑原因”。女性更倾向于使用支持型/弱化型话语风格来表达从属感，编写的消息中更可能包含资质、理由、道歉等信息，也更可能会表达支持（Herring，1996）。博德巴尔（Bordbar，2010）发现，在伊朗年轻人的博客中，女性更倾向于使用表达合作和随和的语言，而男性则更可能使用充满侵略性和行动导向的语言。在即时通信工具中，由女性结束对话的概率是男性的两倍，女性在结束对话时所说的话，也是男性的三倍长。除此之外，女性主动开始短信对话的概率也是男性的三倍（Baron，2008；Baron & Ling，2003）。研究者发现（Kapedzic & Herring，2011），虽然青少年在同步交流中的语言选择主要由聊天话题决定，但他们的头像、语气和所有其他的语言行为都会受到性别认同的影响，也都会符合性

① 斯皮瓦克（Spivak）是一种表示性别中立的代词，试图取代英语中的 he 和 she。这个词由美国数学家迈克尔·斯皮瓦克（Michael Spivak）发明，在 LambdaMOO 上使用较广。——译者注

别刻板印象。拉森（Larson，2003）比较了面向男性话题和女性话题的讨论群组，发现女性在网络上使用的非语言线索比男性更加广泛。

拥有更多男性成员的群组会使用更多事实性语言，更可能要求采取行动，自我披露更少，也会更少尝试去避免或减轻交流中造成的紧张关系（Savicki et al.，1996）。尽管关于网络论战的研究结论不一（Savicki et al.，1996），但男性也许更可能表现出对抗性姿态（Herring，2001）。MUD 为其男性成员发明了一个术语——“MAS”，也就是“male answer syndrome”（男性回复综合征）（Kendall，2002）。性别还将影响人们看待信息的方式：男性通常将激进言辞视为言论自由、坦率、良性辩论的表现，女性则更可能认为它们是富有敌意的、非建设性的（Herring，1996）。 76

在互联网中，性别歧视依然存在且被不断放大，上文中提到的 Twitter 上的性别攻击便是例证。女性的立场在遭受攻击时，攻击者通常会说这是妇人之见，而男性的立场在遭受攻击时，攻击者会直接批评他们的观点（Gurak，1997）。女性还常常被描述为性对象，比如当有人说自己在 MUD 中看到了一位女性玩家时，典型的回复是：“你玩过她了吗?”（Kendall，2002：85）。当人们在角色扮演游戏中出售自己的账号时，在技能水平相当的情况下，女性角色的售价要比男性角色低 10%（Castronova，2004）。凯索纳·格雷（Kishona Gray，2012）研究了黑人女性在 Xbox Live 在线对战平台中的游戏体验。在游戏中，玩家不仅能看到大家都写了什么，怎么玩的游戏，还能听到别人讲话。格雷发现，这些女性不仅会受到性别歧视，还会受到种族歧视。在游戏中，有色种族女性与白人女性的经历也不一样。

文化

许多对新技术感兴趣的研究者都已经开始关注性别问题，相比之下，国籍、语言、种族、民族等文化认同问题受到的关注则比较少。米勒和斯莱特（Miller & Slater，2000）民族志分析是个例外，他们展示了特立尼达人[①]的身

① 该研究的分析对象是特立尼达岛人，下文的“特立尼达人”均为这一所指。

份感是如何渗透到线上互动中的。生活在国内外的特立尼达人一直都以一种“我是特立尼达人，我代表特立尼达”的方式与同胞和外国人进行交流，这从很多方面都可以看得出，比如在网上开点有性暗示的玩笑（特立尼达人称之为“liming”）①，或者在个人网页中附上特立尼达和多巴哥共和国国家网站的链接。阿南达·米特拉（Ananda Mitra，1997）对印度新闻组soc. culture. 进行分析，发现群组中散落全球各地的印度人会通过传播，一方面维护他们印度人的身份，另一方面，又再现了印度内部的种族区隔。葆拉·乌伊莫宁（Paula Uimonen，2013）分析了坦桑尼亚大学生在社交媒体上的头像照片，发现他们将自己标榜为世界主义者的同时，也在突出自己的坦桑尼亚人身份。比如，一位年轻的女性用她躺在一堆秋叶中的照片
77 作为头像，从照片的环境可以看出，她并没有生活在坦桑尼亚。但随后，她又把头像改成了坦桑尼亚国旗。

莉萨·中村（Lisa Nakamura，2002）和戴维·西尔弗（David Silver，2000）已经开始关注如何通过线上空间的界面来表现或消除种族界限。种族的区分往往是在网站“迂回前行”（routed around），而不是直接摆到桌面上来说（Silver，2000）。例如，有许多网站让用户选择他们的性别，甚至他们代表哪种动物，却不会让用户选择种族。有人可能觉得这样很好，因为消除了那些不必要的社会区隔，不过，这其实也可以被解读为这些网站假定大多数用户都是白人。在这方面，Yahoo！的讨论组列表就是个典型，因为它列出了许多种族和民族，供用户挑选属于自己的社会身份，但“白人”却并没有出现在Yahoo！讨论组的种族和民族选项中。那些特别注明是“白人”的讨论群组，往往是些白人至上主义者。就像性别歧视一样，种族主义在网上大行其道，在那些自称为“白人”的群体中往往充斥着对其他种

① 在特立尼达文化中，闲散的青年人常常站在街角，或者是在当地的朗姆酒店里，和路过的女孩搭讪、开玩笑，或是和同伴在一起交流，特立尼达人称之为“lime”，这也是颇具特立尼达文化的一个词。这种活动带来的乐趣在互联网上得到更为充分的发挥，“liming”一词也就被用于指代在互联网中闲谈的活动。一些特立尼达的线上聊天室也会用这个词来命名，比如de Rumshop Lime或de Trini Lime等。详见Miller D，Slater D. The Internet：an ethnographic approach. Oxford：Berg，2001：88－89.——译者注

族的敌意。即使人们可以选择非白人的种族标签，网络空间也经常会对他们做出充满刻板印象的描述（Nakamura，2002）。举个例子，亚洲男性要不经常舞刀弄剑，要不就是个书呆子，而亚洲女性则通常是网络色情的主角，往往还作为被动的性玩具形象出现。

相比之下，Twitter 上的许多非裔美国人都会使用标签（hashtags）表明自己的身份，彼此间还会相互关注，这导致了一种被戏称为“黑人推特”（Black Twitter）的现象（Brock，2012；Florini，2013）。正如上文提到的，“黑人推特”继承了非裔美国人的交流传统，他们喜欢展现语言的巧妙性和表演性。比如，他们通常（尽管并非总是这样）会使用黑人英语，或使用“某种有意的口头表达”（Florini，2013：11）。这可以从单词的拼写中看出来，比如用“wit”来代替“with”（和），“tryna”来代替“trying to”（尝试）。Twitter 上还有人用“talmbout”代替“talking about”（讨论），这已经成为一种标准的黑人英语，并被广泛使用（Florini，2013）。“黑人推特”的重要性在于，它使用了一种属于被边缘化并遭受压迫的文化群体的语言，并在线上空间获得一席之地。不过，“黑人推特”也激起了非黑人用户的敌意（Brock，2012），这令人失望，却并不意外。

文化认同也体现在我们使用的语言中。正如我们在第一章中讨论的， 78
互联网最初是在英语世界中创建的，时至今日，在互联网中，英语的影响力和传播力仍旧与这一语言的使用人数不成正比。在过去的几年中，英语在互联网中的使用比例已经下降至不到 50%，但（到目前为止）仍然是网络上最常用的语言。线上书写一直只能使用 ASCII 字符集（ASCII character set），最初这一字符集是专门为拉丁字母设计的，直到最近，这种状况才发生改变。如今，随着 Unicode[1] 的出现，人们可以用其他字母和表情符号来书写。不过，这项技术并没有向所有人开放，也不是所有人都在使用它。因此，这种局面有时候也被称为一种“排字帝国主义”（typographical impe-

① 计算机科学领域里的一项业界标准，包括字符集、编码方案等。Unicode 是为了解决传统的字符编码方案的局限而产生的，它为每种语言中的每个字符设定了统一并且唯一的二进制编码，以满足跨语言、跨平台进行文本转换、处理的要求。——译者注

rialism）（Herring & Danet，2003），它对社会、政治、经济和语言都会带来潜在的影响。例如，我在前文提到说，很多人都对“希腊英语”（Greeklish）的流行提出强烈抗议。这是一种出现在互联网中、用拉丁字母书写的希腊语。很多希腊报纸都谴责它摧毁了希腊语，这和苏格拉底对字母表的警告如出一辙（Koutsogiannis & Mitsikopoulou，2003）。

有一家公司（Translate to Success，2009）整理了各种各样的互联网用户调查数据，估算出在2004年有38.3%的互联网用户使用英语。中文、日文和韩文也非常受欢迎，分别占11.2%、10%和4.1%。全球互联网用户中只有1%使用阿拉伯语，不到0.1%的人会说某一种非洲语言。曾有一项（如今已经停止）博客语言普查收集了超过200万篇博客（Languages，n.d.），发现超过一半的博客使用英语，其次是加泰罗尼亚语、法语、西班牙语和葡萄牙语，但数量上都和英语相差很多。除此之外，被超过一万篇博客使用的语言还包括德语、意大利语、汉语、波斯语、日语和荷兰语。①

赫林、保利洛和拉莫斯－别尔瓦等人（Herring，Paolillo，Ramos-Vielba et al.，2007）研究了博客网站LiveJournal，其中三分之二的用户居住地不在美国，网站页面可以用32种不同的语言显示。不过，他们却发现，LiveJournal上的博客约有84%使用英语，约11%使用俄语，0.4%使用葡萄牙语，0.3%使用芬兰语、西班牙语、荷兰语和日语，还有约2.3%使用多种语言。除此之外的所有其他语言加起来，只占该网站用户创作内容的
79 0.8%。在WordPress.com（2014）这个在全球拥有超过6 900万用户的博客平台上，超过一半的博客都使用英语，紧随其后但数量骤减的语言包括西班牙语、葡萄牙语和印度尼西亚语。意大利语、德语、法语、俄语、越南语和瑞典语虽然也在十大最常用的语言中，但它们在所有博客中只占1%～2%。

显然，这些统计数据与全球语言的使用比列分布很不相称，这同时也反映了不同地区的经济社会状况差异。在互联网中，富裕国家使用的语言被过度呈现，尤其是英语，这常常会带给人们一种感觉，即互联网意味着

---

① 按照作者的注释，这项调查的网址为 www.hirank.com/semantic-indexing-project/census/lang.html，但此网址已经不能访问。——译者注

更加富裕的国家，尤其是美国，对贫穷国家的进一步殖民。在线上传播中，世界上的许多声音和交流风格都是缺失的。

结论

中介化线上信息受制于技术特性和社会特性，两者都会对中介化传播产生影响。从技术决定论的角度来看，影响网络语言的两大因素是社交线索的缺失（或贫媒体）和潜在的媒体异步性。这两种因素综合起来，会产生一系列的后果，其中最重要的，便是对亲密性、人际交往品质（和人际关系）、中介互动中敌对行为的影响。这些说法固然有一定的道理，但还不足以解释人们在网络上对语言的使用情况。人们并没有就此放弃，也没有甘于接受贫乏的社交线索，仅仅进行没有感情和关怀的中介化互动。相反，交流的必要性激励人们创造性地使用这些线索，以便能够表达感受、开展游戏、进行表演，并创造身份、关系和群体语境。

线上和线下的社会力量塑造着线上传播和手机短信交流，这些社会力量也因为中介化而得到加强。人们对媒体的熟悉程度是一种影响因素，他们的参与动机同样是。关系语境和群体语境本身可以通过网络话语来塑造，80
它们也很重要。大部分网络交流是在共同的历史背景下发生的，有时交流的双方仅仅是两个人，有时则是一个群组，成员们共同制定规范来引导彼此的行为。人们利用他们在其他媒体上的长期实践，例如写作、口语对话、电影和摄影，来指导新媒体中的语言活动和非语言活动。社会身份（包含但不限于性别和文化）也会影响人们如何行动，以及他们的信息会如何被解读。

人们在这些媒体上进行交流的方式重塑了媒体本身。例如开发者会回应用户的创意，设计自动的表情符号、增加新的社交线索（例如颜色、图像、声音），以及通过技术上的修正帮助用户使用不同的字母。总而言之，中介化交流虽然表现出了许多新特质，但依旧在呈现和强化更广泛的文化力量。这些文化力量在所有语境中都能影响信息。

第四章 社区与网络

技术的不断进步，提供了全新的媒体可供性，交流的速度、交互性、可及性日新月异地改变，提供了全新的群体交流方式，让原本处于社会底层的公众有能力迅速聚集起来，表达自己的诉求，甚至形成新的公民参与和社会运动模式。但是，从社会形成论和驯化理论的角度看来，这种变化的具体路径、走向和结果，似乎还并不明朗。

81 发明出一对一的传播系统后，互联网的早期开发者们随即便创造了群组传播平台，“科幻爱好者”（SF-lovers）邮件列表便是这类平台上的第一批群组。随着影响广泛的公告栏系统（例如“湾区反文化运动”“威尔”）（Rheingold，1993）和早期多人游戏的出现，网络上又涌现了几千乃至几百万个基于特定主题的邮件列表、Usenet 新闻组和网站。20 世纪 90 年代末，社交网站的出现为群组提供了另一种平台，不过，社交网站同时放大了一种更加松散的个人网络，这也给群组之间的传播带来了挑战。无论如何，社区还在继续发展，即便是通过 Twitter 话题标签的形式出现。

许多线上群组都形成了一种强烈的群体成员意识。以此为基础，来自各个地方的人通过同步或异步地分享兴趣爱好、扮演角色，或只是简单闲聊，产生了新关系。他们之所以热爱线上群组，是因为无论身处何地，他们都能借此轻松找到拥有共同兴趣爱好的人，并建立起新的联系，不仅如此，这些群组还可以保持 24 小时运转，随时可以提供支持。成员常常称他
82 们的群组为“社区”。由此，很多互联网的倡导者，例如霍华德·莱恩格尔德（Howard Rheingold，1993）便提出，“虚拟社区”（virtual community）的新时代已经到来。在这个时代里，人际关系网突破了时间和空间的限制，并创造出许多有意义的新型社会形态。同样，在研究新闻组 rec. arts. tv. soaps（r. a. t. s.）时，我也把这个群组定义为“社区”。

考虑到线上群组的情感力量，“社区”这一说法会引起一部分人的强烈反对，也就不足为奇了。就像洛卡德（Lockard，1997：225）所警告的那样：“如果我们将社区的功能多元性简化为传播，那就无异于在廉价出售我们对社区的共同信念。”斯托尔（Stoll，1995）等早期批评人士也曾担心肤浅和贫乏的网络传播会取代人们真实和深层的人际联系，并称之为“硅谷

万灵油”（silicon snake oil）。人们独自待在屋子里，拒绝在格根（Gergen）所谓的“漂浮世界”[1] 中与邻居产生任何有意义的关系。很多人因此不寒而栗，他们的担忧也可以借用罗伯特·帕特南（Putnam, 1995, 2000）那个著名的比喻来表达——我们太过热衷于“独自打保龄球”了。

数字技术有可能使我们在网络社区中更密切地联系在一起，不过，如果数字技术也让我们从具身的本地互动中脱离出来，那么就可能给我们造成真实的威胁。

有关中介化交往的希望和担忧在传播技术的历史中一直不断回荡，如果你对此有所了解的话，也应该会有同样的感觉。正如我们在前几章中所看到的，人们倾向于怀疑新媒体中社会联系的真实性，并质疑它对人际关系、公民生活和政治参与的影响。当人们回顾那些由传播技术推动或与传播技术结合的历史变迁时，也会担心人们正在失去与地方性社区的联系，而由此导致的后果，则要让城镇、城市和国家来承担。数字技术有可能使我们在网络社区中更密切地联系在一起，不过，如果数字技术也让我们从具身的本地互动中脱离出来，那么就可能给我们造成真实的威胁。

在这一章中，我们将探讨人们如何在线上结成群组和网络。首先，我们会问，当人们给一个线上群组贴上“社区”的标签时，这个词究竟意味着什么。接下来，我们会转向社交网络，探索这些新平台如何提供更加个性化、更加松散，却也更加中心化的关系。在本章的结尾，我们将讨论数字媒体如何与基于地理意义的社区参与产生联系。

线上社区

当 YouTube 在其导航栏上突出“社区”一词时，就好像数百万用户仅

---

① 按照格根的说法，“漂浮世界”一词可以追溯到 19 世纪的日本，代指一个人们逃离政府控制进行社会互动的世界。具体到格根的使用中，他认为手机用户“可以在任何时间出现在几乎任何地点中，就像气垫船或磁悬浮铁路系统一样漂浮在水面或铁轨之上；没有任何可以定位他们的具体地点”。具体参见 Gergen K J. Self and community in the new floating worlds. Presentation at the Mobile Communication and Social and Political Effects Conference，Budapest，Hungary. 2003. ——译者注

仅通过使用这个网站就被团结起来了一样。此时，“社区”的意思是什么
83 呢？当数字服务公司 Sparta Networks 在其网站上声称，他们建立了一个“高扩展性、功能丰富、灵活多变的线上社区……仅仅花费不到三分之一的时间就可以在内部建立社区”时，它又是在如何使用“社区”这个词呢？这些“社区”的技术定义吸引了开发者和市场营销人员（Preece & Maloney-Krichmar，2003），他们可以创建一个网站，称之为“社区”，从这个词的温暖内涵中获益，而无须处理在网站上实际发生的问题。的确，不同的技术平台适合于不同的群体形态，数字可供性的差异也导致了不同的群体行为。不过，人们只需要稍微揭开任何一个线上平台的幕布，然后略做窥探，就会发现，在面对群体多样性时，以技术定义的“社区”是如何土崩瓦解的。正如伯吉斯和格林（Burgess & Green，2009）所说，YouTube 远非一个单一的群体。相反，它由许多子群（subgroup）组成，每个子群都拥有自己的实践和目的，有时候还会与其他子群产生冲突。因此，当奥普拉（Oprah）[1] 决定加入 YouTube 时，许多业余媒体制作人对她和她的粉丝们表达不满，这就像是女性视频博主憎恨男性小组中性别歧视的评论，并坚持与之抗衡一样。线上互动论坛并不能被直接等同于“社区”，一个平台也可以容纳很多不同的群组。

你是否会将一个数字群组称为“社区”，这首先要取决于你对“社区”的定义。目前看来，对“社区”的定义依旧是充满分歧的。玛丽·查伊科（Mary Chayko）写道（2008：6）：“社会学理论家费迪南德·滕尼斯（Ferdinand Tönnies）宣称，社区是亲密的、初级的社会组带得以发展的必要条件。自此之后，社会学家一直未能就是否应该更新社区的定义，抑或是如何更新社区的定义达成共识。”尽管（或可能正是因为）该术语对很多不同的解释都具有开放性，它仍然是有用的。查伊科对 87 名自称是线上传播群组

不同的技术平台适合于不同的群体形态，数字可供性的差异也导致了不同的群体行为。不过，人们只需要稍微揭开任何一个线上平台的幕布，然后略做窥探，就会发现，在面对群体多样性时，以技术定义的“社区”是如何土崩瓦解的。

① 此处指的是奥普拉·温弗瑞（Oprah Winfrey），美国著名女性脱口秀主持人。——译者注

的活跃用户进行了电子访谈，试图探索他们如何看待中介化社交这一形态。尽管她在访谈问题中并没有提及“社区”一词（2008：212－213），但受访者却反复用这个词来描述自己的线上体验，比方说，“我觉得我是一个非常 84
亲密的社区中的一分子”“在公告栏上，你能切实感受到社区的存在”（2008：7）。和查伊科一样，我不愿意完全放弃这一说法。当群组成员、开发人员、分析师甚至批评者在试图理解线上群组时，“社区”一词为他们提供了一个共同的扶手。我不想过多讨论哪一种对社区的定义才是正确的，或者考虑线上社区是否“真实”，相反，我通过观察线上群组和许多对社区的定义（这些定义让“社区”一词更加适合线上语境），总结了它的五种特质，分别是空间感（sense of space）、共享性实践（shared practice）、共享性资源和支持（shared resources and support）、共享性身份（shared identities）和人际关系（interpersonal relationship）。

空间

有些人认为共同的地理位置是组成“社区”的必要条件，因此，线上群组还不足以被称为社区。很早之前，加利福尼亚州的伯克利和圣莫尼卡等地理意义的社区就开始借助互联网来建设本地社区，它们不仅建立社区网络来促进公民参与，还会为那些没有互联网的人提供接入途径。舒勒（Schuler，1996）曾举过几个例子，来说明这种通过建立线上网络来支持当地社区发展的努力。圣莫尼卡的公共电子网络系统（PEN system）[①] 是最早的线上网络之一。这一系统想要实现的目标，包括为市民提供轻松获取公共信息的电子渠道；建立一种替代性的传播、演讲途径，同时借此创造公共服务意识；提供学习计算机技术的机会。公共电子网络系统还尝试“提供一个网络论坛，供居民在上面参与讨论他们关注的事务，并以此增强社区意识”（引自 Schuler，1996：120）。

---

① PEN 系统，全称为公共电子网络系统（Public Electronic Network），最早建立于 1989 年 2 月 21 日。——译者注

当然，大部分线上群组并不会像公共电子网络系统一样，与地理空间如此紧密地绑在一起，不过线上群组的成员却经常认为他们共享着同一空间。线上群组在软件和硬件平台上相遇的感觉，经常会在很多描述互联网的语言中被形容为“空间”。想想科幻小说家威廉·吉布森所创造的“赛
85 博空间”（cyberspace）一词，或者想想莱恩格尔德（Rheingold）1993年的经典著作《虚拟社区：电子边疆的家园》（*The Virtual Community: Homesteading on the Electronic Frontier*），这本书的副标题便借用了美国西部的隐喻。

这种空间隐喻在视觉网络环境尤其适用，例如大型多人在线角色扮演游戏通过代码构建的虚拟世界带给人一种半物理现实（semi-physical realities）的体验。在《第二人生》中，用户制造建筑物、公园和其他物理空间的仿真品，这个过程也有助于他们产生对“社区”的空间性理解。“魔兽世界”中的浸没式图像，辅之以玩家组织的公会，都在那个环境中塑造了社区，或人们心中的社区感（Nardi，2010）。舒勒（Schuler，1996）便是围绕雷·奥登伯格（Ray Oldenburg）的“第三场所”（third place）概念展开论述的。同样，在分析两个大型多人在线角色扮演游戏时，斯泰因库勒和威廉姆斯（Steinkuehler & Williams，2006）也借用了奥登伯格的想法，认为游戏环境的作用与一个完善的市镇中的“小餐馆、咖啡馆、社区中心、美容院、商店、酒吧和其他人们日常光顾的地方”非常相似（Oldenburg，1989：封面）。除了公司和家庭之外的“第三场所”，是非正式社会生活的重要场所，对形成社会凝聚力至关重要。在斯泰因库勒和威廉姆斯的分析中，大型多人在线角色扮演游戏便属于第三场所，它们提供了中性的空间、平等的地位、友好的交流、便捷的访问、熟悉的规则、有趣的互动，（偶尔）还包括家居美感和家庭般的氛围。

文本小组也可以具有空间隐喻。例如，斯蒂芬妮·杜斯琴斯基（Stephanie Tuszynski）（2007）的民族志电影《真实生活》（*In Real Life*）描述了电视剧《吸血鬼猎人巴菲》（*Buffy the Vampire Slayer*）粉丝官方公告板。这个公告板被称为“青铜”，名字来自电视剧中一处场所。杜斯琴斯基

采访的粉丝经常会将这个公告板称为一个“地方”，其中一位粉丝甚至嘲笑自己竟然在登录青铜公告板之前，会和自己的爱人先说声再见，就像是她要离开公寓去别的地方一样。此外，线上群组还可以依照地理位置被组织起来。人们会组织群组来讨论国家和地区性事务，或者分享那些能突显自己地理位置的内容（例如，Facebook 上有一个群组名为“伙计们!!!! 瞧瞧我在堪萨斯州劳伦斯镇看到了什么!!!”）。在研究瑞典独立音乐的国际粉丝时，我也曾指出，人们会建立群组来讨论与特定地区相关的文化材料 86
(Baym，2007)。随着社交媒体在社会抗议中的使用日益增多（我将会在下文中回到这一话题)，许多临时群组会出现在 Twitter、Facebook 以及其他社交网站上，这一方面可以让人们被迅速组织起来，但另一方面，也招来了政府监控。

共享性实践

在人们在给数字中介化群组贴上“社区”的标签时，共享性空间的隐喻便成为一种判断标准。除此之外，社区也可以在群组成员共享的习惯性行为和（通常是）无意识的行为——亦可称为常规化行为（routinized behaviors）——当中体现。实践社区包括职业性、教育性、娱乐性和地方性团体（例如 Dundes，1977；Lave & Wenger，1991)。因为语言是数字中介化群组得以黏合的主要工具，所以突出共享性交流实践的“言语社区”（speech community）这一概念，对很多线上群组的研究者来讲就显得特别有用。言语社区具有独特的语言使用模式，这些语言使用模式可以支撑和再现它们的文化意识形态（Philipsen，1992)。

线上言语社区会共同使用一些交流方式，这些方式能捕捉到对这些社区至关重要的意义，也能击中那些构成他们共同情感的逻辑。这些群组会分享属于自己的行话和文字，包括首字母缩略词、词汇、体裁、风格和游戏形式。我在《调谐，登录》（*Tune In*，*Log On*）（Baym，2000）一书中写到了新闻组上的肥皂剧粉丝群组（r. a. t. s.)。我花了几年时间研究这一群组，并仔细分析了他们如何用语言创造类似于社区的社会环境。

r. a. t. s 的成员使用许多圈内人易于理解的术语，比如使用首字母缩略词“IOAS”表示“这只是一部肥皂剧”（It’s only a soap），还会给很多剧中角色起昵称。

和 YouTube 一样，尽管我认为 Twitter 也不是一个单一社区，不过，它的用户确实在共享一些实践，这些实践由技术可供性（例如 140 个字符的限制）和其他互联网趋势（例如第三章提到的 LOL 语）所塑造。2009 年，当瑞典的文件共享网站海盗湾（The Pirate Bay）[1] 的四位创始人受审时，能
87 像 Twitter 圈内人一样说话，就显得很重要了。一名被告在法庭上发推文，使用了“史诗般的胜利哈哈”（EPIC WINNING LOL）这样的语言，很快便赢得了关注者的好感（即便不能赢得审判），因为关注者能从这些语言中发现他是自己人。这四位创始人最终输了官司，不过，在他们被定罪后，海盗党（Pirate Party）[2] 的一名成员通过瑞典选举进入欧洲议会，这足以证明他们获得了广泛的民众支持。在上一章中我们讨论的“黑人推特”（Brock，2012；Florini，2013）也证明，游戏性的语言使用有助于建立起一个独特的社区。图片迷因首先频繁出现在 4Chan 网站上，随后又蔓延到 Reddit 和 Imgur，当它在 Facebook 上出现时，早就不是什么新闻了。这其实也是一项基于群体认同感进行的共享性实践（Milner，2012；Miltner，2014；Shifman，2012）。

这些词语和风格都是圈内人的标志，有助于形成群体身份（下文会进一步讨论这个问题），也暗示了群体的核心价值观。IOAS[3] 不仅仅表示“这只是一部肥皂剧”，也意味着这一群组非常喜爱这部肥皂剧，同时还意味着

---

① 一个专门储存、分类及搜寻 BT 种子的网站，是世界最大的 BT 种子服务器（BitTorrent tracker），提供的 BT 种子除了有自由版权的收集外，也有不少被著作人声称拥有版权的音频、视频、电脑应用软件与电子游戏，为网络分享与下载的重镇之一，也因此多次遭到取缔。——译者注

② 海盗党是 2006 年创立的一个瑞典政治党派，建立的初衷是对版权和专利权进行改革，加强对于个人隐私权的保护等。这一党派因为 2006 年的海盗湾案件而声名鹊起。——译者注

③ 在 r. a. t. s 群组中，当人们对荒诞的剧情感到失望时，便会用到 IOAS 这个短语，例如有成员评论说：“深呼一口气，数到十，然后呼出来。重复说 IOAS，IOAS，IOAS。”按照 Baym 在书中的说法，对于这些群组成员来讲，IOAS 其实并置了他们对电视剧的依恋和批评。他们的生活一方面离不开这部电视剧，另一方面，他们也很清楚剧情中究竟有什么漏洞。参见 Baym N K. Tune in，log on：soaps，fandom，and online community. Thousand Oaks，CA：Sage. 2000：111 – 112. ——译者注

他们心里明白，自己可以对剧情感到很沮丧，但不必像那些对肥皂剧观众的刻板印象所描述的，成为一个要死要活的蠢货。除此之外，这一短语也确认了群组成员对这种电视剧风格的共同热爱和充满智慧的自我呈现，以及对于剧情共同的沮丧。Twitter 用户对“诗史”（epic）一词的使用方式传达了一种幽默和不敬并存的价值观，而暴走漫画（Rage Comic）经常使用社交尴尬的企鹅（Socially Awkward Penguin）这种迷因，来表现年轻白人男性的社交尴尬，这其实代表了 4Chan 和 Reddit 这些网站中广泛共享的男性极客文化（Milner，2012）。在 Instagram 上发布的夏季“热狗腿”（hot dog legs）[1] 照片，则展示了年轻女性使用者在休闲、奢华和身材方面的价值观。

共享性实践可以***规范***人们如何恰当地进行传播。在一篇关于 Facebook 规范与失范行为的文章中，麦克劳克林和维塔克（McLaughlin & Vitak，2011：300）将规范定义为“人们确定哪种行为可被接受、哪种行为不可被接受的框架”。规范可以被明确地表述出来，但它们又往往是含蓄的，无须讨论便可达成。群组会在发展过程中制定出这种指导其成员的行为标准。缇登伯格（Tiidenberg，2014）研究了 Tumblr 网站中的“NSFW”（不适合上班时间浏览）博主，她们创造了一系列有关性感的独特规范，强调每个女性的身体都可以很有吸引力，并且在性感照片的审美方面相互指导。[2] 一旦 88
违反这些规范，就会受到其他用户的攻击。在一项早期研究中，麦克劳克林等人（McLaughlin et al.，1995）观察了新闻组中哪些参与者会因为行为不当而受到谴责。通过分析这些实例，他们总结了新闻组中一些不被接受的事情，其中包括技术的错误使用、浪费带宽、违反新闻组惯例、违反具

---

① “热狗腿”指的是一种在 Instagram 上风靡一时的女性自拍照，照片中女性只露出双腿，像是两根热狗香肠，并以此为美。——译者注

② 在 Tumblr 上，NSFW 全称为 Not Safe For Work（不适合上班时间浏览），在凯特琳·缇登伯格的研究中，特指一类经常发布性感自拍的博主，这些博主会给自己加上 NSFW 的标签。在上班的时候，没人愿意让同事看到自己在浏览这类博主的照片，因此得名。参见 Tiidenberg K. Boundaries and conflict in a NSFW community on Tumblr：the meanings and uses of selfies. New Media & Society，2016，18（8）：1563 – 1578. ——译者注

体群组的约定①、有违伦理、语言使用不当以及出现事实性错误。讨论影视节目的线上小组通常有这样一个规范，如果一个帖子会提前透露节目内容的话，就应该在帖子的题目上标明“剧透”（spoilers）二字，这就可以帮助那些不想被剧透的人跳过这样的帖子。还有一些群组就是为了彼此互相泄露节目内容而建立的。

在上一章中我们看到，不同群组对网络论战的态度存在差异（Lea et al.，1992）。我研究的肥皂剧群组中不存在这种现象，但其他一些群组却容忍甚至鼓励网络论战。我最喜欢的乐队的讨论版往往会宽容那些鲁莽的人，尤其是当他们违反了社群规范之时。不过，它却会格外关注这样一种隐含的规范：当有人在群组内分享资料的时候，其他人必须表示感谢。r. a. t. s. 的用户致力于维护友好的氛围，在他们出现分歧时，这一点尤其明显。当人们表示反对时，会对自己的能力表示谦虚（“也许我的想法不太对，但是我认为……”）、部分赞同对方的意见（“我同意……但是我始终觉得……”），或运用其他一些语言策略，来最大限度减少冒犯、强调归属感（Baym，1996）。群组成员在编辑信息时并不需要考虑到这些规范，相反，成为一个小组成员，本身就包含了对这些规范和价值的适应过程，以至于当一个人的传播行为被它们引导时，是不会特别多做考虑的。在维基百科上，遵守规范对于保留编辑身份和提高编辑排名格外重要。彭措尔德（Pentzold，2011）分析了维基百科用户对“社区”一词的使用。他将维基百科描述为一个致力于开放、公平、客观、共识，同时又遵循一定指导方针的“精神-行动社区”（ethos-action community）。没有人会在刚刚进入社区时就获得信任，但新人可以按照这种精神去行动来逐渐获得它。

89 社交网站上也出现了社交规范。福诺和雷恩斯-戈尔迪（Fono &

---

① 对没有读过原文的读者来说，“违反新闻组惯例”和“违反具体群组的约定”可能有些不好理解，在麦克劳克林等人的研究中，两种行为分别被称作“violation of Usenet conventions”和“violation of Newsgroup conventions”。前者相对比较宏观，适用于整个新闻组，例如将不属于某个新闻组的话题错发到组内等。后者相对比较微观，聚焦于具体的讨论小组，例如使用了错误的缩略语。具体参见 McLaughlin M L，Osborne K K，Smith C B. Standards of conduct on Usenet//Jones. Cybersociety：computer-mediated communication and community. Thousand Oaks，CA：Sage，1995：90-111. ——译者注

Raynes-Goldie，2006）通过对 LiveJournal 用户的访谈，想要了解他们在这个网站上交友的原因，以及交友过程中出现的一系列问题。博伊德（2006）则采访了 MySpace 和 Friendster 上的用户。这两项研究都发现了一些交友准则，尽管这些准则并不一致，还会因此引发一些困惑和人际冲突（我们在第六章中将会详述这一点）。多纳特（Donath，2007）认为，社交网站会为“我们社区的习俗”制定相应的规范。汉弗莱斯（Humphreys，2007）的研究对象是短命的 Dodgeball。这是一个基于地理位置的移动社交网络软件，研究者进行了为期一年的观察，并在七个美国城市中与其使用者展开深度访谈。她发现，一个人将自己的定位信息分享在网站上的频率，有对应的规范来制约。就像围绕交友的规范并不确定一样，“Dodgeball 上的规范仅仅是刚刚浮现出来，而且还充满争议”；不同小组“也许有不同的忍耐水平、预期，也会对可接受的或‘正确的’Dodgeball 使用方式有不同的定义”（Humphreys，2007）。在 Facebook 上，麦克劳克林和维塔克（McLaughlin & Vitak，2012）采访的大学生表达了在接受或拒绝好友请求时秉持的准则（接受通常是首选），其中包括不要太过频繁的更新、不要发过于情绪化的动态、不要与他人争吵、不要在对他人有负面影响的照片中标记他们。人们如何回应违反以上规范的行为，则要取决于这些行为的性质和他们之间的关系。

社区的实践规范通过成员们的共享性行为来展示、强化、协商和教导，也可以体现在常见问题解答（FAQ）中。早些时候，留言板中经常出现这类帖子，网络公告中也经常包含这些帖子的链接。汉森和他的合作者们（Hansen et al.，2007）研究了一个为网页开发人员建立的问答邮件列表，该列表维护了一个维基储存库，既作为一系列常见问题的解答，同时也能成为一个备用空间，供组员们继续针对这些问题进行集中讨论。他们对该列表维护的所有维基页面和该组 9 万封电子邮件中的数千个样本做了定性主题分析和定量内容分析，还进行了半结构化访谈，结果发现维基在这个小组中起到了一些规范性作用。当人们就诸如字体大小这样的话题争论不休时，他们尽可以心平气和地参考维基，这使得邮件列表群组从无法解决的 90

“圣战”中幸免，保持“友好而专业的基调”，既不会失去以前多次经历过这些问题的老成员，同时又可以有章可循地指导新成员。

对于哪些才算是技巧高超的传播实践，线上小组也共享着一些准则。海盗湾创始人知道使用短语“史诗般的胜利”和首字母缩略词“LOL”，这不仅体现了他作为“自己人”的地位，更表明了他的 Twitter 使用技巧。在我所做的调查中，r. a. t. s. 的成员在发帖中重视幽默和洞察力，如果一个人发布了特别有趣的帖子，还会被视为“杰出的”贡献者。在粉丝社区，那些写出优秀同人小说的人会受到表扬，如果一个人提供了特别有用的建议，还可能被视作为社区做出突出贡献的人。在 Facebook 上，那些以正确的频率、适当的幽默、自嘲与体贴来更新状态的朋友可能是最受欢迎的。如果一个人本身很好看，自拍又能捕捉到明星照片般的美感，那么他就可能会在 Instagram 上蹿红（Marwick，in press）。

规范标准总是牵涉到权力结构。等级制度一旦在线上形成，就意味着，在组织内部创建和规范行为标准时，一些人能有更多的发言权。例如，斯蒂瓦尔在 LambdaMOO 上研究了垃圾邮件的不同形式，他认为“合适与否的模糊性，再一次表明了向心力和离心力之间的持续斗争，其中，一边是寻求统一中心‘命令’的力量，另一边则是那些身处边缘，试图与这种统一性抗争的力量”（Stivale，1997：139）。许多群组都经历了不同力量的调和，这也就意味着，它们的权力结构非常明确，并深入集体内部。调和者会做一些维护规范的工作，其中包括避免讨论偏题太远、删除他们认为不合适或分散注意力的帖子，以及修复有问题的格式。而在那些未经调和的群组中，权力结构则可能是隐性的、自然发生的（Preece & Maloney-Krichmar，2003）。这与那些乐观的预测形成了鲜明对比：后者认为，网络互动中的社交线索稀疏，因此将消除等级关系，让所有参与者实现平等。

91 正如我们在上一章中所看到的，社会规范也植根于用户生活的行为环境中。在社交网站上，人们可能会“意识到他们的朋友和同事都在看”，所以感觉到压力，从而遵守这些群组的规范（Donath，2007）。沃尔瑟、范德海德、金和韦斯特曼（Walther et al.，2008）进行了一项实验，他们首先让焦点小组的成员们描述一下，什么是好的朋辈行为，什么又是坏的朋辈行为。然后，他们制作了一些 Facebook 个人主页来展现这些行为，并且让被试评估对这些主页的看法。他们发现，大学生参与者在线上对他人建立印象时，确实依赖于这些社会标准和朋辈群体标准。存在过分和可疑行为的主页会引起更多负面看法，尽管这仅适用于女性用户的主页。戈尔德、威尔金森和休伯曼（Golder et al.，2007）分析了 420 万名北美 Facebook 用户发送的 362 万个完全匿名的私人信息和“poke”① 的元数据，发现信息是以强烈的时间节奏来驱动的，这些节奏往往以当地规范为基础。举个例子，发送私信通常发生在夜间，并在周二和周三达到峰值，在“大学生周末”（从周五下午到周日下午）期间则跌到谷底。另两项对从不同城市发布到 Instagram 的数百万张图片的研究，同样发现了关于时间和色彩的规律，这些规律展示了每个城市独特的“视觉节奏”（Hochman & Manovich，2013；Hochman & Schwartz，2012）。

共享性资源和支持

社区通常被认为“拥有基础广泛的关系，每个身处其中的社区成员都相信自己可以从中获取各种各样的帮助”（Wellman，1988：97）。当人们在数字语境中使用“社区”一词时，往往隐含着资源的互助性交换。与社会支持密切相关的一个词是“社会资本”（Coleman，1988）。正如埃利森、斯坦菲尔德和兰普（Ellison et al.，2007）所解释的，社会资本是“一个具有多种定义、富有弹性的术语”。本质上，它指的是人们由自己的关系网络而获取的资源。当人们在网络群组中提供和接受社会支持时，他们正为积累彼此的社会资本做出贡献。社会资本可能是“桥接型”（bridging）或者 92
“结合型”（bonding）（Putnam，1995，2000）的。桥接型社会资本的交换是指异质性个体之间所形成的、相对较弱的社会连接，而互联网和社交网

---

① “Poke”是 Facebook 开发的一项功能，经常被翻译成“戳一下”，目的是引起对方的注意。Facebook 官方也鼓励用户对 Poke 这一行为做出属于自己的解释。虽然在大多数情况下，poke 仅仅代表说一声“嘿”，不过，也有用户认为，这一行为存在某种程度的性暗示。——译者注

站有助于挖掘一个人在这类资本上的潜力（Hampton，Lee，& Her，2011）。与此相反，结合型社会资本通常在关系亲密的个体之间交换。如果把前者比喻成“社会润滑剂”的话，那么后者就是“社会强力胶”（Steinkuehler & Williams，2006）。许多线上群组在高度专门化的关系中提供了桥接型社会资本。不过，同时也很常见的是，网络社区和社交网络的成员也会为彼此提供一种经常在亲密关系中存在的情感支持。事实上，弱关系之间的相互支持可能比强关系更能缓解压力（Wright et al.，2010）。

社会支持会给它的接受者带来许多好处。已被证实的积极效应包括更好的心理调节能力、更高的自我效能感、更强的应对能力、更卓越的工作表现、更好的抗病和恢复能力，以及更低的死亡风险（Burleson & MacGeorge，2002）。一些线上群组是明确的支持性群体，论坛中存在许多患病、成瘾、遭受创伤和其他生存状况糟糕或难以启齿的人。虽然我们可能倾向于认为支持在本质上是好的，但是在一些情况下，这种支持会冲破或者跨越它的边界——哈斯（Haas et al.，2011）称之为“线上负面支持团体”（online negative enabling support groups）。他们所研究的“pro-ana”网站为把厌食症视为一种生活方式而非疾病的人提供支持。极端的身体改造社区为那些有兴趣改变自己身体的人提供支持，这些人认为改造自己的身体是一种自我表达，但是在许多人看来，这却是一种残害，还可能是非法的（Lingel & boyd，2013）。

沃尔瑟和博伊德（Walther & boyd，2002）对一些在Usenet支持小组发过帖的人员进行了电子邮件调查。他们找出了人们在网上寻求这种支持的四个动机，其中包括匿名提供的安全性，访问这些团体的便利性，管理内
93 部交流的能力以及与他人的社会距离。线上支持可以既让人们获得结合型和桥接型资源，也不会产生亲密关系中的纠缠和威胁。这些小组对那些没有本地支持团体的人也很重要。

即使在那些没有明确为提供支持而建立的小组中，社会支持也很普遍（Wellman & Gulia，1999）。有几种常常重叠的社会支持（Cutrona & Russell，1990）。

社会整合或***网络***支持：

> 使人们感受到自己身处具有共同利益和兴趣的团体，自己是其中的一部分。这种关系反映了更加随性的友谊，这使得一个人能够参与各种形式的社交和娱乐活动。（Cutrona & Russell，1990：322）

线上粉丝和兴趣群组就是这方面的典型，因为它们就是为了共同的社会和娱乐目标，基于共同的兴趣而创建起来的。想想詹金斯（Jenkins，2006）所描绘的剧透《幸存者》（*Survivor*）的粉丝知识社区，在官方正式宣布参赛者、播出第一场比赛之前，这一团体的成员就利用集体智慧弄清了所有参赛选手的身份，甚至知道了第六季的冠军是谁。在节目播出时，这群人“只是在周五晚上玩一场上千人参与的复杂的寻宝游戏”。从长远看，詹金斯认为他们将会理解自己是“如何通过参与知识社区来配置新的权力”（2006：29）。线上粉丝之间交换的娱乐信息会成为某种形式的亚文化资本，能够提高一个人在粉丝群内外的地位（Kibby，2010）。

情感支持指的是“在备受压力时，一个人向他人寻求慰藉、获得安全感的能力，它会使人感受到他人的关心”（Cutrona & Russell，1990：322）。著名的“妈妈博主”希瑟·施波尔（Heather Spohr）就是一个突出的例子。她从第 29 周早产时起，就一直在博客上记录女儿的点点滴滴，与读者建立了牢固的联系。当施波尔的女儿在 17 个月意外夭折时，据《洛杉矶时报》（*Los Angeles Times*）（Bermudez，2009）报道，源源不断的支持几乎使服务器崩溃，网友向致力于预防新生儿缺陷的非营利组织 March of Dimes 捐了超过两万美元。虽然情感支持在明确的支持群组中可能更为常见，不过，一 94
项对不同网络群组进行的内容分析研究发现，大多数群组具备移情交流的功能，并可以提供情感支持（Preece & Ghozati，1998）。

自尊支持通过为个人提供“其技能和能力的积极反馈，或表达对其能力的信心”，来提高“这个人的效能感或自尊”（Cutrona & Russell，1990：322）。麦克纳和巴奇（McKenna &Bargh，1998）调查了那些在 Usenet 新闻组中为同性恋者发帖的人，发现新闻组对“身份的去边缘化”（identity de-marginalization）有所帮助。当人们以同性恋者的身份参与到新闻组中，并

获得积极反馈时，他们的自我接纳程度就会增加，疏离感也会降低。最为直接的结果是，他们更有可能向自己身边的亲人出柜。麦克纳和巴奇认为，网络团体的匿名性使得人们能够进行高风险的自我披露，并且当这种行为获得肯定时，这些群组可以给参与者的自我概念带来积极改变。相反，哈斯等人研究的 pro-ana 群组（Haas et al.，2011）则提供了另一种支持。人们在这里相互倾吐对自己的负面评价，例如认为自己非常讨厌、毫无价值。群组成员会通过接受这些自我评价，来增强彼此的自尊。伊利亚·卡西迪（Cassidy，2013）研究了澳大利亚布里斯班的部分男性，这些人使用 Grindr 和 Facebook 与其他同性恋男青年进行交流，但在这一过程中，他们常常变得憎恶同性恋男子气概（gay masculinity）的形象，并且在这个群组中感到自己被边缘化、缺乏吸引力。

信息支持提供了“可能解决问题的建议或指导”（Cutrona & Russell，1990：322）。这些建议五花八门，可能是关于如何写 CSS 代码的，也可能是关于如何经营一个人的爱情生活的。在奥普拉的网站上，大部分的交流都体现了信息（和情感）支持。正如在以下的交流中，我们会看到，一个心碎女孩描述了她前男友对她断断续续的爱，“菲莉丝 g”（Phyllis g）建议道：

> 听听今天 frosting1112 对你说的所有话……她是明智的，而且她说的也是正确的!! 我也认为你的前男友只是为了吊着你!! 男人就只有这点伎俩。因为知道你爱他，所以他们敢伤你的心。当你为他们哭泣的时候，他们就能感到某种……男性的“成就感”……这让我感到恶心!! 女孩……也许现在是时候为自己设置一些界限了！你的痛苦让我
> 95 感同身受。我知道，你可以扔掉电脑，收回你寻求帮助的那些话……但是……如果你一直关注着他，从来不为自己想想出路。那么你一直会这么糟糕!! 你生病了……他就像是你的毒品。你必须主动迈出这一步……尝试去恢复!! 他真的是个毒瘾。（菲莉丝 g）

“Frosting 1112”后来又回到了这个帖子上，继续为她提供情感支持：

> 你好，我们又见面了。亲爱的女孩，希望一切都顺利。听起来你

> 仍然对我有些困惑与不安。我一直在为你祈祷。如果你愿意的话，上帝也会带给你安宁。(Frosting 1112)

在这个帖子的回复中，这位心碎的女孩又给其他人提供了自尊支持：

> 我想谢谢你们所有人美好的回答。你们所有人对我都太好了。我只希望自己也可以变成你们这样。

以上交流表明，线上社区中许多支持行为具有循环性和自我强化性，我将会在讨论人们为陌生人和熟人提供资源的动机时，再次回到这一点。在支持边缘化身份的群组中——包括极端的身体改造和厌食——信息支持变得令人担忧，因为人们在寻找信息的同时，又在试图向生活中的其他人隐瞒这些信息（Haas et al.，2011；Lingel & boyd，2013）。这些群组的内部信息可能会通过避免外人看到的方式来进行管理，或者，就像林格尔和博伊德采访的一位身体改造者所说的那样，"保守秘密，保持安全"。

有时人们还会提供金钱援助，比如为他人做事，以及为他人安排住宿和提供其他服务。卡特罗纳（Cutrona）和罗素（Russell）称之为***有形援助***(tangible aid)。当一位为"左倾"的政治博客网站 Daily Kos 长期撰稿的作家遭受严重的家庭损失时，网站的成员为他捐款、帮他渡过难关。当线上旅行群组的成员来到自己居住的小镇时，人们常常会为他们提供住宿，或者请他们吃饭。近年来，越来越多的艺术家和企业家纷纷转向线上社区和线上网络，例如通过 Kickstarter 和 Indie Go-Go 等网站，来为自己的项目集资。音乐家阿曼达·帕尔默（Amanda Palmer）就能从她的粉丝中为自己的专辑筹到 120 万美元，尽管她的最初目标仅是 10 万美元。吉尔·索布（Jill 96
Sobule）鼓励她的线上社区成员为她的专辑《加州岁月》(*California Years*)捐出了 7.4 万美元，数量虽没帕尔默那么多，但同样令人印象深刻（还有个更荒谬的例子，俄亥俄州哥伦布市的扎克·邓婕·布朗在 Kickstarter 为做土豆沙拉筹款超过 6 万美元，但他最初只想要 10 美元）。

当人们在公共群组环境中共享资源时，参与线上群组的他们实则共同构建了一个公共产品的补给库，提供这些公共产品的人不知道谁会使用它们，双方也可能不会再次遇到，当然，提供者也不能期待立刻获得回报（Kollock，1999）。有人可能会问：人们为什么要这样做？花费时间、金钱，甚至承担情感上的风险去支持那些你非常熟悉且热爱的人，尚且讲得通，但为什么人们要为那些所知甚少甚至根本不认识的人提供帮助呢？一个原因可能是卡特罗纳和罗素（Cutrona & Russell，1990：332）所说的第六种社会支持：支持他人的行为会让人们***感到自己是被需要的***。在线上帮助他人可能会给人一种效能感（Kollock，1999）。现在向他人提供支持，也可能让你在未来需要别人帮助时，得到相应的支持（Kollock，1999）。除此之外，成为一名技巧高超的资源提供者，还能够提高人们在线上群组中的地位和声望（Matzat，2004）。

共享身份

共享性的空间感、共享性的实践仪式、社会支持的交换都有助于在数字环境中形成社区感。除此之外，共享性身份也很重要，这包括个人所承担的性格和角色。当然，身份还意味着对团队中可能已然存在的或正在发展的“我们”是谁的共同认识。许多正式成员担任着特定的角色。一些最常见的身份包括“本地专家、回答者、健谈者、粉丝、讨论艺术家、谩骂战士和喷子”（Welser，Gleave，Fischer，& Smith，2007）。人们通过符合特定功能的持续和系统的行为来承担角色。在我经常光顾的一个音乐团体中，
97 有一位歌迷因为经常搜索并且分享乐队的照片而出名。在 r. a. t. s. 里，一位女士经常扮演迎宾员的角色，她热烈欢迎每一位新人，鼓励他们继续参与。这个角色在“青铜”中也很常见，有一名成员每天早上都对新的发帖者说“大声喊出来”。在瑞典音乐爱好者社区中，MP3 博主的力量强大、身份突出，少数宣称承担这一角色的人不仅会在粉丝圈内特别有地位，还会受到音乐家、唱片公司和其他瑞典独立音乐界专业人士的重视（Baym，2007；Baym & Burnett，2009）。

韦尔泽和他的同事们感兴趣的是，他们是否仅从结构信息本身，便能识别出人们在 Usenet 社区中扮演的角色。根据来自三个不同新闻组的近 6 000 个

信息元数据，他们的确识别出了一些角色。“回答者”（answer people）经常回复别人但从不主动发布文章，“讨论者”（discussion people）经常既发布文章又回复他人。除此之外，在“回答者”参与的帖子中，人际的沟通很少，而“讨论者”参与的帖子中，则有很多人在一起交流。他们由此得出结论，认为这些角色具有“行为和结构上的‘特征’”（Welser et al.，2007）。在经常参加讨论的人看来，这些结构特征也许并不那么明显，他们更倾向于认为，当新的参与者提出要求时，回答者是一群总能提供信息支持的人。

在大多数线上社区中，最常见的角色是“潜水者”（lurker），也就是那些只阅读但从不发布信息的人。作为粉丝社区的集散地，斯堪的纳维亚音乐杂志《这是个陷阱!》（*It's a Trap*!）设置了一个留言板，在每天浏览留言板的3万多人中，只有不到100人会发表评论或留言。即便是网络发帖者，大多数也都不会频繁发言。在r. a. t. s. 中，超过一半的发帖者只发言过一次，而前10%的发布者的帖子几乎占了所有消息的一半（Baym，2000）。汉森等人（Hansen et al.，2007）发现，在CSS-L邮件列表中，前4%活跃的发帖者贡献了50%的消息。克劳福德（Crawford，2011）指出，“潜水”其实也可以被理解为倾听，从这个角度来看，它其实也是一种珍贵的线上社区参与模式。尽管有人认为网上一些人话太多，但恐怕人们很容易达成这样的共识：如果每个人读完信息之后都回复的话，线上讨论的质量将会更高。 98

考虑到这些沉默的用户数量庞大，普里斯等人（Preece et all.，2004）开始调查沉默的原因。在对375个线上群组样本进行调查后，他们发现，在年龄、性别、教育程度或就业方面，“潜水者”和经常发布信息的人并没有什么区别。但他们也确实发现，“潜水者”也许很难理解这个群组，因为他们仅仅为了寻找答案而加入，不太可能认为自己会从群组成员身份中取得预期的好处；群组归属感较低，对其他参与者的尊重程度也低于那些经常发帖的人。颇具讽刺意味的是，比起“潜水者”自己来讲，经常发帖的人倒是更愿意将他们视为社区的一部分。绝大多数“潜水者”并非从一开始就打算只浏览而不发文章（仅仅有13.2%的人会这么做），他们的沉默是由一系列原因引起的，普里斯等人（Preece et al.，2004）将它们归为五类。

> 有时，群组会发展出一种自己人的群体感，换句话讲，就是一种关于“我是谁”的共享型社会身份或基模。这也有助于社区的形成。这些群组身份建立了群体内部的规范，也培养了对外来群组的抵制或反对。

第一，许多“潜水者”认为他们不用发信息，就能获取自己所需的东西。第二，有些人则认为他们需要进一步了解这个群组。例如，他们可能感觉自己对这一群组的规范和讨论的话题缺乏足够了解，或者他们太过害羞。第三，还有一些人表示，他们相信，当自己没有什么可贡献的东西时，保持沉默就是对社区最大的贡献了。发帖的技术性问题则是保持沉默的第四个原因。有些人根本就不会操作软件，也不知道如何发帖。“潜水”的最后一个原因是，人们不喜欢这一群组的活动，这也许是因为参与者与自己看起来差别太大，或者“潜水者”害怕收到带有攻击性的回复。

有时，群组会发展出一种自己人的群体感，换句话讲，就是一种关于“我是谁”的共享性社会身份或基模（Tajfel & Turner，1986）。这也有助于社区感的形成。这些群组身份建立了群体内部的规范，也培养了对外来群组的抵制或反对（Spears & Lea，1992）。这在厌食者群组和极端身体改造群组中尤为突出，当然在其他地方也很常见。群组可以为自己取一个名字，比如Buffy粉丝团的成员们就自称为“青铜者”（Bronzers）。正如我在《调
99 谐，登录》（Baym，2000）中所展示的，r. a. t. s. 的肥皂剧迷们，主要是那些热爱肥皂剧、并且生活富足的女人们，会自称是聪明机智的人。这一称谓是对社会主流刻板印象的回应。这些刻板印象往往会认为她们是一群懒惰、愚蠢的女人，整天无所事事，只能看剧度日。肥皂剧迷的群体身份很少会被明确表达出来，只有在应对某些喷子时，才会被直截了当地呈现。正如下面一条对谩骂的回复中所展示的：

> 我都懂些什么？我只修得了一个优等生学士学位，一个化学硕士学位，然后又花了一点时间，拿了一个X射线晶体学博士学位（属于结构生物物理化学）。马克（Mark），你说你读了不少书，对吗？好，那我们可以一起探讨萨特、库恩、洛克、托尔斯泰、量子力学和经典力学、克隆技术、免疫抑制与药物设计的新进展、蒙特梭利、詹姆斯（不管是亨利还是威廉）、克尔凯郭尔、弗里德曼、皮亚杰、古典或现

> 代剧场、回收的利与弊、臭氧层的恶化、全球变暖、詹姆斯湾、阿拉斯加荒野危机、远足/登山/露营、骑自行车、美食烹饪、健身和营养，或任何其他你感觉能够熟练驾驭的话题。你可以随便用法语、德语或西班牙语回复我。当然我承认，你要是用中文或日语，我得花稍长的时间来处理。

人们也可能因为共同的社会身份而加入一个群组。许多线上群组是专门基于某一种族、职业等属性而设计的。很多社交网站也是为特定的社会身份而设计的，像是为非洲裔美国人设计的 BlackPlanet、为男同性恋设计的交友网站 Jake、为针织爱好者设计的 Ravelry、为体育爱好者设计的 FanNation（尽管这些网站可能无法维持商业运营——本书的第一版中提到的好几个网站都已经关闭了）。地理也会影响人们所加入的群组和社交网络。美国人和欧洲人都用 Facebook，但在中国，微博是人们的线上聚集地，而在我写这本书的时候，Line 在日本非常受欢迎。

人际关系

线上群组也提供了建立一对一关系的环境，在接下来的两章中，我们将会更详细地讨论这一点。一旦成员们发帖说彼此见过面了，就等于向整个群组公开了这段友谊甚至是恋情（Baym，1995）。这些可见的关系也会增加莱恩格尔德（Rheingold，1993：5）所说的“连接感”（sense of connectiv- 100
ity），他将虚拟社区描述为“当足够多的人，花费足够多的时间，怀着充沛的情感在网上进行公共讨论，并形成人际关系网络时，在互联网中出现的社会聚合”。一对一的人际关系为社会网络打下基础，且有助于连接更广泛的关系网，形成更密切的群组内部联系。

网络

到目前为止，我所关注的都是具有明确边界的群组——要么依托于同一个网站，要么有相同的邮件地址，消息能发送给所有成员，一对一交流是在后台通过私信或聊天等私人渠道进行的。自 21 世纪初以来，社交网站越来越受欢迎，因为它在私人化的一对一接触和边界严密的群体互动之间找到了一个中间地带。韦尔曼（例如 Wellman，1988；Wellman et al.，2003）认为，晚期现代主义的一个关键社会转型，就是从边界严密的社区向日益增长的“网络个人主义”（networked individualism）的转变。在“网络个人主义”中，每个人都处于自己的个体化社区的中心。

社交网站为这种个体化社区提供了组织和入口。埃利森和博伊德（Ellison & boyd，2013：158）将社交网站定义为“一种网络传播平台，在上面，参与者可以拥有一个独一无二、易于辨识的主页，其中包含着用户自己提供的内容、其他用户提供的内容，以及/或者系统层面的数据；可以公开呈现关系，这些关系又可以被其他用户访问和浏览；可以消费内容、生产内容，以及/或者与网站中联系人生产的内容进行互动”。在社交网站中，只有当你与某个用户个体化网络相连时，才能看到他发出的信息，这也就意味着能接触到这些信息的人并不多。只有一种信息可以被所有用户看到，这就是网站自己发出的信息。就不同人的社交网络重叠程度和内部组织程度而言，用户可以构成不同群体，不过，社交网络是以自我为中心的，没
101 有哪两个群体会完全相同。因此，在社交网站中，没有哪两个用户可以访问同一组人或信息，这也就赋予他们一种既是个人化的，同时也与其他用户相互重叠的使用体验。诸如 Twitter 标签这样的用户创新还可以增强这种重叠感。

个体会将自己纳入线上网络之中，群组也会做同样的事情。近年来，越来越多的群组通过互联网，在网站、博客、社交网站和其他平台上发布内容，我称之为网络集体主义（networked collectivism）。这意味着，群组如今可以通过互联网和相关移动媒体，以及面对面交流，创建一个共享却分散的群体身份。例如，瑞典独立音乐的粉丝群组渗透进了音乐社交网站、博客、新闻网站、其他社交网站、围绕各个乐队开发的站点，以及定期在本地音乐场所举办的晚间派对（Baym，2007）。

这一发展使这些社区的成员们能够与彼此分享更多类型的媒体，并以

更加多元的方式进行互动，不过也对很多曾让群体凝聚在一起的传统特质提出了挑战（Baym，2007）。例如，当缺乏同一个共享环境时，空间的隐喻会迅速瓦解。通过多个网站组织的社区缺少地方感。当团体分散在各个网站，尤其每个网站都有自己的交流传统时，他们很难建立起共享性实践。YouTube 视频下方的评论区和粉丝网站中的行为规范可能大不相同。当某一群体与其他圈子共处时，该群体内部的笑话和行话往往就难以奏效。支持性互动中交换的资源可能必须经过反复发送，才能覆盖所有社区成员，此时，只挑选某些网络空间闲逛的人可能会错过它们，而那些浏览所有空间的人，又可能碰到太多的重复信息。个体身份也很难得到发展。人们可能经常挑选一些相互关联的网站并在其中承担某些角色，其结果是，我们更难寻找或辨认那些以可预测方式做出贡献的定期访问者。群体身份感同样可能难以塑造。人际关系不如线下群体那样清晰可见，虽然这些关系对于 102
当事双方颇有价值，但对群组凝聚力的增强却没什么作用（Baym，2007）。

融入地理意义的社区

批评家常常认为，线上媒体和社交网站的广泛使用会对地理意义上的社区造成威胁。人们互动的对象仅仅是屏幕，而非彼此（例如 Turkle，2011）。所以在这里，我将讨论的问题是，是否参与数字互动，抑或参与数字互动的程度，究竟会如何反过来影响人们对地理社区的参与。

传播技术从发展初期就有一个非常明确的特点，即它们破坏了消息传递和共享性空间之间的强制性连接。在缺少共享性空间的情况下，实时沟通的能力让人们担心自己会脱离物理现实，于是格根（Gergen，2002）担心"漂浮世界"的出现，梅罗维茨（Meyrowitz，1985）担心"地域的消失"，同样，在电话发展的百年历史中，还有人担心会丧失掉自己的地域感（Fischer，1992）。当失去与空间的联系时，我们是否也会与那些近在咫尺的人脱离联系呢？要知道，正是这些人提供的社会支持组成了传统的社区，这些人之间的交往，也正是公民社会所依赖的重要保障。

检验这一点并不容易。我们关于数字媒体对人们本地关系影响的数据大部分来自调查。许多调查都会按照人们是否使用互联网、与他人相比使用的次数多少，或者使用的时间长短将人群分类。这些研究策略在理论上存在着严重问题，因为研究者会假设，仅凭使用互联网或者用得比别人多，就足够对用户产生影响，却并不在乎电脑具体是如何被使用的（Campbell & Kwak，2011；Jung et al.，2001）。当然，还有更加复杂的测量方式，试图区分互联网使用的不同类型和背景。例如，汉普顿等人（Hampton et el.，2011）使用了多种测量方法，包括参与者是否使用电脑，在工作中还是在家中用得更为频繁，以及他们是否使用即时通信工具、博客、共享数字照片或社交网络服务。

103 鉴于测量方法的多样性，研究结论不一也就不足为奇。不过，总体而言，这些结论并不支持反乌托邦式的批评，也不认为在线上花费时间会削弱线下的社会参与（Boulianne，2009）。互联网在公民参与（civic engagement）与政治参与（political engagement）中扮演的角色极为广泛，远远超出本书所讨论的范围（可参见 Dahlgren，2005，2009；Hartelius，2005）。对此，以下内容仅仅是粗略的一瞥而已。

公民参与

公民参与意指人们解决社会和/或社区问题的行为，这些问题“本质上并非政治性的，但仍有利于集体福祉”（Gil de Zúñiga & Valenzuela，2011：399）。评估公民参与的一种方法是询问他们认识多少邻居。卡茨和赖斯（Katz & Rice，2002）对比了近期的互联网使用者和非使用者，发现互联网使用者认识的邻居最少，而不上网的人几乎认识每一个邻居。不过，在对多伦多郊区进行的一项研究中，汉普顿和韦尔曼（Hampton & Wellman，2003）却发现，那些入住时拥有高速宽带的人，在当地建立联系的数量会提高三倍，并且他们会利用线上和线下相结合的方式与邻居产生更多交流。他们还会和远方亲友保持联系，这些人为他们提供的社会支持，是不用电脑的居民无法获得的（Wellman et al.，2003）。汉普顿等人（Hampton et al.，2011）还发现，平均而言，社交网站的使用者虽然会比不使用社交网站的人认识的邻居少，但他们会因此建立起更为丰富的社交网络。

当人们使用互联网与邻里相连时，互联网的确可以增强他们同彼此以及社区之间的联系。Yahoo！群组的目录中有超过一万个社区组织，这还只是让邻里彼此连接的众多网站之一（Hampton，2010）。在一项以色列邻里邮件列表的研究中，梅施和莱文农（Mesch & Levanon，2003）发现，该列表扩大了人们的本地网络规模，并增强了他们对社区事务的参与。在汉普顿（Hampton，2010）的“我－邻居”（I-Neighbors）项目中，他为美国网民提供了创建社区群组的途径，接着开始研究这些群组。这些网友创造了 104
六千多个社区，尽管80%的社区只吸引了一两个参与者，但在最活跃的社区中，28%是弱势群体社区。人们利用这些群组来组织当地活动，例如为邻居中的老年人清理院子。汉普顿总结，互联网有潜力提高那些在经济上和结构上处于弱势的人的集体效能（collective efficacy）。不过，从这些研究中也可以清楚地看出，仅仅提供一种连接手段，并不能保证人们一定会利用这种手段来为他们的社区赋能。

帕特南（Putnam，1995，2000）选择用保龄球社团的衰落来体现美国人社区生活的衰落。他强调观察俱乐部和组织的参与情况是评估公民参与的一种手段。一些调查也研究了互联网使用和美国、加拿大的俱乐部及志愿者组织的关系（Cole，2000；Gil de Zúñiga & Valenzuela，2011；Hampton et al.，2011；Katz & Aspden，1997；Katz & Rice，2002）。尽管差异很小，这些研究仍然发现互联网和社交网站的用户会花更多时间在这些公民组织上。人们如何使用一种媒介，比他们是否使用这一媒介更重要。利用互联网进行“信息获取和社区建设”的人，也一定会比那些用互联网进行“娱乐和消遣”的人更有可能参与公民活动（Gil de Zúñiga & Valenzuela，2011：401）。在为数不多的考察手机使用和公民参与的研究中，坎贝尔和夸克（Campbell & Kwak，2009）通过分层抽样，选取了一群与人口普查数据结构相仿的美国人群体。他们

> 人们如何使用一种媒介，比他们是否使用这一媒介更重要。利用互联网进行“信息获取和社区建设”的人，也一定会比那些互联网进行“娱乐和消遣”的人更有可能参与公民活动。

发现，用手机来交流信息和意见的人更可能“做志愿者工作、参与社区项目、为社会团体或事业捐款、参加社区会议或邻里聚会，以及代表某个社会群体或事业［工作］”。除此之外，他们还通过探讨使用技巧在信息理解上的重要性（这与本书第一章中提到的主题遥相呼应），发现当人们对技术感到适应时，更可能将手机用于公民活动的参与。因此，要想让人们将一项传播技术应用于参与公民活动，这项技术的设计是否方便人们使用，就显得至关重要。

105 当然，人们可以争辩说，公共 Wi-Fi 和移动媒体的增多，意味着人们对周围物理环境的参与度下降，因此，他们便不太可能接触到公共范围中形形色色的人。在对两个国家（美国和加拿大）的四个公共公园进行的观察和访谈研究中，汉普顿等人（Hampton et al.，2010）发现，Wi-Fi 用户的确会对周围环境的关注较少。他们埋头看手机，这也切断了他们和公园中其他人的联系。不过，当被问到这个问题时，28% 的人说他们在公园里和陌生人有过交流，除此之外，他们大部分也会通过 Wi-Fi 与其他人积极互动。

还有人抱怨说，如今人们过度迷恋屏幕，这与过去人们把更多的时间花在面对面交流上形成鲜明对比，至少在公共场合是如此。汉普顿等人（Hampton et al.，2014）设计了一项颇具野心的调查来研究这一问题。他们仿照社会学家威廉·怀特（William H. Whyte）在 1978—1979 年所做的研究，在 2008—2010 年于波士顿、纽约和费城拍摄了与怀特的研究相同的公共场所。研究发现，新时代的人们比历史上的同龄者们更不可能独处。他们还发现更多女性出现在公共场所中，带着异性同伴的也比以前多。尽管人们普遍认为，如今大家都在盯着自己的手机，不过，手机使用率最高的一个纽约公园中，这一比例也只有 9.68%，而平均水平还要低得多。除了大都会艺术博物馆台阶上的那些人以外，大多数使用手机的都是孤身一人。简单来讲，比起以前，人们更容易和别人一起出现在公众场合中，在孤身一人时只有小部分人会看手机。因此，我们很难从中得出结论说，人们正在从公共生活中抽身而出。

彼此相识的人会使用定位媒体（locative media）——也就是一些帮助人

们在空间中发现彼此的应用程序和功能插件。Dodgeball（Humphreys，2007）就是这样的一项早期应用，当然，它现在已经被 Foursquare/Swarm、Facebook places、Grindr 这样的网站取代（Cassidy，2013）。这类应用可以被用于遇到潜在的恋人或朋友（Cassidy，2013）。当然，它们有时也会被用在反社交行为中，例如避免撞到那些你认识的人（Humphreys，2010）。

在自然灾害、战争或社会动荡等危机时期，人们会创建“公众标签” 106
（hashtag publics）来共享信息，并提供和组织支持（Agarwal et al.，2014；Bruns & Burgess，2011；Potts，2014）。这些松散的人群通过 Twitter 上通用的主题标签被组织在一起，也会通过其他平台进行招募。蒙罗伊－埃尔南德斯等人（Monroy-Hernándezet al.，2013）分析了大量使用了与墨西哥毒品战争（narcowar）相关标签的推文，研究目的是考察这些推文在当地时间和地点方面的分布模式。他们还采访了一些冒着巨大潜在风险参与当地基层社区预警活动的居民。研究者认为，墨西哥政府和新闻媒体已经被毒贩吓得默不作声，当地社区只能依靠那些社交媒体上的志愿者们来分享实时的暴力信息。通过这一公民记者的案例可以看出，人们会创造性地使用社交媒体，以支持他们维护当地环境，并与彼此相连展开公民活动。同样，对哈萨克斯坦的汽车爱好者们来讲，进行明显的政治参与是有风险的，于是他们就在线上和线下用一种模糊了公民与政治之间界限的方式组织活动（Shklovski & Valtysson，2012）。

政治参与

墨西哥女性在 Twitter 上揭露街头犯罪，但政府和记者却对此缄口不提的案例，似乎足以证明，互联网的使用不会轻易取代真正的政治参与。尽管如此，评论家们（例如 Morozov，2009）仍旧警告，那些具有政治影响力的活动可能会为“懒汉行动主义”（slacktivism）所取代，也就是说，人们会使用一些无效的替代性行为，例如阅读政治博客、签署线上请愿书、发送电子邮件、分享链接，以及点赞，来取代真正有效的行动（Christensen，2011）。

正如我们在第二章中所看到的，在接受新媒体的过程中，人们经常会担心，相比面对面的交流而言，由技术作为中介的实践不但缺乏真实感，还存在诸多陷阱。一些证据表明，相比数字媒体的非使用者，使用者更有可能参与线下的政治活动。与非互联网用户相比，互联网用户也更有可能
107 参加政治活动、阅读报纸和杂志、参与电视节目中的竞选报道和采访，以及更为重要的——去投票（Boulianne，2009；Katz & Rice，2002）。坎贝尔和夸克（Campbell & Kwak，2011）发现，如果人们使用手机讨论问题、交换意见，他们便更有可能“参加政治集会或演讲、分发竞选者或有关社会议题的请愿书，并且联系公职人员或政党”。

2012年，一项针对美国人的调查（Brenner & Smith，2013）发现，66%的使用社交网站的成年人用它们来“参与有关政治或社会问题的一系列活动”，例如发布政治/社会相关的话题或鼓励他人投票。那些在线上做这些事的人，如同在线下做这类事的人一样，通常比不做这些事的人更加富裕，受教育程度也更高。这项调查还发现，那些在政治层面使用社交网站的人“也很有可能会参与到社交网站以外的政治和公民活动中”。调查还发现，在网上参与政治或社会讨论的美国成年人中，53%的人会经常通过电话、书信或面对面的方式，与他人谈论政治或者公共事务；63%的人会直接参与政治活动或团体；53%的人会用线下渠道就政治议题发表观点。在以上这些方面，使用社交媒体的美国成年人的表现要优于美国成年人整体水平。

这些趋势似乎具有国际上的普遍性，不过我们也很快发现了其复杂性。一项对于香港大学生的研究表明，学生花在Facebook上的时间与他们的政治参与并无相关性（Tang & Lee，2013），不过，使用Facebook的人会拥有更多元化的社交网络，与政治人物的联系更为直接，也会通过Facebook接触到更多政治信息，并且也更有可能参与政治活动。与之相仿，与使用Facebook进行自我表达的智利人相比，用Facebook阅读新闻和参与社交的智利人会更可能参与到政治抗议活动之中（Valenzuela et al.，2012）。

新媒体正在以许多新奇的方式引导人们参与政治进程，这一点在阿拉
108 伯之春和占领华尔街运动中尤其明显。作为信息渠道，互联网和移动媒体可以改变国内抗议的发展态势（例如Christensen，2011），在这方面它们和

中世纪的小酒馆并没有什么不同，人们同样会在那里收集信息并宣泄热情（Briggs & Burke，2009）。在网上共享的政治信息可以作为一面镜子——以一种新的方式或者作为一扇窗口，将国家形象反映给它的公民——潜移默化地让民众从国际视角出发来影响国内政治议程的设置（Bailard，2012）。正如拜拉德在坦桑尼亚进行的田野实验中发现的那样，互联网使用可以“通过扩大公民评价政府实际表现所参照的信息范围，来改变政治行为的成本效益计算”（Bailard，2012：341）。在该项研究中，与在选举期间或之后没有使用互联网的对照组相比，那些使用互联网的人更可能质疑选举的公平性。

信息发布也可以采用文化恶搞（culture jamming）的形式（Lievrouw，2011），也就是说，人们在传递社会信息的过程中，以一种幽默的方式将材料重组。辣椒喷雾警察（Pepper Spray Cop）这一迷因就是其中一个例子。人们拍了一张警察向抗议学生喷辣椒喷雾的照片，并叠加在无数其他场景中（Milner，2012）。这些照片用幽默的混搭方式表达了对学生的支持，以及在更大范围内，表达了对当时（包括占领华尔街运动中）美国抗议者的支持。

当信息通过线上渠道分享时，它可以提供许多不同的功能。它可以传播人们普遍的不满情绪、引起国际社会对国内境况的关注、扩大社会运动的号召力，以及帮助人与组织之间建立新的联系（Howard & Parks，2012；Lim，2012）。社交媒体的交流不一定会动员人们走上街头、要求改变。例如，当博主讨论国内报纸已经报道的话题时，网络互动就像一个安全阀，但当这些博主讨论主流媒体所忽略的话题时，互动就好比一个高压锅（Hassid，2012）。正如帕帕奇拉斯和奥利韦拉（Papacharissi & Oliveira，2012：280）所言，社交媒体“提供了一种释放情绪的方式，它能激发紧张气氛，同时也能消除紧张气氛……根据情境的不同，这种情感依恋创造出社区感， 109
这可能会反过来推动一项运动，以及/或者捕捉到那些陷入被动参与状态的用户们”。此外，正如社交媒体可以帮助那些对政府感到不满的个人或组织发现彼此、连接彼此，它也可以帮助政府发现并威胁这些人。例如，在阿塞拜疆，政府经常会利用社交媒体传播假信息、恐吓批评政府的人，并迫使他们保持沉默（Pearce & Kendzior，2012）。即使在人们真正走上街头的案例中，比如埃及塔利尔广场的抗议活动，互联网和移动媒体扮演的角色也与面对面交流和其他媒体交织在一起。涂菲克兹和威尔逊（Tufekci & Wilson，2012）在塔利尔广场采访了1 200人，其中一半人是通过面对面交流的方式听说了这次抗议活动，排在第二位的方式是Facebook。在抗议活动中，82%的抗议者使用手机进行有关抗议活动的交流，几乎每个拥有Facebook或Twitter账号的人都会用这些平台来报道抗议活动，其中四分之一的人还会使用Facebook来传播他们拍摄的照片和视频。

即便线上政治活动能让人们走上街头，也会有人担心通过新媒体进行的政治互动会导致观点走向极端，而不是促进不同观点的讨论。这种担忧背后隐藏着对于网络社区的批判——它是同质化的，会限制人们接触多元信息。格根（Gergen，2008）认为人们正越来越多地参与到“一元集群”（monadic cluster）中，这种小群体一方面会使得大家肯定彼此的观点，另一方面又会导致成员们远离政治行动。任何阅读观点对立的政治博客的人，都难免被来自平行世界的判断吓一大跳，原来在那里，同样的事件竟然会获得完全不同的、不可调和的意义。坎贝尔和夸克（Campbell & Kwak，2009）发现，当人们处于小型多样化的社交网络中时，一元集群效应会达到顶峰。当交流发生在观点不一的小型社交圈时，个体更倾向于选择退出政治讨论和政治参与，而不是冒险去破坏和平。

在最近的研究中，汉普顿与合作者已经表明，社交网站能够发展更加多样化的社交网络，而不会是更加同质化的（e. g. Hampton，2011；Hampton，
110 Lee，& Her，2011）。同样也有学者发现（Gil de Zúñiga & Valenzuela，2011），社交网络用户的社交关系更加多样化，由于与弱关系有更多的互动，这些用户更可能成为积极参与公共事务的公民。来自皮尤的数据（Rainie & Smith，2012）显示，近40%的Facebook用户已经意识到，他们的朋友在政治观点上同他们存在分歧，73%的用户仅仅偶尔或者甚至从未赞同过Facebook好友所表达的政治观点。

数字互动对公民参与和政治参与的影响非常复杂，很多问题至今仍待考察。新媒体常常被用来传播信息、连接人和群体、支持现有的行动者社区、动员新人参与、激励参与者更进一步的投入，以及塑造和煽动舆论。也许最重要的是，新媒体作为“技术和空间，扩展和维持了社会运动所依赖的网络”（Lim，2012：234）、“加强了对现有活动的参与”（Hampton et al.，2011：1045）。相较其他导致政治行动不作为的动机因素，互联网的效果其实并不大，且总体而言是积极的。新媒体远非漂浮的，而只是“混合复杂的社会意识体系”的一部分（Papacharissi & Oliveira，2012）。

> 新媒体作为“技术和空间，扩展和维持了社会运动所依赖的网络”“加强了对现有活动的参与”。相较其他导致政治行动不作为的动机因素，互联网的效果其实并不大，且总体而言是积极的。新媒体远非漂浮的，而只是“融合复杂的社会意识体系”的一部分。

结论

在本章结束之时，让我们再次回到本书前两章中所提到的关键概念和理论观点。新技术提供了许多可供性，并通过这些可供性带来社会改变。速度、交互性、可及性的结合可以让人们因为共同的利益而超越地理社区的界限聚集在一起。这些方式既可能为个体赋能，也同样可能导致群体极化的状况。在异步平台中，无论大家是否同时在线，它都能让人们联系到志同道合的他人，抑或获得支持。而像Twitter这样的同步或近似同步的平台，同时兼具广泛的可及性和可复制性，它能让草根阶层迅速聚集在一起。在一些线上群组中，社交线索的稀缺让人们更容易打开心门，进行高风险的自我披露，进而获得更多的社会支持。不过，这也可能会导致极化效应，因为人们也许没有那么大的压力去寻找和平的中间地带。即使人们在四处 111
游走，新媒体的移动性也有助于锁定用户的具体位置信息，从而支持当地的公民参与和社会运动。

技术决定论也许会预测，上述这些特征组合在一起，会开启一个新时代。在这个时代中，人们要么会用虚拟社区代替真实社区，要么会帮助人们更多地参与公民活动，实现更大程度的民主化。社会建构论则略有不同，它关注那些影响线上和线下社区的社会力量，其中包括参与者的社会身份、激发线上行为的不同动机，以及围绕如何在线上行事、哪些技能必不可少所发展出来的社会规范。社会形成论和驯化理论则会更贴近本章的思路——同时考虑技术和社会因素，这两个因素以一种不可预测的方式结合在一起，创造出尚无定论的实践和后果。现在看来，十分明确的一点是，新媒体并不会用虚假的模拟来削弱或替代真实的参与。在接下来的章节中，我们也将继续看到，通过中介进行的实践会和其他因素交织，而非彼此并置。

第五章 新关系，新自我？

网络身份是通过复杂的技术过程创建的，但有什么人能够接收信息，接收信息之后的反应，都在掌控之外，我们能做的只是管理信息而已。而在管理这些信息进而塑造自己的网络身份的过程中，人们似乎并没有如担忧的那样表现出与线下太过显著的反差。从某种程度上来说，线上和线下交往一样，如果你确实想要了解对方的真实面目，最需要的可能只是一点胆量。

112 汤姆是一个非常可爱和贴心的小伙。20世纪90年代中期，他选修了一门我的课程，主题是线上互动。在一篇论文中，他探讨了如果他以不同的方式在美国在线（America Online）上呈现自己，会发生什么。他在网上创造了一个极为符合公众刻板印象的性感女郎形象，并起名叫“大胸”（Busty）。登录几小时内，他就收到了几十条私信，邀请他到后台进行快速的虚拟性交。这是他第一次遭受性别歧视，尽管我们中的一些人也时常会经历这些事，但他当时却被吓得目瞪口呆。几个月后，他决定要给自己找个女朋友。朋友建议说，最好的方式就是登录美国在线，搜索这座城市中和他拥有相似兴趣爱好的女生，然后向她们发送私信。他听从了这一建议，并从自己扮演“大胸”的经历中吸取了教训（“要把女性当人”），很快便开始和一位住在附近但素未谋面的女孩聊了起来。聊天进行得非常顺利，几个小时后，女孩就给了他电话号码，让他打电话过去。汤姆马上拨通电话，和女孩聊了一个小时，然后女孩问他当天晚上要不要共进晚餐。赴约时女孩带了自己的朋友一块前往，以防他是个变态杀人狂，当然汤姆并不是，他俩之间的化学反应是不可否认的。那天晚上成为他们婚姻之路的起点。虽然这两位年轻人在网上相识的当天便见面了，但她的家人在参加汤姆的毕业典礼时，还是感叹道：“哇，原来你真是个研究生啊！”因为他们毕竟结缘于互联网，她的一些家人仍对他心存戒备。

汤姆的故事展现了互联网为人际关系带来的乌托邦潜力——我们可以结识新朋友，还能建立有益的人际关系——当然，很多人也有一种共同的
113 担忧，认为在网上认识的朋友不可信赖，甚至还可能是危险的。“大胸”可能就是汤姆，汤姆也有可能就是个骗子或杀人狂，这还可能是电影《鲶鱼》的一个片段。电报刚刚发展了没几年，电报局的操作员们就发现，他们本

来是为客户之间的沟通牵线搭桥的，但很多时候，这些操作员会利用职务之便和其他电报局的操作员在上班时间聊天。正如斯丹迪奇（Standage，1998）回溯的那样，这会导致新关系的形成，但这种新关系也会被其他人所质疑。在第二章中，我们看到，在整个电子通信的历史中，有些人为能跨越时空建立新关系而欢呼，而另一些人则认为，这些技术让本不应该建立关系的人彼此相识，还让这种苍白无力的关系取代了现实生活中的真实关系。有人认为互联网可能会帮我们弥合鸿沟，创建有意义的新联系，但更多的时候，批评者认为互联网会导致人们撒谎、伤害妇女和儿童，或者让人们与家庭和社区的联系变得疏远。

最初，不管是公众的想象，还是互联网学术研究，都聚焦于这样一个话题：在线上相识的陌生人如何发展这种新型关系。在本章和接下来的一章中，我们将讨论互联网人际关系的整个过程，其中包括关系的形成、发展、维持以及结束。本章首先聚焦线上相遇、自我呈现和印象形成的问题。讨论完人们如何以及为何在网上建立新关系后，我会转而谈谈有关身份的话题。我们将一同探究因为中介化沟通而引发的身份问题，尤其在身体不可见的情况下会发生什么。我们还将讨论人们在作为个体或社会群体成员时，如何在自我呈现的过程中使用不同线索，以及个体控制范围之外的力量又是如何塑造印象的。在这一章的结尾部分，我们会简单聊聊自我理解和行为是如何通过线上身份体验来改变的。

线上新型人际关系

由于是否身处同样的地理位置已经不再是人们初次见面的先决条件了，人们潜在的关系范围比历史上任何时刻都要广阔。很多情况下，人际关系 114
都在线上社区中自然而然地形成了，对此，我们在上一章已经有所讨论。在我研究的肥皂剧讨论群组 r. a. t. s. 里，人们在谈论肥皂剧情节的过程中，或者谈论其他引申话题的过程中，便发展出了友谊。参与者经常将该群组的成员描述为“一群亲密的朋友”（Baym，2000）。这在新闻组中是非常典型的。在 20 世纪 90 年代初期，帕克斯和弗洛伊德（Parks & Floyd，1996）在新闻组中抽取了 24 个讨论群组，然后通过电子邮件向每个群组中一些参与过讨论的网友发送了调查问卷。其中，60.7% 的受访者表示，他们通过该群组建立了某种个人关系。在对 MOO 参与者的后续调查中，帕克斯和罗伯茨（Parks & Roberts，1998）发现，很多受访者在 MOO 上建立了人际关系，因为没有建立关系的用户太少了，以至于根本没办法进行对比研究。

虽然人们主要使用社交网站来维持现有的关系（我们将在下一章中聊到这一点），但同时，人们也会用它来建立新的关系（例如 Tosun，2012）。海顿维特（Haythornthwaite，2002）创造了“潜在联结”（latent tie）这一术语，用来指代结构上可行但尚未被激活的潜在关系。Facebook 上朋友的朋友就是“潜在联结”的一个好例子。通过他人可见的好友列表（在某些情况下社交网站的架构会让一个人的好友列表对他人可见）或者网站会自动推送一些潜在联结，这样一来，这些潜在联结就有可能因此被转化为熟人关系（Ellison et al.，2007）。

人们也会通过约会网站来寻找新的爱人或者性伴侣。在数字媒体上，好友匹配并不是什么新鲜事。长期以来，报纸一直在为那些找对象的人刊登征婚广告，而在其他出版物中，则会刊登所谓的“玩伴”①。当媒体成为“婚姻市场中介”的时候，它们实则模糊了人际传播和大众传播的界限（Adelman & Ahuvia，1991）。浪漫主义主张，真爱源于不可预知的偶然命运，而社会交换理论恰恰与之相反，认为通过媒体寻找爱情似乎更像是一种商业交易而非命运，人们在其中被简化为非人性化的属性列表（Adelman & Ahuvia，1991）。对于使用这些网站的人而言，如果没有成功的线下约会，那么他们在网上费时费力创建个人资料的行为更像是在工作，而不是寻找浪漫（Cassidy，2013）。

115 线上约会遭遇污名化没多长时间，人们就开始将它视为一种正常现象

① 作者在这里隐晦地借指《花花公子》杂志中的“玩伴”（playmate）栏目，这个栏目通常出现在杂志中间的插页上，每期刊登一位女性模特的性感照片。——译者注

> 浪漫主义主张，真爱源于不可预知的偶然命运，而社会交换理论恰恰与之相反，认为通过媒体寻找爱情似乎更像是一种商业交易而非命运，人们在其中被简化为非人性化的属性列表。对于使用这些网站的人而言，如果没有成功的线下约会，那么他们在网上费时费力创建个人资料的行为更像是在工作，而不是在寻找浪漫。

了。一项对美国人进行的随机抽样调查（Smith & Dugan，2013）发现，在所有固定关系（committed relationships）和婚姻关系中，5%（其中的 11% 是在过去十年中开始的）是在网上相遇的。38% 的美国单身成年人使用过在线约会网站或手机交友软件。调查显示，超过 50% 的美国人认为网上约会是一种很好的交友方式，可以让人们找到更合适的伴侣。不过，那些在网上约会的人也有过一些不好的经历。目前，仍有五分之一的美国人认为网上约会是迫不得已之举，虽然这个比例比十年前已经降低了。

对于新关系的建立而言，互联网之所以吸引人，其中有很多原因。不论在何种媒体中，人们都有一种本能的动机，希望减少对他人的不确定性，并且与他人建立密切关系（Walther，1992）。沃尔瑟提出了社会信息处理（social information processing，SIP）模型来解释线上关系的发展。他在 1992 年和 1994 年的文章（Walther et al.，1994：465）中提出，因为人们需要减少不确定性，所以在网络语境中，他们“调整了自己的语言和文本行为，以适应于社会性披露（socially revealing）这种关系行为的请求与呈现”。交往持续的时间越长，参与者对持续互动的期望越高，这段关系就越真实（Walther et al.，1994）。当人们基于共同的兴趣在论坛中进行讨论时，根据物以类聚的相似性原理，可以使潜在的伙伴看起来更具吸引力。相似性以一种邻近性（propinquity）的形式在起作用（Baker，2008）。在网上的论坛和群组中，我们会遇到和自己志同道合的人，而不是只能遇到碰巧在同一个地理位置的人，这让我们能够建立很多在线下也许无法形成的关系。与此同时，在 Facebook 等社交网站中，新的关系通常是在现有社交圈之内形成的。互联网降低了沟通的社会风险。例如，我们在第四章中提到了麦克纳和巴奇（McKenna & Bargh，1998）对同性恋新闻组的研究。正如人们愿意将自己的秘密分享给飞机上邻座的陌生人一样，网络的匿名性使得一些人更愿意披露自我，这也能促进新关系的形成。

116 鉴于新媒体的这些优势，这的确是一个绝佳的机会，让人们可以想象一个自己完全被接纳的世界。但是上千年以来，当我们理解一段人际关系如何开始，以及它在我们的人际网络中占有何种位置时，共享同一个地理位置都是至关重要的。我们最有可能与那些和我们有机会互动的人建立关系，并且，如果没有传播技术的话，我们最有可能和在同一时间出现在同一地点的人产生关系。中介化交往用兴趣相投或其他因素代替了地理位置上的接近，这挑战了我们在人类大部分历史中对于关系形成的习以为常的认知。

中介化交往也挑战了对关系构建的理解，因为我们已经习惯通过非语言信息来评价和接近他人。我们常常根据他人的外貌快速做出判断，由此决定是否要和他们交谈。至少在恋爱关系中，人们可能最愿意追求与自身颜值水平相匹配的人，这种现象被称为“配对假说”（matching hypothesis）（Berscheid，Dion，Hatfield，& Walster，1971）。在网络语境中，我们可能并不了解交流对象真实的样貌，或者直到双方确立关系后，才会看到对方长什么样子。关系一旦开始，非语言线索在其发展过程中便显得格外重要。我们微笑、目光交汇、站得更近、身体接触、发出信号，随之加深联系（例如 Knapp，1983）。那么，在非语言信息缺失的情况下，我们又是如何形成关系的呢？这样做的后果又是什么呢？

我们在第三章中看到了一种答案：即便是纯文本的新媒体也提供了很多表达感情的方式。我们会使用表情符号来表达友善，也会使用标点符号和大写字母以强调感受，还会使用非正式语言，模仿聊天时的发音来拼写单词，以此营造一种谈话的氛围。绘文字让无数的文本、推文和字幕变得生动有趣，多媒体平台让我们可以分享视频、进行实时视频通话。我们还可以用语言来谈论我们的感受。社会情感交流也许更容易通过面对面来实现，但它在数字媒体中也同样常见和有效。沃尔瑟（Walster，1994）进行了一项有关社会信息处理（SIP）的实验，他让受试者在线上与一群从未谋面的人交流，一部分人被告知这是一次性的会面，另

中介化交往用兴趣相投或其他因素代替了地理位置上的接近，这挑战了我们在人类大部分历史中对于关系形成的习以为常的认知。

一部分人则被告知将来还会再次互动，结果后者明显更可能在交流中表达 117
亲近和情感，相似和深度，信任和冷静。

对于建立线上关系所引发的社会不安，还有另一个原因：那些在线下不可能建立关系的人在线上相遇了。这种线上关系可能会模糊群体之间的社会界限，从而挑战有关“适当性”的社会规范。人们在新媒体上更容易建立“纯粹关系”，这种关系并不承担某种维持社会秩序的效用，它自己本身便是回报（Clark，1998；Giddens，1993）。斯丹迪奇（Standage，1998）曾说，通过电报，人们建立了跨种族关系，还在未经父母同意或不顾父母反对的情况下建立了恋爱关系，这在当时看来都是令人震惊的。一个女孩为了逃避父亲为她安排的婚姻，甚至通过电报和意中人异地结婚。虽然她的父亲质疑这段婚姻的真实性，但它的合法性却得到了法院的支持。

在线上，异性之间的友谊也更加常见。在线下，这些关系通常被视为对社会秩序的威胁（例如 Rawlins，1992）。在文化定义中，这种男女之间的关系并不受到欢迎，在英语中被称为“只是朋友而已”（just friends）。帕克斯和罗伯茨（Parks & Roberts，1998）发现异性友谊在 MOO 中更加常见。在一项针对国际音乐社交网站 Last. fm 用户的调查中，我让人们随意描述一种线上友谊，发现人们提及异性友谊和同性友谊的频率相当，但相比线下来说，异性友谊在 Last. fm 中更为常见（Baym & Ledbetter，2009）。在一项对近 1 000 名以色列青少年的调查中，研究者也有同样的发现（Mesch & Talmud，2006）。

跨年龄的关系也在线上更为常见（Mesch & Talmud，2006），尽管我们在对 Last. fm 的研究中并没有发现这一点（Baym & Ledbetter，2009）。在线上角色扮演游戏中，同一公会的两个人，一个人已经四十多岁，另一个人还是青少年，他们也可能成为朋友；在音乐网站和群组中，有共同音乐品味的人可能在不知道对方年龄的情况下便开始联系彼此；影视迷们不管年纪相差多大，都可能因为节目被连接在一起。当跨越性别和年龄的朋友们
在网上进行互动时，他们不必像面对面的交流那样，承受他人（对一些人 118
来说，这也可能源于自己）的怀疑带来的压力。因此，比起线下来说，这

些关系在网上更容易被建立和维护。

身份

毫无疑问，人们在网上建立关系时，身份是最被关注的问题。当人们的身体不可见时，他们会撒谎吗？他们能被人所了解吗？他们可被信任吗？或者，一些人可能因此而获得解放吗？在西方文化中，人们常常认为“自我”是一系列可以通过传播揭示的基本真相，然而身份却总是社会性的，它们能通过交流产生、呈现和重塑。身份能将我们和其他人区别开来，因此是个人化的。个人身份指的便是将我们与他人区别开来的方方面面，其中包括价值观、性格、品味和个人经历。虽然这看起来是完全个人化的，但它是通过对他人的社会观察、比较，以及与他人的互动和对他人的反馈形成的。与此相对，社会身份指的是将我们定义为团体成员的方方面面，其中有一些并非是自愿的——我们的种族、性别、性取向、国籍等等，另一些则是我们主动选择的从属关系。

无实体的身份

许多学者指出，数字媒体（尤其是互联网）颠覆了许多文化所珍视的观念，比如每个身体中都包含一个自我（例如Stone，1995）。数字媒体似乎把自我和身体截然分开，造就了一种仅仅存在于行动和语言中的无实体身份（disembodied identities）。新媒体的可供性为探索和呈现自我以及他人提供了新的可能性。然而事实证明，除去一些明显的例外，在大多数时候，大多数人使用新媒体时的行为方式与他们的具身自我（embodied selves）非常一致。20世纪90年代初的许多学术报告都聚焦于多用户域和MOO，其中大部分内容与身份相关。观察研究表明，在这些环境中，即使人们能够将
119 自己呈现为怪物或有六块腹肌的猛男，大多数人并没有利用这种去实体性（disembodiment）来创造梦幻的或根本上具有欺骗性的自我（Curtis，1997）。很多人认为，人们会在网上用一种不那么夸张的方式欺骗他人、掩

盖动机或歪曲事实，以达到营造形象的目的。正如我们将在下文中看到的，欺骗的构成是非常复杂的，甚至当人们在网上撒谎时，欺骗也能以多种方式被呈现和调用。除此之外，在网络环境中，自我呈现也只是了解一个人的信息来源之一。

网上所展示的无实体身份可能是多重的。例如，在 Spotify 和 Last. fm 中，我是个时尚女孩，在公开宣称这一身份之前，我费了很大力气从南希·拜厄姆中跳脱出来。我在粉丝讨论版上谈论我最喜欢的乐队时，我使用了我的猫的名字，这并不是因为我不希望组员知道我的身份，而是我不希望人们在搜索一位学者的姓名时，跳出来的是一位时尚女孩。如果在网上搜索南希·拜厄姆，就能看到我个人网站上的学术简历，如果是在 Twitter 上搜索，我的个人介绍可能还会更加全面。这些都是关于我真实的那一部分，不过在网上，它们分散在不同的空间中。我的儿子就被教育者很好地社会化了，他认为在网上透露未成年人的身份以及可供识别的信息都太危险，于是他保留了几个年龄、居住地和姓名不一的在线身份（我最喜欢“黯淡的上弦月”这个名字所代表的身份）。

这种多样性在互联网上得到增强也并非新鲜事。莎士比亚曾经说过“世界是一个舞台”，他显然明白，所有社交场合都要求我们扮演适合互动者和互动语境的角色。戈夫曼（Goffman，1959）等身份研究者一直认为，自我在日常生活中扮演着多重角色，不能仅仅理解为单一的统一实体（unified entity）。如今的研究者们并不认为仅仅存在一个真实自我，也不认为自我的其他变体内在上都是错误的，而是将自我视为灵活、多样的存在，在不同的情况下有不同的化身。例如，有研究者（Finkenaueret al.，2002：28）认为身份代表了“自我的一个方面，它在特定的语境下可被接近和凸显，又会与环境相互作用”。特克尔（Turkle，1996：14）则用了窗口的比喻。想象一下一位互联网用户可能在同一时间打开多个电脑窗口。在其中一个窗口，他在角色扮演游戏中扮演术士；另一个窗口，他在和附近镇上 120
最好的朋友聊天；在第三个窗口，他正在做家庭作业；在第四个窗口，他在给父母写一封邮件；在第五个窗口，他在聊天室里扮演着女性角色。“在我们将自我想象为一个多样性、分布式的系统时，窗口就是一个绝佳的隐喻，”特克尔写道，“自我不仅在不同时间、不同环境中扮演不同角色，窗口化的生活实践意味着一种去中心化的自我身份，它存在于很多世界里，并且在同一时间扮演着多种角色。”正如一位特克尔的受访者所说，如今，具身自我也许“只是另一个窗口”。尽管如此，我们的确希望人们的身份具有某种程度的连贯性和内在一致性。毕竟，在不同情境下呈现的自我如果太过不同的话，可能会被视为是不真实的，还可能会对你的自我和人际关系造成潜在伤害，即便在精通数字媒介的年轻人中也是如此（Davis，2012）。

相比自我的多样性和灵活性，身体通常是固定的，于是它经常被视为了解个体的关键。身体同样能在很大程度上决定一个人的某种行为是否有效，并让人们对自身的行为负责（Stone，1995）。当行为不再依附于身体时，行为的真实性就变得不那么清晰了。这也就是为什么在 19 世纪，当两个人身处异地，通过电报举行婚礼时，要让法庭来裁决这场婚姻是否有效（Standage，1998）。想想我们说过的 20 世纪 90 年代的建议专栏，里面多次提到了“网络出轨”的案例，并认为这是互联网带来的最糟糕的后果之一。对于写信人而言，毫无疑问，这样的关系侵害了自己的婚姻，但这究竟是否是一种通奸行为，似乎又不是那么明确。法庭开始越来越慎重地审理那些因为与网友“文爱”而被指控“通奸”或“婚外情”的案件。如果这种事发生在我们的关系中，大部分人会觉得自己受到了背叛，但脱离身体的性行为还能被称为性行为吗？如果不曾有过身体的接触，那还能叫作通奸吗？网络上能对现实产生影响的行为绝不仅仅局限于性，当一个虚拟化身在线上角色扮演游戏中“盗窃”了一个数字物品时，该怎么算？这真的算盗窃吗？这个角色的扮演者是否会在真实的法庭上被追究责任［查尔斯·斯特罗斯（Charles Stross）2007 年的小说《停机状态》（*Halting State*）就提
121 出了这样一个问题，当局最初不愿意介入一起角色扮演类游戏中发生的银行盗窃案］？如果他们在 Facebook 状态更新或推文上发送威胁他人的内容，那该怎么办呢？这是否足以作为解雇或追究这个人刑事责任的证据？我们

显然尚未制定出明确的策略来处理线上角色的行为。这种行为究竟是由虚拟化身完成的，还是由真实的身体完成的，其中的差异很大。

无实体的受众

身份是为了特定的受众，在特定的情形之下被创建和调用的。人们在线上展示身份的时候是脱离身体的，同样，他们的受众也是如此。相比具身性接触而言，在中介化传播之中，人们对于他们的受众所知较少（Baym & boyd，2012）。如果你在给最好的朋友发私信，你很清楚地知道自己的受众是谁，但如果你有几百个 Facebook 好友或 Twitter 粉丝，那么就算大概知道哪些人能看到你的消息，你在编辑消息时也不可能考虑到每一个人。当人们建构线上信息时，他们需要依靠想象的受众（imagined audience），即“内心对交流对象的概念化”（Litt，2012：331）。我们对受众的想象既会受到结构性因素的影响（包括社会角色、社交语境、受众活动、网站特性和服务），也会受到个人能动性（individual agency）的影响（例如社交技能、动机和网络使用技巧）（Litt，2012）。想象的受众就像是将实际上很可能无穷无尽的对象捆绑在一起（Marwick & boyd，2010）。

我们并不总能知道自己的线上受众究竟是哪些人，这让我们对个人隐私产生了担忧。正如马威克和博伊德（Marwick & boyd，2014）所解释的那样，大部分对于隐私的理解并不适用于网络环境，因为我们将它理解为诸如是否该在网上分享个人信息之类的个体问题，然而，在网络环境中，真正的问题却在于对信息流动的控制。隐私并不等同于保密，它与控制信息的使用权，以及信息共享的语境的完整性有关（Nissenbaum，2010；Solove，2007）。虽然人们通常认为年轻人并不在意隐私问题，但事实上他们拥有很多在公开场合也能维护隐私的策略，其中一些还非常机智（Marwick & boyd，2014）。例如，马威克和博伊德采访的一位青少年表示，每当她关掉 122
窗口前，都会先停用自己的 Facebook 账号。另一位则表示，她会在阅读完自己主页的评论后把它们全部删掉，她给别人的留言也会在几天后主动删掉。有许多人还使用了双重账号——一个给朋友看，一个给家长看。有些

> 大部分对于隐私的理解并不适用于网络环境，因为我们将它理解为诸如是否该在网上分享个人信息之类的个体问题，然而，在网络环境中，真正的问题却在于对信息流动的控制。隐私并不等同于保密，它与控制信息的使用权，以及信息共享的语境的完整性有关。

人则用密码交流，马威克和博伊德（Marwick & boyd，2014）称之为“社交隐写术”（social stenography），比如引用一些父母读起来会感觉很欢乐的电影台词，而他们的朋友却能准确地识别出这是一种不高兴的表达。就像最后一个例子所讲，从青少年的角度来看，可怕的受众不是那些会带来潜在危险的陌生人，而是更为真实的父母。与成年人相反，大多数美国青少年会更改 Facebook 的隐私设置（Madden et al.，2013）。如果这一切听起来工作量很大，那是因为事实的确如此，不断想象和管理谁会看到什么信息，哪些是私人的、哪些可以公开，这都需要持续的努力（Marwick，2012）。

除此以外，想象中的受众和实际受众之间往往存在差距。互联网让我们很难估计自己在多大范围内进行了自我暴露（Solove，2007），因为信息是可被储存和复制的，所以它能够被传播给我们从未想象过的受众。因为信息通常是可被搜索的，所以人们可能在看到这条信息时，并不了解它是在何种语境下被创建的。一条在 Twitter 上发给粉丝看的信息，也许会被潜在的雇主看到。一个人在感情上遭到拒绝，写了一封伤感的情书，这封信却很可能成为一个国际笑话。当然，互联网上也不乏一些“安静的听众”（silent listeners）（Stutzman，Gross，& Acquisti，2012），比如拥有那些社交媒体的公司、那些从社交媒体购买个人信息的广告商，以及那些收集社交媒体使用者的联系人列表的第三方应用程序。也许大部分信息收集的活动都是良性的，但我们根本无法知道自己在线上分享的信息最终会被谁看到。

隐私的另一面是公开性（Baym & boyd，2012）。在网络上与未知的、无实体的受众进行交流，是一种建立公共形象的方式，通常为“个人品牌”（self-branding）而服务（Marwick，2012）。人们可能会像隐藏私人身份一样，在乎如何建立自己的公共身份。森夫特（Senft，2008）分析了那些通
123 过社交账号为自己建立受众群体的“微名人”（micro-celebrities），随着 YouTube、Twitter 和 Instagram 的流行，这一现象也愈加普遍。个人品牌往往

被认为与真实相对立。那些接受马威克和博伊德（Marwick & boyd，2010）采访的 Twitter 用户表示，他们写东西是为了自己，并且拒绝个人品牌和受众的这些说法。然而，真实本身也是一种营销策略（Banet-Weiser，2012；Baym，2013；Marwick，2013）。简而言之，公开本身并不总是一件坏事。它通常是适度的，在某些领域，也是非常必要的。

我们在网上呈现自我时，面对的受众是坍塌的（boyd & Heer，2006）。我采访的音乐家（Baym，2012）告诉我，他们在社交网站上的受众包括粉丝、朋友、同龄人、家人、管理他们职业生涯的人，以及仇恨者和跟踪者。马登等人发现（Maddenet al.，2013），青少年的 Facebook 好友包括在学校认识的人（98%），还包括大家庭中的成员（91%）、兄弟姐妹（76%）、父母（70%）、未曾见过的人（33%）、老师和教练（30%），以及名人、音乐家和运动员（30%）。利姆等人（Lim et al.，2012）采访了一些在法律上陷入麻烦的新加坡青少年，发现这些孩子的 Facebook 主页一方面要让他们与其他帮派成员有所差别，也要对自己帮派中的其他成员表现出适当的尊重，同时更要在那些司法系统工作人员的监视下低调行事。

通过一个账号来处理多种受众的同时，还要呈现出统一的形象和感觉，这是非常具有挑战性的（Baym，2012；Davis，2012；Marwick & boyd，2010）。隐私的确是问题，得体、效用和印象管理也是问题（Stutzman & Hartzog，2013）。一种可能的后果便是，取悦受众的努力可能“在其他人眼中被诠释为一种修饰、扭曲或欺诈”（DeAndrea & Walther，2011：806）。

身份线索

我们在线上自我呈现的能力——无论是真实的、幻想的还是营造的——都会被交流工具（或者说是一个平台提供的可供性）和我们的策略性形象管理技巧所限制和支持。在这一部分，我们将会考察与线上个体有关的信息来源。我们从自我呈现开始，审视人们如何构建个人和社会身份，并思 124

> 隐私的确是问题，得体、效用和印象管理也是问题。一种可能的后果便是，取悦受众的努力可能“在其他人眼中被诠释为一种修饰、扭曲或欺诈”。

考有关诚实的依据。接下来，我们会转向那些人们无法控制的信息源，例如其他人和平台本身。

自我呈现

不同类型的网站和媒体为人们构建身份提供了不同线索。一些早期的纯文本网站会提供各种稀奇古怪的方法，例如，Farside MUD 就是一个非常奇幻的环境，高级玩家可以通过购买“生殖器”，让他们的虚拟化身达到性成熟（Ito，1997）。在基于图像的角色扮演游戏中，身份通常是通过服装、武器和技能水平来表现的。我的儿子们在童年时期经常玩一款叫作“江湖”（Runescape）的角色扮演游戏，他们需要投入大量的时间、练就很高的技能，来积攒合适的衣服和武器，在游戏中建造拉风的住宅，以此来构建身份。在“第二人生”中，身份扮演的机会更是无穷无尽，只要你想得到，并能够通过编程语言来实现。当然，并非所有的数字环境都如此富有创意，但它们都为我们提供了自我呈现的不同选择。在邮件列表和网页公告板中，我们的签名档、我们选择的网名，甚至我们的域名都是身份的重要体现。

网名可能是最重要的身份信号。大多数电子邮件服务商、留言板、博客和社交网站都允许用户自由选择名字。Facebook 的创始人马克·扎克伯格（Mark Zuckerberg）一定没有读过戈夫曼，否则他就不会说，拥有多重身份反映了诚信的缺失（Kirkpatrick，2010），还要在他的平台上采取实名制。有研究分析了美国卡内基·梅隆大学 4 540 名学生的 Facebook 个人简介（Gross & Acquisti，2005），发现 89% 的用户名似乎是真实的，只有 8% 明显失实，还有 3% 疑似部分真实。然而，Facebook 并不擅长识别名字真实与否。“如果遵循这条规则，”巴伦（Baron，2008：82）开玩笑说，“那么卡尔·马克思
125 （Karl Marx）、安妮·博林（Anne Boleyn）① 和青蛙克米特（Kermit）② 都还

① 安妮·博林是英王亨利八世第二任王后，彭布罗克女侯爵。她原本为亨利八世王后凯瑟琳的侍从女官，但她与亨利八世在暗中偷情。为了与安妮结婚，亨利八世发动了宗教改革，永远地改变了英国的历史。——译者注

② 青蛙克米特是 20 世纪 70 年代美国情景木偶剧《芝麻街》中的主角之一。——译者注

活着。”Google 的社交网站 Google + 刚开始要求实名制，就迅速遭到了人们的抗议，人们因为不能使用自己的昵称而感到愤愤不平，或是因为在公共环境中使用真名而缺乏安全感。这场被称为“昵称战争”（nymwars）的冲突最终还是让 Google 收敛了不少。与此同时，韩国的 Cyworld 允许人们在确认身份后使用网名，并且“该网站的搜索功能可以验证其他用户的姓名、出生日期和性别”（Kim & Yun，2007）。在 Instagram、Tumblr 或 Last. fm 等其他网站上，真实姓名也并不常见，用户所选择的名字可以释放出许多不同的社交信息。

相较于面对面交流，在文本媒体中，书面语言的使用更容易给别人留下印象。虽然外表漂亮的人更容易成为聚会上的焦点，不过在网上，往往是那些善于交流、见解深刻、诙谐幽默、懂得如何用文字表达自己的人，更能引起别人的注意。有研究考察了堪萨斯州大学生 Facebook 个人主页中的幽默内容（Hall，Pennington & Leuders，2013），发现幽默是通过谈论人际关系、社会事件、流行文化、自嘲以及日常生活中的有趣瞬间来展现的。语言也是向别人介绍自己的主要工具。正如我们将在下一章中讨论的，在与陌生人相识并维持交往关系的过程中，自我呈现是必不可少的一部分。

大部分社交网站都会预先设定好一系列类别，帮助人们来建构身份。虽然这些类别各不相同，但大多数会为人口学信息留出位置，其中包括年龄、居住地和兴趣爱好。兰普、埃利森和斯坦菲尔德（Lampe，Ellison & Steinfeld，2017）利用自动数据收集技术，分析了他们工作的大学中，所有可以看到的 Facebook 用户的个人资料。他们发现，平均而言，用户资料的填写完成度为 59%。格罗斯和阿奎斯蒂（Gross &Acquisti，2005）发现，在他们工作的大学中，98. 5% 的 Facebook 用户填写了完整的出生日期。兴趣爱好是用来鼓励人们通过流行文化等信息构建自己身份的。早期的社交网站 Friendster 提供了五种兴趣类别（一般兴趣、音乐、电影、电视和书籍），这种分类也被应用在 MySpace、Facebook 和 Orkut 上（Liu，2007）。这种自 126
我分类始于约会网站（Fiore & Donath，2005），它们假设品味相投的人更容易和睦相处，所以也更可能喜结良缘。在 Last. fm 上，我们发现，相互关注的好友间更可能在音乐品味上具有相似性，不过，这种相似性并不能预测关系的深度（Baym & Ledbetter，2009）。品味列表也提供了一种区分自我、凸显个性的方式。刘（Liu，2007）考察了127 477份MySpace的档案，发现“大体来看，MySpace用户更希望将自己与朋友们区别开来，而不是趋同于朋友们的品味”。不过，帕克斯（Parks，2011）却指出，Myspace的大多数用户都不怎么关注别人的个人资料，这提醒我们品味差异——至少在Facebook以外——可能只是一种边缘化的实践。

与我们自身相关的图像，例如我们上传的头像和照片，也都是重要的身份线索。Facebook头像通常都是本人照片，但它会随着生活境遇的变化而变化，比如前边提到的出国读书的坦桑尼亚大学生，她的情况就是如此（Uimonen，2013）。在一项考察青少年网上聊天的研究中，凯佩扎克和赫林（Kapedzic & Herring，2011）发现，女孩的头像更倾向于选择撩人的姿势、目光和服饰，而男孩头像的姿态则各种各样，而且与观看者的距离更远。我曾询问Last. fm的用户们，他们如何选择关注对象？很多人告诉我，往往仅凭借这个人的头像，他们就能做出决定（Baym & Ledbetter，2009）。

因为自我呈现被媒体所提供的线索制约，所以人们操控线索的技术能力尤为重要。以一个网站为例，我们需要知道如何将空白的页面变为有意义的东西，这样一来，语言能力、拼写知识就很重要，当然，代码和网页设计的辅助也不容小觑。有研究者（Papacharissi，2002）对四个不同网站的1 000份个人主页进行内容分析，发现很多人试图展示自己的技术能力。
127 Facebook的标准化个人资料模板减少了这种需求（这也是它取得成功的另一个因素），不过尽管如此，人们仍然会通过设计主页来展现自己的技术能力，并以此作为一种身份建构的方式。举个例子，当Facebook推出主页背景图（profile header photo）时，一些人很快就想出了如何用一种艺术的方式，把他们的个人资料和背景图整合在一起。

本章开头便提到，人们在网上害怕诚实会给他们带来麻烦，于是，借助匿名性和网站工具，他们就可以操纵自我呈现，也就是说，人们会撒谎。通常，当人们提到欺骗时，一般是指通过说假话试图让别人相信那些不真实的事情。但总体而言，研究结果并不能证明贫媒体会导致人们撒谎。在 r. a. t. s. 中，群组规范便鼓励真实的自我呈现（Baym，2000）。在我长达三年的观察中，虽然人们在自我介绍时会进行一些边边角角的修饰，但只有一个人明显在撒谎，他坚称自己是某部虚构肥皂剧中菲比阿姨的侄子。使用网名的新用户经常被要求分享他们的真实姓名和一些关于自己的真实情况，这样老用户就可以更好地了解他们。通过对聊天室用户的小规模深度访谈，研究者（Henderson & Gilding，2004）发现，受访者更会关注用户线上和线下形象的一致性，而非差异性。他们认为大部分人的自我披露是诚实的。

无论是匿名的还是可识别的，人们似乎都会在线上表现得更诚实。社交线索的减少让撒谎变得更加容易，不过，分隔的空间、错位的时差和稀疏的线索同样也消除了社交压力，让说谎看起来并没有什么必要。在互联网中，我们不会被他人发现，还可以随时下线和更改网名，这意味着我们即便出错了，也不必承担什么后果。如果我们在网上互动的对象并不认识我们身边的朋友，而且我们用的还是假名，那么，我们在网上说的话就不会流传到现实生活中（McKenna et al.，2002）。匿名网站带来的安全感对诚实的自我呈现也许非常重要，然而对于那些恐惧社交、心理孤僻，或者身份遭受污名化的人来说，匿名性同样很重要。麦克纳和他的合作者们（McKenna et al.，2002）对 20 个新闻组群进行了问卷调查，发现那些社交焦虑或者孤僻的人更倾向于认为自己可以在网上表达真实自我，这些人也更会 *128*
在线上建立人际关系，还会将这种关系延伸到其他媒体和线下的见面中。托松（Tosun，2012）对土耳其本科生的研究发现，学生们在互联网上表达“真实自我”的欲望越高，就越有可能通过 Facebook 建立新的关系。即便与那些现实中的熟人交流，当一个人可以写出自己的想法，又不必立即面对对方时，也会更加诚实。有研究发现，相较于面对面的交流，美国人会在电子邮件中对自己的爱人更加坦诚（Rainie，Lenhart，Fox，Spooner，& Horrigan，2000）。

认为人们在网上不会撒谎，就如同认为每个人在线下都会保持诚实一样，都是非常天真的想法。不过，除了那些被广泛报道的罕见案例之外，大部分网上的谎言都只是无关紧要的营造策略，而非恶意的虚伪。社交网站中的自我呈现是“选择性的、谨慎经营的，但并非是虚假的”（Gentile, Twenge, Freeman, & Campbell, 2012：1929）。我们将会在下一部分中看到，这其中的部分原因，是当人们表现得太虚假时，会被其他人揪出来指责（Cover, 2012；Hall & Pennington, 2012）。在社交网站的个人资料和主页中，为了创造一个自认为有吸引力的公众形象，人们可能会声称自己喜欢那些实际上并不喜欢的东西，或者故意隐藏那些自己钟爱却有些令人尴尬的东西（Liu, Maes, & Davenport, 2006）。在 Last. fm 上，当他们收听的艺术家的作品风格和自己想要展现的形象不一致时，用户通常都会隐藏自己的收听历史和正在收听的音乐。当他们不在电脑前时，还会循环播放那些很酷的艺术家的作品，假装欣赏他们实际上并不喜欢的音乐。

在一项针对网络关系发展的研究中，惠蒂和加文（Whitty & Gavin, 2001）培训自己的学生，让他们对那些经常使用互联网的人进行访谈。他们收集到的60份访谈记录表明，人们有充分的理由担心诚实问题。男人和女人之间也有不同的撒谎理由，女人通常是出于安全考虑，男人则不是。不过，被访者普遍认为，网络匿名性让他们能够更加诚实地吐露内心。惠蒂和加文得出这样的结论：“在传统关系中非常重要的理念，例如信任、诚实和承诺，在网络上也同样重要。”（2001：630）

129 埃利森等人（Ellisonet al. , 2006）访谈了大型在线约会网站的用户。他们发现人们总体来说比较诚实，但许多人会夸大一些具有社交吸引力的品质，比如声称自己更瘦、更高，或者自己不会吸烟，还有一些人在网上放自己几年前的照片。托马和汉考克（Toma & Hancock, 2010）访谈了来自四个不同约会网站的80位用户，发现外表上不占优势的约会者更倾向上传自我美化的照片，在使用言语描述自己时，也往往会多撒一些谎。不过，在约会网站上创建个人资料的用户都明白，他们一方面必须保证信誉，但同时又要让自己看起来足够有吸引力，从而引起别人的兴趣。于是，他们就需要在这两者之间达到平衡（Ellison et al. , 2006）。

有时候，当人们撒谎时，他们展现的是一种理想自我（ideal self），而不是虚构自我。正如一位博主（2birds1blog，2008）在为自己的社交网站主页选择头像时所说的：

> 作为一个女孩，我在选择 Facebook 头像时，的确会挑选那些非常漂亮，甚至和我本人不太一样的照片。这很自恋，但你不能否认你也在做同样的事情。我不会撒谎，有时候当我准备出门时，我会看看自己当晚的打扮是不是值得发个 Facebook，在其他时候，我甚至会因为能拍出一张好看的 Facebook 照片而参加活动。总而言之，女生用 Facebook 照片来展示“哦我的天！我竟然这么辣！”是完全可以接受的。

当人们在约会网站上撒谎时（比如说自己非常苗条或者不会吸烟），他们是真的相信自己在与对方见面时，可以成功减肥或戒烟（Ellison et al.，2006）。由于约会网站的设计针对的是未来而非当前的交往，所以约会者认为他们拥有一张“谎言许可证”，从初次在线上相遇到最终在线下约会的这段时间内，他们可以实现个人资料中所展示的自我（Ellison，Hancock，& Toma，2012）。个人资料可能代表的是一种承诺，而不是对现状的精确描述。人们对自我的认知也是有限的，我们认为自己是这个样子的，但别人却不一定这么看。埃利森等人（Ellison et al.，2006）把这一现象称为“雾化镜子”（foggy mirror）。人们也可能认识到自己有多重自我，并且辩称，所谓失实的陈述，不过是他们真实自我的另一个方面而已（Ellison et al.，2011）。除此之外，人们还可能因为听到了太多人讲网友见面是多么危险的事情，所以不得不通过谎言来保护自己，这就让情况更加复杂，惠蒂和加 130
文（Whitty & Gavin，2001）发现，女性可能会因此谎报自己的居住地，或者像我儿子那样，使用假身份上网。长辈经常警告未成年人不要在网上透露自己的真实姓名、电话号码、家庭住址，或者其他任何可被识别的信息，这本质上也是在教他们撒谎。博伊德等人（boyd et al.，2011）对美国 10～14 岁儿童的父母进行了随机抽样调查，他们发现，如果

> 由于约会网站的设计针对的是未来而非当前的交往，所以约会者认为他们拥有一张“谎言许可证”，从初次在线上相遇到最终在线下约会的这段时间内，他们可以实现个人资料中所展示的自我。个人资料可能代表的是一种承诺，而不是对现状的精确描述。

一个孩子在13岁之前便开始使用Facebook，那么其中2/3的账号都是在家长的帮助下创建的。这些家长知道自己违反了他们眼中非常愚蠢的Facebook服务条款，但却不知道，自己同时也违反了美国联邦法律。①

我们除了会向他人“给予”（give）自己个人身份和社会身份的线索外，还会不经意地“流露”（give off）一些线索（Goffman，1959）。我们的行为方式比消息内容本身更有信息量。在我写这段话的时候，我的Twitter新增了一个粉丝，他在自我介绍中说，他可以在90天内为我增加1.6万个Twitter粉丝但他只有四个粉丝。即使我想获得尽可能多的粉丝，我也必须更多依靠流露的信息，而非给予的信息。在线索稀疏的情况下，流露的线索包含更多的信息量（Ellison et al.，2006）。因此，比如说，糟糕的拼写在早期面对面接触中无伤大雅，但在文本媒体中则是一个特别重要的身份标记。埃利森等人（Ellison，Hancock，& Toma，2012）发现，在约会网站上伪装自我的人往往会流露出具有语言欺骗性的线索，比如更多的否认和更少的自我参照（self-references），但人们并不会使用这些线索来判断可信度。流露的线索对我们自己也是有效的：布兰德等人（Brand et al.，2012）发现，那些头像照片更具魅力的约会者，会在自我描述中使用更为自信的文字，这种做法也能提升他们的吸引力。甚至那些没有看到照片的人，也会单纯被文字所感染。

到目前为止，我一直在讨论个人身份的社交线索。我们还会在网上呈
131 现自己的社会身份。每个人的身份都与其他人交织在一起。我们凭借与他人之间的联系来构建呈现自我，无论是在社交网站中主动建立关系，还是被动接受关系（Cover，2012），抑或是在网站、博客、签名档等地方使用友情链接，来显示我们是谁，以及我们与谁有联系。这些链接是我们进行自我呈现的一部分，这些链接的用户做了什么，给别人留下什么印象，同样也会影响我们在他人眼中的形象。在一项对用户个人主页的分析中，温和卡茨（Wynn & Katz，1998）发现，人们在建构自己的主页时，会使用自我

① Facebook限定注册用户的年龄不得小于13岁，这样做的原因，实际上是源于美国1998年出台的《儿童线上隐私保护法案》（Children's Online Privacy Protection Act）。——译者注

描述、默认受众（implied audiences）、与其他人或其他组织的链接等方式，这让他们的身份信息包含了丰富的线下群体语境。

和个人身份一样，不同平台也为用户提供了不同线索，帮他们构建共享性的社会身份和文化身份。在不同平台上，用户是否会构建种族身份，以及如何去构建种族身份，都会有很大差异。伯恩（Byrne，2007）在对 BlackPlanet. com 的分析报告中指出，直到 2005 年，供用户挑选的种族身份只包括黑人、亚裔、拉丁裔、印第安人和白人。和中村一样（Nakamura，2002），伯恩也认为这种“强迫使用者接受主流种族观念”的做法，极大地压缩了跨文化多样性或种族内身份（intraracial identities）的空间。其他像 MySpace、Last. fm 或 Facebook 等社交网站，则没有提供这样的种族分类。同样，Twitter 官方也没有为用户提供任何建构种族身份的方式，不过，正如我们在第三章中看到的，人们通过使用标签和语言风格做到了这一点（Brock，2012；Florini，2013）。

和种族一样，国籍也是一种敏感的身份类别。我们在第三章中看到，不同国家在互联网中被呈现的程度差别巨大，其中英语国家出现的概率和他们的人口比例很不相称。社交媒体平台为不同文化架起一座桥，不过人们很可能会通过明示自己的国籍，把自己和他人区分开来。米勒和斯莱特（Miller & Slater，2000）对特立尼达人的网络使用情况进行了访谈研究，受访的特立尼达人经常会对其他国家的网友从来没有听说过自己的国家十分惊讶。作为一种应对方式，他们在线上呈现自己的身份时，便会试图代表特立尼达，这表现了一种民族主义自我（nationalistic selves）。正如我们在第三章中所讨论的那样，他们会在自己的主页中贴上特立尼达的官方链接，还会在网络交往中复制特立尼达口语社区（speech community）中的规范。同样，坦桑尼亚学生也会使用坦桑尼亚主题的 Facebook 头像，尤其是那些 132
在国外留学的坦桑尼亚人（Uimonen，2013）。

网站文化与国籍身份息息相关，但不同平台是否会强调国籍，以及如何强调国籍，则有很大差异。曾有一段时间，如果用户从下拉菜单中选择了自己的国籍，那么 Last. fm 就会在用户主页上显示这一信息。这种设置让当人们能够使用个性化的线索时，参与者就更可能将自己与他人区分开来。不过，在匿名状态下，参与者更有可能持有刻板印象，也更愿意遵守团体规范。

一些苏格兰人感到困扰，因为他们中的一些人认为自己并不是大不列颠及北爱尔兰联合王国的公民，而是苏格兰公民，菜单中却没有苏格兰这个选项。谷歌旗下的社交媒体 Orkut 应该是最突出的例子（Fragoso，2006），它于2004年在美国推出，人们只有在现有用户的邀请下才能加入。在极短的时间之内，巴西用户的数量超过了其他所有国家的，通常的解释是，这是因为巴西人天生喜欢社交而且性格外向，不过这一解释显然是不充分的（Fragoso，2006）。Orkut 的用户开始用国籍来构建他们的身份，这就引发了激烈的冲突，其中最常见的便是语言战争，比如，说葡萄牙语的用户会入侵一些英语的讨论组，试图把这些讨论组变成自己的“殖民地”。

种族、国籍以及其他社会身份可以通过一些线索流露出来，例如个人资料中的品味选择，或是一个人展示出的兴趣爱好。我们的词汇选择可能会暴露国籍或年龄，例如，当有人在 Twitter 上使用“bollocks”（胡说）这样的词语时，我们就知道他来自英国。品味和兴趣是由社会经济因素塑造的，其中包括收入、阶级、教育、年龄，以及居住地的环境（Bourdieu，1984；Liu，2007）。数字身份线索“在以信息为基础的社会中，是社会地位的信号”（Donath，2007）。

去个性化效应的社会认同理论（Social Identity Theory of Deindividuation Effects，简称 SIDE 模型）试图解释在什么样的情况下，在线用户会更喜欢表现出他们的个人身份或社会身份。该理论认为，这类倾向会受到可供性，例如匿名性、与社会语境的互动和自我的社会理解（social understanding of the self）的影响（例如 Spears & Lea，1992）。在一系列的实验中，李、斯皮尔斯与他们的合作者（例如 Lea & Spears，1991）对网络群体中用户的互相联系程度进行控制，他们通过给参与者提供不等量的信息，在匿名性、个性化和社会身份唤起方面对被试者加以区分。研究发现，当人们能够使
133 用个性化的线索时，参与者就更可能将自己与他人区分开来。不过，在匿名状态下，参与者更有可能持有刻板印象，也更愿意遵守团体规范，换句

话讲，就是更愿意体验更多的“我们”而不是“我”。这种刻板印象还会延伸到自我认知和行为中（Postmes & Baym，2005）。举个例子，相比个性化的社会线索，堪萨斯州大学运动队（绰号松鸦鹰）的粉丝在网络论坛中更多展示的是“松鸦鹰”这一群体身份。这样一来，他们就更可能用脏话攻击他们的对手密苏里大学运动队（绰号老虎），以及那些“老虎”的拥趸们。不过，如果这两拨人加入的是一个强调个性化身份的群体，或者是一个强调中西部大学生集体社会身份的群体，那么，他们就不太可能使用“松鸦鹰”或“老虎”来呈现自己，这两拨人因此也可能会融洽相处。

他人的影响

我们所提供的线索远远不是在网上关于自己的唯一信息。其他人也可能发布有关我们的信息，在照片里标注我们，加上友情链接，还会讨论我们，等等。不管愿不愿意，这些有关我们身份的不可控的信息都可能会被其他人看到。相比我们对自己的美化来说，由他人发布的内容会显得更加客观，因此，这些内容也会让他人对一个人的形象产生不一致的认知（Walther et al.，2008）。

我们在社交网站上的好友会影响我们的身份。由于大多数社交网站会显示好友列表，至少对一些人而言，这些列表是可见的，在许多社交网站里，当需要对方接受才能成为好友时，一个人拥有的好友数量可能会成为一种地位的象征，也可能是一种负担（boyd，2006；Fono & Raynes-Goldie，2006）。多纳特和博伊德（Donath & boyd，2004：72）最早注意到，一个人在社交网站上展示自己的好友列表，可能会给他的名誉带来潜在的危险，因为“一个人的好友列表也可以给想要了解他的观看者提供信息，例如社会地位、政治信仰、音乐品味等等。这些信息都能从一个人的好友中推测出来”。

在社交网站上，好友的姓名、言语甚至外貌都能够影响他人对我们的印象。沃尔瑟等人（Walther et al.，2008）创建了一些虚构的 Facebook 账 134
号，这些账号唯一的区别，就是他们的好友具有不同程度的吸引力。沃尔瑟等人招募了一些参与者，让他们评价一下这些账号。结果发现，同样的账号，仅仅因为一些账号的好友长得好看，就会得到参与者更高的评价。安特尼和斯考滕（Antheunis & Schouten，2011）对荷兰高中生进行了研究，同样发现，如果好友更有魅力的话，本人也会更加招人喜爱。乌茨（Utz，2010）发现，在社交网站上，如果一个用户的好友们使用了外向的头像，那么，这位用户也会被认为比较合群。

一个人在社交网站中的好友，也可以通过“墙”（wall）或者“留言板”（shoutbox）来影响这个人的形象（Walther et al.，2008），比如在照片中标记名字，以及在发言下方添加评论。科弗（Cover，2012）认为，在社交网站中，一个人的自我呈现会被好友们监视，当他们看到这个人的行为与身份不相符时，就会发表意见。

当然，好友不是唯一有权塑造一个人在线形象和身份的人。互联网为没有成为好友的陌生人提供了很多交流途径，而且，这些交流的内容有时是能被搜到的。丹尼尔·索洛夫（Daniel Solove）（2007）就曾经深入研究过线上名誉问题。他解释说，名誉是我们最珍爱的财产之一，但它却是由其他人赋予的。流言蜚语和羞辱都是社会用来保持一个人行为正常的机制，可以用于建立或摧毁一个人的信誉，从这一角度来看，它们还承载着有效的社会功能。不过，由于任何人都可以在网上创建信息，这些信息也都可能被储存、复制和广泛传播，因此互联网改变了流言蜚语的性质和影响，让它变得更加持久、广泛，而观看者的辨识能力也同时降低了。不管是从种类还是程度来讲，网上的羞辱和伤害都已经上升到了新的层级，违反社会规则者受到的羞辱，可能和他们的过失完全不成比例。网络世界并没有正当的处理程序，更糟糕的是，那些自封的道德审判者可能非常刻薄甚至犯错误，也可能变成维护社会秩序的暴徒。除此之外，他们还可能满嘴谎话、四处散布流言，出于自身利益来羞辱他人、扭曲事实而非还原真相。我们越来越难从过去犯下的错误中翻篇，无论它是不是别人编造的谎言。线上名誉变得如此重要，以至于互联网企业已经纷纷开始进行相关的评估和清理。2004年，欧洲通过了一项“被遗忘权”（Right to be Forgotten）法
135 案，迫使Google应要求清除一些链接，例如，如果一个罪犯已经服刑完毕，

那么，当年有关他的媒体报道就不应该继续出现在Google上了。不过，这种技术解决方案就像打地鼠游戏一样，发现一起、清除一起，似乎注定是要失败的。

人们总希望可以在尽可能少的线索中获取尽可能多的信息。在中介化环境中，有太多空白需要填补，于是，人们就会从他人提供的微小线索中获取更多的信息。这与面对面交流截然不同。

一个人的线上身份不仅仅取决于观看者能找到哪些信息，也取决于观察者如何解读这些信息。在大多数线上交往中，他人能够用于解读我们的线索都是非常有限的，通常也不会按照我们最初设计的意图来进行精心解读。社会心理学家将这种现象称为“认知吝啬者”（cognitive miser），也就是说，人们总是希望可以在尽可能少的线索中获取尽可能多的信息。在中介化环境中，有太多空白需要填补，于是，人们就会从他人提供的微小线索中获取更多的信息。这与面对面交流截然不同（Ellison et al.，2006）。

一些研究已经开始探索，人们通过社交网站账号来推测他人性格这件事，到底会有多准确。正如我们所看到的，青少年的父母可能不知道如何理解自己孩子的社交速记信息（social stenographic messages）。霍尔等人（Hall，Pennington & Leuders，2013）使用斯通（Stone，1995）提出的“担保”（warranting）概念，提出了理解在线身份线索的三种方式——线索是否能够被操纵？它是否有用，是否能被用于了解他人？最重要的是，它是否可以精准传达人们试图表达的信息？他们将最后一种线索称为“诊断性担保”（diagnostic warrant）。例如，我们如何看待一个人的好友数量？这是一个能被操纵的线索，也被认为是有用且实用的，不过它事实上告诉了我们关于这个人的什么信息呢？李等人（Lee et al.，2012）发现，Facebook上好友数量与外向性（extraversion）和好感寻求倾向（affinity seeking）[1]有关。不过，如果一个人自尊心较弱且自我意识较强的话，就很可能会进行“补偿性交友”（compensatory friending），这意味着他们也能拥有很多好友。

---

① 好感寻求倾向是一个心理学概念，指的是个体通过积极参与社会传播过程，试图获得他人好感的倾向。具体参见 Bell R A，Daly J A. The affinity-seeking function of communication. Communication Monographs，1984，51：91－115.——译者注

除此之外，人们还会使用不同的线索来评估不同的品质。例如，对社交取向和外向性的判断，更有可能要依赖照片而不是文本（Van der Heide，D'Angelo & Shumaker，2012）。

霍尔和他的同事们（Hall，Pennington & Leuders，2013）对 Facebook 账号进行了"透镜模型"（lens model）分析，首先，研究者让这些账号的使用者填写了一系列心理学量表，以衡量他们的性格特征。然后，研究者对这些账号进行内容分析，为这些性格特征寻找证据。接下来，研究者再招募一些陌生人，让他们来评判这些账号，继续为这些性格特征寻找证据。
136 最后，他们对这三项结果进行比较，找出了53种人们用于建立印象的线索。人们越多使用诊断性担保，他们形成的印象也就越准确。

其中，一个人是不是幽默、容不容易接触，都可以被轻易识别；一个人是不是外向可以被识别；责任心可被识别但没有那么明显；不过，一个人是否神经质（neuroticism），则无法得到准确判断。与之前的理论预测相反，大部分被认为具有"担保"价值的线索是由账号使用者自己创造的，而不是由他人创造的（Hall，Pennington & Leuders，2013）。① 这表明，人们使用的线索也许并不是最具诊断性的，同时，有些人可能会比其他人更善于运用线索。正如霍尔和彭宁顿（Hall & Pennington，2012）所言，的确有些人会更善于在网上对他人建立精准的印象。

平台的影响

在本部分，我们将更仔细地考察平台是如何通过设计和规范来影响身份的。有研究证明，技术设计和技术可供性可以影响欺骗行为。汉考克等人（Hancock，Thom-Santelli & Ritchie，2004）邀请学生们连续七天记录下自己每一次试图误导别人的尝试，发现平均而言一个人一天要说6.11条谎

---

① 运用担保理论进行的研究经常会比较自我生成信息（self-generated information）和他人生成信息（other-generated information）的价值。研究者通常有这样一种预设，即自我生成的线索可信度较低，因为它们不能被离线信息所证实。但霍尔等人通过进一步调查发现，大多数具有"担保"价值的线索是自我生成的。因为观察者在对某人形成印象时，会更注重其自我生成的内容。只有当他们对这些内容产生怀疑时，他人生成的信息才能显示更大的"担保"价值。——译者注

言。电话里的欺骗率最高，其次是面对面交流，在邮件沟通中最为诚实。研究者猜想，这可能是因为人们觉得在使用既不能储存又不可复制的同步媒体时，撒谎最不容易被发现。

通过决定谁在默认情况下可以看到哪些信息，平台可以影响自我呈现。我们可以想想看，Facebook 从创始以来经历了哪些设计上的改变。曾经它只包括相互连接的个人账号，这些年来，它增加了信息流（newsfeed）功能，将“关于我”（about me）的窗口替换为可以增加兴趣爱好的具体栏目，增加了共享他人帖子的功能，开发了相关应用程序，让用户调取自己在其他网站上信息（比方说，你在 Spotify 听了什么歌曲，或者你做的最新测试，说你最像电影中的哪个角色），提供了能够追踪其他人签到场所和在照片中标记他人的功能，还创造了时间线（Timelines）。基于格罗斯和阿奎斯蒂（Gross & Acquisti，2005）的研究，斯塔茨曼等人（Stutzman，Gross & Acquisti，2012）追溯了 2005 年至 2011 年间 Facebook 隐私政策和平台架构的 137
变化，以及来自卡内基·梅隆大学的同一群使用者与隐私相关的行为。他们发现，虽然人们越来越多地加强自己的隐私设置，但系统结构的变化（例如，品味偏好曾只是个人简介的一部分，现在被转移到了公开分享的页面，供人们点赞）让这些人公开的信息实际上更多了。

2011 年，Facebook 推出了时间线功能，那些曾只是在某一时刻为好友创建、与好友分享的信息，可以被每个有访问权限的人轻易搜索到。这样一来，那些几年前贴到 Facebook 上的消息，新加的好友也可以轻易看到。自我的公开归档让我们的变化、断裂和脱节变得轻松可见（Cover，2012）。“Facebook 总是用不可预见的方式公开信息”（Cassidy，2013：177），这给寻求管理自我身份的人带来了严峻的挑战。因此，尽管 Facebook 似乎拥有高度细化的隐私控制措施，但它把信息展示给了不可预见的他人，这依然会给隐私带来极大风险。

平台还会通过推动规范，以及规范形成后的一系列后果（我们在第四章中已经聊过）来影响身份。奥托尼及其合作者（Ottoni et al.，2014）研究了 2.3 万名用 Twitter 账号注册 Pinterest 的用户，并比较了他们在 Pinterest

和 Twitter 上的语言风格。大部分人在不同网站中都会使用类似的语言，同一个网站内的用户所使用的语言也非常相似，这说明网站已经形成了某些规范。当然，一些用户确实在两个网站使用不同的语言，但他们使用的语言也依然符合各自平台的语言规范。

在真实性和个人品牌方面，Twitter 已经形成规范（Baym，2013；Marwick & boyd，2010）。通过构建和强调流行指标，比如粉丝数和转发数（Baym，2013；Marwick，2013），Twitter“在创业、自我推销和自我编辑的艺术方面给想要出名的人”提供了指导（Marwick，2013）。约会网站也有影响人们自我呈现的规范。埃利森等人（Ellison，Hancock & Toma，2012）发现，用户们都认为，其他用户也会美化自己的个人资料，他们会用这个理由为自己的说谎和修饰进行辩解。约会网站的算法过滤器也会导致人们
138 的失实陈述。埃利森等人（Ellison et al，2006）发现，人们之所以在约会网站上谎报自己的年龄，其中一个原因便是防止别人在搜索约会对象时，因为受到系统预先设置的年龄段的影响，把自己排除在搜索范围之外。

在卡西迪（Cassidy，2013）的博士学位论文中，他分析了 Facebook 和 Gaydar 的个人主页，并对澳大利亚布里斯班的年轻男同性恋进行了焦点小组访谈。这项研究发现，Facebook 的结构和规范让他们实际上可以将同性恋看成日常生活普普通通的一部分。不过，这些人显然难以认同 Gaydar 强加给他们的一种“性征过度明显”（hypersexualized）的男同性恋身份。该网站的语言、广告、竞赛、推广和图片都构建了一种聚焦身体特征的男同性恋身份，这种身份更青睐到处留情而非忠于彼此的关系。网站上将同性恋男子气概和淫乱联系在一起，并且“架构用户主页时，围绕着阴茎大小、性癖好等内容展开”，但这并没有唤起研究被访者的共鸣，因为他们大部分人都想要一段忠于彼此的关系（Cassidy，2013：92）。因此，这些男同性恋会在填写 Gaydar 主页资料时故意忽略掉这些与性相关的内容。自相矛盾的是，尽管他们明白自己忽略这些信息的原因，不过，当他们在其他人的档案中看到同样的遗漏时，却会将此解读为一种欺骗。

使用这些平台的人通常都了解，他们会在自己和别人的主页里看到哪

些信息，不过他们却不知道，网站算法可能会通过过滤，决定用户最终能看到哪些信息（Hamilton，Karahalios，Sandvig，& Eslami，2014）。像 Facebook 这样的网站便依赖不断变化的算法，这些算法在权衡几十个变量后，最终决定一个用户的信息流中会出现哪些信息。2014 年夏天，一系列的事件使得算法的力量和控制算法的人走到了聚光灯下。在 PNAS 上发表的一项研究（Kramer，Guillory，& Hancock，2014）表明，极短的时间内，通过算法的控制，在一些用户的信息流中会忽略掉那些带有负面情绪的内容，另一些则会忽略带有正面情绪的内容，随后，研究者发现前者使用的正面词汇有所增加，而后者使用的负面词汇有所增长，他们认为这是情绪蔓延的征兆。这项研究至少证明了，人们会遵守他们在平台上看到的社会规范，但该研究也在国际社会引起了公众的愤怒。同样在那个夏天，约会网站 OK- 139
Cupid 透露，他们开始通过实验来改进配对算法，并自豪地宣布：“我们在人类身上做实验！”（Rudder，2014）。在这一实验中，一些用户被匹配上“坏”的对象，另一些用户的个人资料（图片或文本字段）在呈现给他人时，被故意删除了一部分。这些研究证明了，我们的信息流是由算法决定的，这些算法的设计者的利益并非总能和网站用户一致。

自我认知

到目前为止，本章将身份呈现表现为为他人表演及被他人创造和解释的内容。人们在网上为他人建造的身份，无论是好是坏，都会反馈到自我认知中（Boellstorff，2008；Uimonen，2013）。在最后一部分中，我将简要考察网络身份如何能够导向新的——或者至少是有所改变的——自我。对于一部分人而言，使用博客或者社交网站的部分动机是想要发出自己的声音（Chen，2012），或是强化自己的统一性（Cover，2012）。检验真实的自我披露、表达“真实”的自我，都可以让人变得更加强大和自由。锻炼诸如魄力之类的人格特质，可以帮助人们解决控制力问题，提高自己的能力，并且获得一种舒适感，这些收获都可以随后被转移到面对面的交流中。当一个人在线上表达自己的身份，并得到积极的反馈时，尤其如此（Chen，

2012；Jung，Song，& Vorderer，2012；McKenna & Bargh，1998；Myers，1987b；Turkle，1996，1997）。

这种反馈循环可以重塑自我认知，并且会引发更多与线上自我一致的行为发生（Walther et al.，2011）。麦克纳等人（McKenna et al.，2002）将视线对准了一群社交焦虑者，这些人通过互联网形成了新的亲近关系，两年后，他们的孤独感明显下降，线下交友也变得更加从容。与此同时，在卡迪西（Cassidy，2013）的讨论中，一帮在Gaydar中寻求友谊和爱情的年轻小伙，却对他们眼中的男同性恋社群感到疏远，在很大程度上，这是因
140 为Gaydar对同性恋男子气概刻板印象的渲染造成的。虽然Gaydar让男同性恋者更容易在自己的城市发现朋友，却也同时引发了一种自我厌恶。作为同性恋者，这种“自我厌恶”的经历有着漫长的历史。随着粉丝、好友、点赞、转发、订阅、分享等可见的社交媒体指标的崛起，它们很容易成为衡量自我价值的标准，任何一个在社交媒体上因为收获很多“赞”而欣喜若狂的人，都可以证明这一点（Banet-Weiser，2012；Marwick，2013）。

结论

当人们在网上相遇时，人们会质疑对方是否诚实、他们所建立的关系是否值得信赖。不过，我们也看到，网络身份是通过复杂的社会技术过程创建的。人们提供关于自己的信息，其他人也会提供有关他们的信息，网站还会过滤人们看到的信息。虽然乍看起来，我们在网上可以成为任何想要成为的人，但事实上，我们根本不可能完全控制有关自己的信息是如何生成、储存、复制和扩散的。这些信息至多只能被我们管理而已。

技术可供性能够影响自我呈现，但并不决定它。事实上，相同的可供性可能会在不同的环境中对不同的人产生相反的影响。有些人可以尽情撒谎，而另一些人则觉得自己能更加坦诚。在大多数情况下，尽管人们可以策略性地管理自己的自我呈现，但大部分人在真实性方面都会多少犯点错，尤其是当他们通过自我呈现与其他人以及与社会身份联系在一起时。我们

的自我呈现也可以通过和我们联系的好友或者那些在网上描述我们的好友来展示，不过这会起到积极效果还是消极效果就不一定了。当然，自我呈现还可以通过网站的设计和算法来展示，这些技术能决定和过滤谁能看到我们。现在来看，并没有强有力的证据证明，比起面对面无中介的语境，人们在互联网交往中就会更本能地避免按照对自己的理解来呈现自己。那些已婚人士也会在出轨时发誓自己是单身，或者很快就要离婚了。我们对 141
网络欺骗的恐惧的另一面是，我们相信只要眼见为实，就能阻止谎言。

对于建立新关系的身份基础而言，线上和线下的牢靠程度并没有什么差别。正如社会信息处理（SIP）模型所呈现的，随着时间的推移，在网上和他人互动的人越来越可能索取和表现“社会性披露这种关系行为”（Walther et al.，1994：465），这使得新认识的好友需付出努力，以图准确理解彼此的身份。随着时间的积累，通过在线互动形成的印象越来越类似于面对面的交流（Walther & Burgoon，1992）。当人们在网上见面的时候，他们可能需要在确认彼此了解、相互信任时放胆一试（Henderson & Gilding，2004）。不过，无论是何种相遇方式，我相信，你在已经确认了解并且信任别人时，永远都需要这样放胆一试。

第六章 日常交往中的数字媒体

技术可供性与来自个人、社会和文化的影响交织，因而媒介对于不同时间内，处在不同关系中的不同的人，意义完全不同，这也是在复媒体环境中交往困扰甚至矛盾的原因。随着时间的推移，人们会逐渐习惯在线上开始并维持一段关系，但对在这种关系中的交往规范，或许会长期处于探索之中。

142 在我开始关注网络关系的形成很多年后，才通过电子邮件认识了马库斯（Markus），一位比我年轻的瑞典平面设计师和音乐家。2004 年底，我迷上了一个不起眼的瑞典流行乐队，为了表达感谢，我给他们发了下面这封电子邮件（附上了我的家庭住址和我在大学网站上的主页链接）：

> 你们好，
>
> 对我的青春期而言，你们的音乐是最好的馈赠。事情是这样的：
>
> 上世纪 70 年代末到 80 年代初，我在伊利诺伊州厄巴纳读高中，我其中一个朋友［正是贵乐队唱片厂牌的老板］。当时的我把头发染得五颜六色，听着 Kinks、Buzzcocks、Sparks 以及他从未听说过的乐队的作品。每个人都觉得我很奇怪，但他没有。我们谈论了许许多多关于音乐的东西。我认为自己激发了他潜在的发烧友基因（我想他会同意的，尽管极短的时间内，他便超越了我）。长大以后他就创建了［他的厂牌］，我却从事着与音乐无关的工作，不过，我依然热爱音乐。而现在，20 多年之后，他为我带来了你们。生活真是太美好了。
>
> 谢谢你们的［专辑］。它让我的冬天趣味无穷。今年夏天我会来北欧旅行，如果你们有演出的话，我很乐意来看。
>
> 祝愿你们有一个美好的 2005。

看到这封邮件的恰好是乐队的技术人员马库斯，他立即就回复了我，说收到邮件之后非常开心。几天后，我也回信了。一个星期之后，他又回信了。就这样，我们开始通信。我们很少有超过两周不联系的情况，有时我们会一连几个星期每天发好几封电子邮件。四年来，我们发送了超过
143 2 500 封电子邮件，还带着各自的家人一起度假。他说他很乐意在这一章里出现，当我告诉他我正在写作第二版的时候，他还特意叮嘱我，不要把他

这部分给删了。如果我们住在同一个小镇，那么我们可能会见面，但是正如在上一章中提到的，我们在年龄、性别以及语言方面的差异（我不会说瑞典语，他说英语时很羞涩），都可能会成为形成亲密友谊的障碍。

我和马库斯的例子说明了互联网是如何让粉丝和乐队成员成为好朋友的，这既是 MySpace 发展过程中不可或缺的一部分（boyd & Ellison, 2007），也贯穿了整个互联网（Baym, 2012）。我们这段关系的形成和发展，揭示了大部分始于线上的人际关系在发展过程中遇到的模式与问题。本章第一部分将继续上一章关于线上会面的讨论，探讨那些像我和马库斯一样在网络上相遇的人，会如何发展他们的关系。我们将首先讨论关系形成的早期阶段，接下来讨论在关系发展和加强的过程中，传播的方式又是如何发生转变的，最后我们会讨论那些始于线上的关系如何与面对面形成的关系进行比较。

本章第二部分会从另一种视角切入主题，即数字媒体如何嵌入人际交流的图景之中。我们会看到，当关系越来越密切的时候，人们倾向于增加不同的交流媒介，同时还会关注不同媒介在关系维护中所扮演的角色。在第四章中，我们探讨了互联网的使用是否会影响公民的政治参与，在这里，我会具体讨论互联网的使用对人们的社会参与产生了哪些影响，同时也会讨论哪些因素会影响人们何时使用何种媒体。因为不同的群组会发展出不同的适宜性规范（norms of appropriateness），所以在本章结尾部分，我还会考察关系型媒介的使用方式存在哪些争议。

与线上陌生人建立关系

杰夫·科尔（Jeff Cole）在 2000 年进行的调查显示，每个美国人平均在网上认识 3.1 个素未谋面的人。2012 年，这一数字跃升至 11.1。那些在网上发展的友谊最后发展为面对面关系的数量，也从 0.7 上升到了 3（Cole, 2013）。大部分始于线上的友谊不会变得特别亲密，如同大部分面对面相识 145
的人最多也只是泛泛之交而已。我在网上遇到过无数人，但很少有人能够当我们从陌生人转为关系伙伴时，我们会更频繁、更稳定地交流。一旦关系建立，每一次互动都是一次重新审视它的机会，我们通过一致性的表现来确认它，通过说一些无法挽回的话来结束它，或者通过稍微转变交流方式来调整它。

通过互联网进入我的亲密朋友圈。大多数人要么是匆匆过客，要么就一直在我社交世界的边缘徘徊，也有一些人和我成为点头之交。

大多数人际关系是弱连接（weak ties）（Granovetter，1973），这些关系在行为、思想和情感交流方面的作用都很有限。互联网也的确帮助我们与更多的人建立更专业、更紧密的联系，就像我和马库斯一样，许多人——尽管不是大部分人——通过数字媒体至少建立了一个持久的强连接（strong ties）。强连接鼓励频繁且友善的联系，是自愿的，互惠的，为对方的需求提供支持的，同时也更可能长期保持的联系（Haythornthwaite，2005）。

我们通过传播来建立联系。我们传递的信息是建立和修补关系的工具，也是我们观察对方的镜子。大多数关系型传播都是比较含蓄的，除非出现了什么问题，否则我们很少会给一段关系强加标签，比如我们到底有多么亲密、我们对彼此到底应该负有怎样的责任和义务（Watzlawick，Beavin，& Jackson，1967）。在大多数情况下，我们通过选择传播方式来展示这些东西。当我们从陌生人转为关系伙伴时，我们会更频繁、更稳定地交流。一旦关系建立，每一次互动都是一次重新审视它的机会，我们通过一致性的表现来确认它，通过说一些无法挽回的话来结束它，或者通过稍微转变交流方式来调整它。

早期的理想化

当人们在网上，尤其是在身份线索较少的媒介平台上相遇时，似乎比面对面相见时更喜欢对方。这种“超个人传播”（hyperpersonal communication）（Walther，1996）现象首先在实验中被发现。这些实验比较了那些在一起面对面做项目的学生，和那些通过文本在线远程讨论进行项目合作的
146 学生。在此之后，这种现象也在实验以外的环境中被研究和确认（e.g. Henderson & Gilding，2004；McKenna et al.，2002），并且得到了进一步的

发展。我已经讲授这个概念很多年了，但当它发生在我和马库斯身上时我还是吃了一惊。尽管我早就知道为什么他会对我产生不切实际的吸引力（我在下面会讲到），我仍然发现自己会有意夸大他的魅力。我的丈夫甚至还会开玩笑说马库斯是我的“瑞典男友”，当然，他对我们的情感还是很有信心的。

相比于线下关系而言，我们更喜欢在网上认识的人，至少一开始是这样的，造成这种现象的原因有以下几个。超个人传播源于一种混合的媒介可供性，以及消息发送者和接收者解读和表现彼此的方式。正如我们在上一章中所看到的，稀疏的线索为呈现自我和想象他人留下了很大空间。在大多数情况下，线上关系始于共同的兴趣或经历，我们很容易想象对方还拥有一些尚未被谈及的共同品质。当我们确定一个人拥有一些吸引力，比如幽默、回复及时、良好的写作风格等（Baker，2008），就很容易用理想的方式来填补他们其他特质的空白。马库斯的语言、聪明，以及他是我喜欢的乐队的成员这些事实，都让我对他在其他方面的特质浮想联翩。尽管其中一些假设是正确的，但也有些不是。例如，事实证明，我们虽然有一些重合的音乐品味，但差异性仍旧胜过相似性。

沃尔瑟还认为，在网上会面时，我们对其他人更有吸引力，这是因为稀疏的社交线索允许我们对自己的信息有更高的掌控权，可以选择在什么时候暴露哪些信息。正如你在前文中看到的，我写给马库斯的第一封电子邮件是非常有选择性的，我只透露了自己个人经历中的一部分。沃尔瑟指出，线索匮乏的环境能够让人们将注意力集中于信息生产。这也许会让他们制作出更好的信息，呈现出更具吸引力的线上自我。在上一章中我们提到，如果人们在线上呈现的自己受到认可，就可能变得更像自己呈现出的那个自我。这在超个人传播中同样适用。当人们发送的消息（例如自我披 147
露）收到积极反馈时，他们可能就会发送更多类似的信息，并对他们的回复做出微调，从而使自己变成更有吸引力的传播者（Walther，2011）。

异步媒体允许人们修改信息。在我和马库斯最初相识时，我重读、重写了很多要发给他的电子邮件。不过，在其他一些时候，同步媒体可能会更强大。在对第二人生支持团队（Second Life support groups）的访谈研究中，格林－哈曼等人（Green-Hamann et al.，2011：486）发现，线索丰富的同步媒介可以增强成员间的亲密感，他们写道："如果一个坐在附近、颇有魅力的网络化身，和你见面后愿意留下来私聊，并且在其他时候也能保持在线和联系，这就可以刺激超个人关系的形成，不过在论坛中，以异步文本为基础的评论却做不到这一点。"

艾伦·厄尔曼（Ellen Ullman）（1997）在网上遇到一位男性的故事，则暗示了超个人沟通得以产生的另一个原因。他们之间往来了许多封电子邮件，其中充满文学气息和梦想，但当他们最终见面时，却意识到彼此只能"用电子邮件说话"。回想起来，整个互动过程对她的吸引力，先是来自对他邮件的期待，最终才产生了对于见面的期待。电影《电子情书》这一片名，便讲述了网络关系里那种期待的愉悦。

关系发展

随着弱连接的发展与加强，为了反映和建立这种不断发展的关系，传播模式也会随之改变。当人们更加亲近时，传播模式的其中一种变化就是我们的谈话会涵盖更广的话题，讨论也会更为深入。我们也会更加直接地表达我们的感受，并且会对彼此拥有更多的信心和信任。从一开始，我和马库斯就披露彼此的过往、态度、音乐、住所和我们的生活方式。随着时间的推移，我们逐渐拓宽了话题的范围。当我们通过邮件交往了六个月后见面时，他很惊讶我竟然不知道他父母的职业。

自我披露是我们建立一段关系时最强有力的沟通方式之一，不过，当
148 一个人分享得太多太快，或者分享一些让他人感到无聊的东西时，效果会适得其反。理论研究者将关系的形成描述为一种"社会渗透"（social penetration）过程，人们通过揭示自己内心更深层面的东西，从而变得更加亲密，就像一层层地拨开洋葱，直到看见亲密的内核（Altman & Taylor，1973）。这种视角也受到了批判，因为自我并不是人们设想的一个多层静态的实体，而是一组不断变化的、动态的、灵活的结构集合。不过，"社会渗

透”视角有一点仍旧是适用的：如果我们不进行自我披露，就不能更好地理解彼此乃至建立信任。

在一个非常巧妙的实验中，江等人（Jiang et al. ，2011）让参与者通过面对面或计算机中介的方式与一些研究助手会面。在实验之前，这些助手已经接受了训练，学会如何表现出不同程度的自我披露。在互动之后，参与者需要评价与这些助手的亲密程度。研究结果证实了超个人传播理论，发现比起面对面的交流来说，线上的自我表露更能够增进亲密感。研究者认为造成这种差异的原因，是在网络环境中，人们更倾向于将这些研究助手的自我披露归因于人际关系动机。换句话说，当人们将自我披露解释成一种为增进亲密度而做出的努力时，它就真的能增进亲密度。

随着关系的加强，我们也变得更加互相依赖，更加强烈地影响彼此的行为、思想和感受，这些既能通过沟通达成，也可以在沟通中反映出来。我们能够更准确地判断对方会说什么、做什么。我们开始了解对方的沟通风格，这样我们就能读出彼此字里行间的意思。我们可能会使用带有私人含义的秘语、词汇或短语，也可能给对方起绰号。例如，我和马库斯就养成一个习惯，会用各种各样愚蠢而亲切的问候来开始我们的邮件（比如“你好帅哥”“你好美女”）。我们会将彼此介绍给自己的朋友和家人，也愿意花费精力来确保这段关系的持久性（Parks，2006；Parks & Floyd，1996）。

在第五章的开头，我们看到汤姆和他未来的妻子在一天之内就完成了从网络聊天到电话聊天再到共进晚餐的过程。当然，线上关系并非总是发展得这么快，但随着关系的发展，人们会以可预测的方式向关系中添加其他媒体。通常两个人会从线上的公开讨论开始，然后通过私信、邮件或者 149
聊天等方式进行一对一的私人对话。随着关系在网上不断发展，在这些沟通方式的基础上，他们开始发短信、打电话。一旦打过电话，两个人见面的概率就会增加（McKenna et al. ，2002）。在我们对 Last. fm 网友的调查中，47% 的人表示他们从未见过面。当然，大部分人是有兴趣见面的：60% 的人表示如果方便的话他们会见面，13% 的人要么愿意安排见面，要么已经制订了见面计划。不过，也有 27% 的受访者表示他们没兴趣与 Last. fm 上的朋友见面。我们在一起所使用的媒介越多，我们就越会允许对方融入自己的生活，也会变得越来越依赖彼此。

马库斯和我都很喜欢书写文字，所以我们从发电子邮件变成了通过实体信件交流。在我们交流六周以后，他给我寄来了一张很难找到的单曲唱片和一首我想听但尚未发行的歌，还附上了一封信。虽然我很怀疑他是否仔细考虑过，但他的信件是我们这段关系的第一份手写的有形标记，信中他第一次向我进行了深入的自我披露。他在信中和我诉说了最近的伤心事，因为他女友的父亲突然去世了（这一点也让我知道了他与女友之间的情感深度），他由此产生了对父母和自己死亡的恐惧。几个月之后，当我要去北欧旅行的时候，我们用电子邮件计划会面。当我抵达欧洲时，我们开始用手机发短信（尴尬的是，他给我发的第一条短信，也是我第一次收到的短信——我不得不参考手机使用说明书，笨拙地发出了一条错误百出的回复）。直到见面当天，我们才开始打电话。我们的第一次会面如何呢？尴尬。长时间的沉默。马库斯很紧张，对自己的英语水平也失去了信心。不过我见到了他女友，完全被她迷住了。他看到了我儿子，并把这个小家伙扛在肩上到小镇上溜了一圈。我们对彼此积累的了解和情感帮助我们渡过了难关。自此以后，我们还见了很多次面。文字依旧是我们沟通的主要模式，但如今，我们待在一起时也会感到既轻松又熟悉。

对比线上和线下关系

150 我们在发展那些始于线上的关系时，会增补一些能提供更多社交线索的媒介。在关系中，那些原本因为社交线索稀疏而导致的障碍，也会变得越来越无关紧要。尽管如此，人们通常还是会认为“线上”和“线下”关系有所区别，并且试图对它们进行比较。一些研究发现，始于面对面的友谊会发展得更好一点（Chan & Cheng，2004；Mesch & Talmud，2006；Parks & Roberts，1998），而对在网上相遇的双方来讲，他们在一起的时间更少，一同参与的活动也少，讨论个人问题和恋爱关系的机会同样较少。最后一点在一些研究中得到证实（例如 Mesch & Talmud，2006），但也有研究得出

了相反的结论（Parks & Roberts，1998）。一个重要的例外是，始于线上的异性友谊（比如我和马库斯）可能会比同性友谊的质量更高，这与始于线下的关系恰恰相反（Chan & Cheng，2004）。

针对线上友谊进行的历时性研究并没有发现两种友谊之间存在显著差异。有研究者发现，线上和线下友谊的差异在关系开始的第一年内有所增加，但随后就开始逐渐减少，并逐渐趋于相同。他们据此推测，线上的友谊在早期阶段呈现出试探性，但在六个月到一年之后，它们迅速发展，变得更像线下的朋友（Chan & Cheng，2004）。麦克纳等人（McKenna et al.，2002）也对友谊关系进行了跟踪调查，发现持续超过两年的线上关系要比线下关系更具优势。两年之后，网恋中的71%和所有关系中的75%都会继续发展，而且大部分还会变得更加亲密和坚实。

拉比（Rabby，2007）对四种关系进行了比较——始于线上并继续维持在线上的关系、始于线上并转移到线下的关系、始于线下并继续维持在线下的关系，以及始于线下并转移到线上的关系。拉比发现，人们对一段关系的投入程度远比传播方式更能决定人们会采取哪种行为、付出多少努力来维系这段关系。他确实发现了所谓的“虚拟人”（the “virtuals”），他们只在线上进行交流，用于维护关系的策略也比别人少，不过，这些差别“并不显著”，而且虚拟人的投入水平往往“仍旧相对较高”（Rabby，2007：333）。 151

最后，人们既能够也确实会在网上发展出有意义的私人关系。许多关系仍旧是弱连接，并且相对专门化，习惯于围绕一套基于共同兴趣的窄话题进行资源交换。不过，这些关系对人们的生活尤为重要，尤其是当一个人的亲密朋友无法体味自己的兴趣和忧愁时，还可以和线上好友进行互动。关系逐渐亲密起来的网友会通过多种媒介进行交流，最终使得互联网的影响从概念上难以与其他影响因素相区分。在关系早期发展阶段，或是在那些没有继续发展可能性的线上关

许多关系仍旧是弱连接，并且相对专门化，习惯于围绕一套基于共同兴趣的窄话题进行资源交换。不过，这些关系对人们的生活尤为重要，尤其是当一个人的亲密朋友无法体味自己的兴趣和忧愁时，还可以和线上好友进行互动。关系逐渐亲密起来的网友会通过多种媒介进行交流，最终使得互联网的影响从概念上难以与其他影响因素相区分。

系中，社交线索的匮乏也许是一个阻碍。不过，随着时间的推移，人们可以通过语言和非语言的方式向彼此展示自己，最终，他们也能够对彼此形成丰富的理解，程度可能与以其他方式相遇的人们旗鼓相当，甚至更胜一筹。

中介化关系的维系

相较于“线上”关系向“线下”关系的转移来讲，“线下”关系转移为“线上”关系的概率要大得多。社交网络的主要用途就是复制那些已经在线下存在的关系，而不是建立新关系（boyd & Ellison，2007），这也将此种现象摆在了聚光灯下。在这个世界上，每七个人中就有一个人（12.3亿人）每月至少登录一次Facebook，并且，多数人使用Facebook是为了和已经认识的人保持联系。实际上，将线下关系转移到线上这种做法，在互联网诞生时就已经出现了。例如，在20世纪90年代末，一项美国随机抽样的电话调查就发现，41%的人在家中安装互联网是为了支持和维系有意义的关系（Stafford，Kline，& Dimmick，1999）。

关系维系行为

152 人际关系是通过传播来维系的，传播也体现出对关系的持续关注。社交网站的主要目的是维系人际关系，特别是朋友关系（Ellison et al.，2014）。马登和同事们发现（Madden et al.，2013），98%的美国青少年Facebook使用者会与他们在学校中认识的人成为好友。一项针对得克萨斯州农工大学（Texas A&M）的研究涵盖了学校内几乎所有的Facebook用户，发现仅有0.4%的好友是在网上认识的（Mayer & Puller，2007）。使用Cyworld（Choi，2006）和MySpace（boyd，2006）的主要动机同样是维系关系而非创建关系。虽然比起上面这些网站，人们在Last.fm上的好友是现实中已经认识的人的可能性更低，即便如此，拜厄姆和莱德贝特的研究（Baym & Ledbetter，2009）仍然发现，在Last.fm上，一半以上的人（52.9%）在加好友之前就已经认识彼此。

虽然关系亲密的人会使用社交网站与彼此保持联系，不过，大部分通过社交网站维系的关系仍属于弱连接。巴伦（Baron，2008）发现，平均而言，每位学生会拥有 229 位 Facebook 好友，他们会认为其中 72 个人是他们“真正的”朋友，这个 1∶3 的比例和埃利森等人的研究结论几乎完全相同（Ellison，Steinfeld & Lampe，2009）。莱德贝特和我（Baym & Ledbetter，2009）发现，尽管一些人在 Last. fm 上拥有关系亲密的好友，但平均而言，人们对 Last. fm 上好友关系的打分低于关系发展量表的中间值。Last. fm 容纳了各种各样的朋友关系，既包括那些刚遇到就不怎么喜欢对方的陌生人，也包括终生挚友、家庭成员和恋人。通过社交网站建立的弱连接也可以通过社交网站的使用发展为更强的连接。克雷格和赖特（Craig & Wright，2012）让学生聚焦于他们在 Facebook 上经常且主要交流的关系对象。研究发现，当人们认为彼此之间有相似的态度时，便会觉得对方在社交上更具有吸引力，因此，也会进行更为广泛和深入的自我披露，这也就增强了关系的相互依赖程度和可预测性。

绝大多数情况下，人们几乎不会和大部分通过社交网站连接起来的“好友”进行交流。戈尔德等人（Golder et al.，2007）分析了 Facebook 上的 3. 62 亿条消息，他们发现只有 15. 1% 的朋友曾经相互发送过信息。巴伦 153
（Baron，2008）也发现，60% 的 Facebook 用户要么从来都不给别人写留言，要么每周留言不到一次。吉尔伯特等人（Gilbert，Karahalios & Sandvig，2008）分析了超过 20 万条 MySpace 消息，他们同样发现 43. 5% 的朋友从未评论过彼此的个人资料，只有 4% 的人互相评论过至少 10 次。

当人们互相交流时，他们经常会参与到“Facebook 关系维护行为”（Ellison et al.，2014）中，例如回复好消息或是坏消息、在被他人要求时给出建议、发布生日问候，以及回答问题。社交网站在组织即时性联合行动时也非常有效（Humphreys，2007；Ling，2004），特别是当它与移动设备很好地结合时。正如我们在上一章中看到的，在某些情况下，相较于面对面的交流，社交网站让人们愿意进行风险性更高的情感交往。拉森（Larsen，

2007）在 Arto. dk 上的研究表明，实验参与者，尤其是青春期的女孩，往往会留下具有浓郁情感色彩的信息，例如她们喜欢在彼此的个人页面上表达喜爱和钦佩，这是一种与丹麦文化规范不太相符的沟通形式。金和云（Kim &Yun，2007）的研究同样表明，对于习惯在面对面交流中避免负面情感的韩国人而言，Cyworld 可以提供这样一个交流平台。一位被访者表示，“多亏有了‘minihompy’[1]”她才可以“挽救很多关系”。

人们在社交网站上做的很多事都和“分享”有关，许多平台指导用户去“分享你的生活”，甚至将“分享”与“关爱”画上等号（John，2013a）。事实上，附上你认为其他人会感兴趣或者喜欢的链接是使用 Facebook 的重要动机之一（Baek et al.，2011）。虽然在 Facebook 上披露或贴上链接貌似只是人际沟通行为，但它同时也是社交网站营利模式的核心所在（John，2013a），这种营利模式依赖于建立用户的详细模型，并将其出售给目标广告商。当人们点击、评论，或在社交网站上关注彼此时，他们其实是在贡献有关自己的数据，以供 Facebook 和其他网站来决定他们接下来会看到什么信息。每当你在别人留言板中留言、点赞，或以朋友可以看到的方式展示你的关注，不断变化的算法就会使用这些信息来重塑你的信息流。
154 也就是说，你的既有行为决定了你在浏览页面时将会看到什么内容（Ellison et al.，2014）。

作为维系关系的工具，Facebook 和其他社交网站的成功源于它们广泛而又有选择性的可及性——人们可以同时和多个弱连接进行沟通。同样人们还可以分享图片，在我撰写这本书时，Facebook 已经成为全球最大的图片分享网站。即便没有直接的互动，能够在社交网站上看到别人的内容更新也会激发一种联系感（例如 Humphreys，2007）。一些参与我们 Last. fm 调查的好友提到，他们可以保持与其他人的联系感，并认为这是社交网站给他们带来的好处之一。巴伦（Baron，2008：85）引用了一位被访者的说法，将其描述为“一种无须付出任何努力就能维系友谊的方式”。

---

① mini homepage 的缩写，意为迷你主页。——译者注

除了社交网站，短信和电话也是非常重要的关系维系媒介，亲密关系中尤其如此。如果说社交网站允许我们超越面对面的范围与更广泛的圈子建立联系，那么手机则会让已经紧密联系在一起的人走得更近。手机的可供性——轻巧、便携，可以在各种环境中相对迅速地使用，又不会特别显眼——增强了它在亲密关系中的实用性。经常见面的朋友之间进行简短的通话不仅会激活彼此的情感纽带，也能展现和增强亲密感（Licoppe & Heurtin，2002）。移动传播设备还允许人们微调自己的行为，例如，打电话询问是否要在回家路上顺便买个牛奶，提议来一场临时发起的聚会，或者告诉某人你可能要迟到一会儿（Ling，2004；Ling & Yttri，2002），熟人还可以通过 FourSquare 签到发起“弱邀请”（weak invitations）（Licoppe & Legout，2014）。正如我们常常看到的，青少年可能会特别沉浸于在手机中与同伴们保持联系，这样一来，这种轻微协调（micro-coordination）也许就会变成高度协调（hyper-coordination），以至于如果夺走他们的手机，即使在很短的时间内，他们也会认为自己被排除在了社交圈之外（Ling & Yttri，2002），这种感受我在许多成年人身上也看到过。

手机给人们提供了随时随地进行沟通的机会，这使得朋友和家人之间 155
都变得更加相互依赖，但同时也可能会让人感到一种无所适从的监禁感。杜兰等人（Duran et al.，2011）发现，如果一对伴侣在相互独立与彼此联系之间的尺度上存在矛盾，那么，他们就更可能会因为不经常发短信打电话、接到异性来电、不应答对方来电等问题闹矛盾。那些对在恋爱关系中使用电话感到不满的人，也会认为他们待在一起的时间太少，还更有可能认为他们的自由受到了限制。霍尔和我（Hall & Baym，2012）发现，对于关系密切的人来说，这种联系与独立之间的辩证紧张关系是共同使用手机的结果。只要用手机发短信或打电话，就会在一段关系中产生对于手机使用的期待。这种用手机维系关系的期待一方面拉近了两人之间的距离，增加了亲近感，但另一方面会带来一种过度依赖彼此的感觉，这也会让伴侣之间的关系陷入困境。手机对亲密关系的影响有积极的一面，也有消极的一面。这种独立和控制、隐私与监视之间的矛盾也存在于亲子关系中，父母通常将新媒体视为控制和监视孩子的手段，孩子却将其视为实现独立和隐私的方式（Horst，2010）。

在远距离关系中，视频聊天平台对于关系的维系特别重要（Madianou & Miller，2012a，2012b；Neustaedter & Greenberg，2012）：40%的跨国传播通过Skype进行（Harper et al.，2013），其中一些是商业交往，但大部分还是用来维持人际关系，特别是家人关系。如今，在维系人际关系方面，还出现了越来越多专注于某一细分市场的网络应用，比如2013年被Facebook收购、广受欢迎的WhatsApp，还比如说像Couple和Avocado这样只连接两个人的“微型社交网络应用”。奥哈拉等人（O'Hara et al.，2014）借鉴了齐美尔的观点，认为这些应用程序是人们共同“聚居”（dwell）的一种方式，在人们的日常经验中融入了一种共存感。

多重性

156 奥哈拉等人（2014）所描述的“聚居”，指的是人们通过任意一种特定媒介——WhatsApp、Skype、Facebook、打电话等，共同进入一个复杂的生活世界中。大部分人际关系有“媒介多重性”的特点，这意味着它们是通过不止一种媒介进行的，关系越亲密，使用的媒介越多（Haythornthwaite，2005）。当从媒介视角转向关系视角时，我们不去考察媒介如何影响关系，而是询问人们如何在人际关系中进行交流（Caughlin & Sharabi，2013）。他们使用哪些媒介？他们在何时、如何一同合作或彼此干预？在本节中，我们将看到媒介如何融为一体，以及媒介选择本身具有哪些重要意义。

我在一项研究中考察了大学生如何使用媒介来维系关系，在这项研究中，496名大学生评估了他们在多大程度上会使用互联网来维系自己的社交圈（Baym，Zhang & Lin，2004）。研究发现，大多数人在互联网中的交流对象，都是那些会通过打电话和见面方式交往的朋友。我们同时要求他们估算一下，在一段特定的关系中通过每种媒介交流的比例各是多少，发现这些比例与他们对关系的亲密或满意程度无关（Baym et al.，2007）。他们还被要求汇报自己近期通过线上、面对面或打电话方式进行的重要且自愿的社交互动（Baym et al.，2004），尽管被访者倾向于以我们在第三章开头部分的顺序排列以上不同媒介，但在随机互动中，这些媒介质量的数据统计差异几乎微乎其微。打电话和面对面交流的沟通质量相同，线上沟通（主要是电子邮件）的质量略低，但是它们之间的差别很小——在五度量表中差别为 0.25。除此之外，媒介对沟通质量的总变异量也是非常小的。迄今为止，对沟通质量影响最大的因素是关系类型。在亲密关系中，人们无论通过哪种媒介进行互动，沟通质量都很高。

在一项相关研究中，51 名学生以写日记的形式，记录了自己几天内所有自愿的社交活动（Baym et al.，2004）。在这 51 份报告中，只有 1 人表示 157
只进行过面对面的交流或只进行过线上互动。相比之下，有 32 人（64%）表示自己通过面对面、打电话和在线方式和别人进行过交流；13 人没有进行线上交往；6 人没有打过电话；2 人没有进行任何面对面的交流。大部分互动还是面对面进行的，线上互动的数量几乎和打电话互动一样多，这也证实了过往研究中的发现：在人际传播中，互联网可以和打电话沟通相媲美（Dimmicket al.，2000；Flanagin & Metzger，2001；Stafford et al.，1999）。

在后续研究中，我从另一个角度考察过这个问题。我调查了那些在 Last. fm 上认识的人，询问他们还会使用哪些其他媒体进行交流（Baym & Ledbetter，2009）。我们的目的之一是探索人们线上和线下接触方式的多样性。虽然近 1/3 的人表示 Last. fm 是他们进行关系沟通的唯一方式，但平均而言，人们往往还是会使用两到三种其他方式进行交流。许多朋友会使用即时通信工具（42%）、其他网站（34.7%）和电子邮件（31.3%）。有三分之一的人表示，他们还会进行面对面沟通。在这些线下见面的人中，60% 表示他们“定期”或“总能”见到彼此，23.6% 会打电话，21.3% 互发短信，20 对中有 1 对甚至会互相邮寄信件。在随后的研究中，莱德贝特（Ledbetter，2009b）发现，在同性友谊中，人们使用的每种媒介都会对这段互相依赖的关系做出独一无二的贡献，但在某种意义上，这些媒介作为维持依赖关系的工具，又都可以相互替代。

当人们在一段关系中使用不同的媒介时，这些媒介或多或少地被整合在一起。整合之后，人们可能在一种媒介中开始对话，接着在另一种媒介中继续这次对话（Caughlin & Sharabi，2013）。人们也可能把它们的交流切分开来，将某些互动限制在特定的媒介中。当他们在不同媒介之间进行转换时，还可能产生焦虑感（比如从发短信转换到打电话）。考夫林和沙拉比（Caughlin & Sharabi，2013）发现，关系亲密的双方会使用更多的中介化传播和整合性传播，那些在媒介切换中感到压力或仅仅通过中介化技术进行交流的关系，往往也没有那么亲密或令人满意。

158 在一段关系中，人们对媒介的切分，部分是基于他们的交流目的。诺伊施泰特和格林伯格（Neustaedter & Greenberg，2012）研究了异地恋关系中经常和定期使用的视频聊天工具。这些情侣之间通过视频的方式，实现了奥哈拉等人（O'Hara，2014）描述的日常聚居感。情侣们打开视频聊天软件，富有仪式感地一起逛街、吃饭、看电视、看着彼此入睡。不过，他们在说早安或问候彼此时，通常会使用短信或即时通信工具；他们在分享身边的故事或者好玩的东西时，通常会使用电子邮件；如果要深入交流，他们更喜欢打电话。毫不意外，接吻和做爱这种事还是要见面来进行，但在视频通话中模拟一下亲吻，也有它的魅力。

媒介的象征价值

当人们可以在许多不同媒介之间进行挑选时，他们的选择本身就变得非常重要了。我曾向一位朋友表示，我收到了一条短信，来自我们都很喜欢并且身处异地的同事。"哦！"她有点儿为我兴奋地回应道，"我不知道你们俩还发短信联系！"马甸瑙和米勒（Madianou & Miller，2012a，2012b）将这种多元媒介语境称为"复媒体"。在复媒体环境中，我们不仅仅是简单地选择一种媒介。这些媒介联合起来，能组成我们管理情感和关系的一种整体的可供性结构。对于利用哪种可供性的协商，"往往本身就是一种信息"（Madianou & Miller，2012b：173）。正如他们所言："电子邮件不仅仅是电子邮件，在关系上，它意味着我们没有通过信件、短信或网络摄像头

进行交流；反过来说，当我们进行视频聊天时，也意味着我们没有打电话。”（2012b：175）

> 某些类型的媒介似乎更适用于某些类型的关系，特定的关系也会找到适合的媒介使用配置，个体还会对媒介逐渐形成独特的解读。……复媒体创造了一种新的社会和道德责任，仅仅传递正确的消息是不够的，还必须通过正确的媒介来传递它们。

马甸瑙和米勒通过丰富的比较民族志研究，分析了来自特立尼达和菲律宾的移民如何与他们留在本国的家属进行沟通，发现新媒体最初的使用方式非常类似于旧媒体（这很像我们在第一章中提到的“再中介化”）。随着时间的推移，这些新媒体会拥有属于自己的共鸣和可能性，从而产生新的意义和关系。例如，祖父母能和自己的孙子孙女以前所未有的方式维持远距离关系，因为孩子们可以通过视频聊天而不是打电话来与他们交流。某些类型的媒介似乎更适用于某些类型的关系，特定的关系也会找到适合的媒介使用配置，个体还会对媒介逐渐形成独特的解读。马甸瑙和米勒认为，复媒体创造了一种新的社会和道德责任，仅仅传递正确的消息是不够的，还必须通过正确的媒介来传递它们。 *159*

拉森（Larson，2010）和格尔森（Gershon，2010）也探讨了这一观点。拉森关注的是在早期求爱阶段的大学生群体。在关系发展初期，也就是不确定性很高的时候，媒介的选择至关重要，它足以表明是否对对方感兴趣。一位年轻女性解释说，她知道自己的约会对象是“真正对她感兴趣，而不是仅仅在勾搭她”，因为他“确实打电话过来，并且只是和我聊聊天”。发短信同样能释放信号，但也需要认真处理。短信发得太多、回复得太快，或者在收到回复之前再发一条新短信，都会被视为一种陷入绝望的信号。格尔森将人们对特定媒介象征价值的信念称为“媒介意识形态”（media ideologies）。拥有一段满意的关系，部分取决于是否理解彼此的媒介意识形态和实践，以便能够正确地解读对方的意思。

关系的终结与后果

当社交媒介以更有持续性的方式将人们联系起来时，它也不可避免地会成为终止一段关系的手段，这便引发了一个新问题：我们如何处理一段关系的终结和其后果，不论这段关系是我们有意结束的，还是自然消亡的。格尔森（Gershon，2010）就本科生分手问题进行了访谈研究。在大多数情况下，分手是一个跨媒体的过程。他们可能在一种媒介上开始交流，但一旦发生争吵，就会转场到另一种社会距离更大的媒介上。他们都有一种共识，以他人都可以看到的方式分手（比如在 Facebook 上发帖）是不恰当的，这似乎是美国孩子在小时候就明白的道理（Pascoe，2010）。我儿子一个七年级的朋友在 Facebook 上甩了他的女友，用我儿子的话来讲，这等于向他们的整个社交网络展示自己是个“混蛋”，于是大家都开始排斥他。

160 分手后，有些人可能会仅仅为避开另一半就停止使用一种媒介，其他人则担心前任会如何解读自己在网站上发布的消息，或者跟踪他们前任的个人主页，想弄明白分手的真正原因（Gershon，2010）。有些人甚至会像《纽约时报》记者尼克·比尔顿（Nick Bilton，2014）在离婚后做的那样，彻夜不眠地在自己的个人主页上删除每一条关系提醒。媒介也可以帮助我们在分手后处理自己的生活。我认识的一位刚刚离婚的人会用 Swarm 来查看前夫在哪些地方打过卡，避免自己意外撞见他。

社交网站上也会出现解除好友关系的情况，在一般平台上，这很难被发现。没有人会收到自己被人删除好友的提醒；他们只会在搜索某人却发现自己被拒绝访问，或者发现自己的好友数量下降从而进行调查时才会发现。贝文等人（Bevanet al.，2012）发现，这种被解除好友关系的经历会让人沮丧，引发人们的反思，尤其是当人们知道自己是被谁解除了好友关系时，就会猜测是不是因为自己在 Facebook 上做了什么。

一个人去世后，个人主页可能还会保留在社交网站上，或者人们会为其在网络纪念馆上创建新的主页。Facebook 面临着很大的争议，因为它会推荐人们与一段时间没有联系的朋友“重新联系”，却没有“意识”到那些朋友已经去世了。人们在已经去世的朋友的个人主页上继续与之交流，与他人分享自己对于逝者的回忆，并且与逝者继续着这段关系（Marwick & Ellison，2012）。不过，在一个人去世后，谁来维护他的个人主页（或者网络纪念馆主页）这一问题则非常不确定，特别是在网络纪念馆主页上，人们在失去至亲后，可能还要花时间来维护评论，警惕那些“悲伤的来访者”和“喷子”们的评论（Marwick & Ellison，2012）。如果一个人是自杀身亡，情况可能会特别糟糕（Leonard & Toller，2012）。

媒介使用在关系中的影响因素

我们已经看到，使用多种媒介来维持关系，媒介选择本身便传递了关系性信息。在本节中，我们将讨论一些影响媒介选择的因素，其中包括个 161
体差异、文化、年龄、关系类型和关系阶段，以及性别。

不同的人拥有不同的人格特征，也会对媒介持有不同的态度。有人研究了使用者的“五大”人格特征——外向性、亲和性、开放性、责任心和自恋倾向——对社交网站使用的影响。对澳大利亚人进行的一项大型调查发现，Facebook 的用户比非用户更外向、更不尽责，但非用户会更易害羞和感到社交孤独（Ryan & Xenos，2011）。马斯坎内尔等人（Muscanell & Guadagno，2012）发现，外向性、亲和性、开放性和责任心可以用来预测社交网站使用行为，自恋倾向却不能，这可能让那些相信社交媒体使用本质上是一种自恋行为的人大吃一惊。非常善于交际的人似乎能通过任何他们可及的媒介进行交流。一项针对日本青年人的研究发现，社交技巧较高的人更常使用手机语音和电子邮件，却不怎么发手机短信（Ishii，2006）。

社交焦虑者可能更喜欢线索较少的媒介（McKenna et al.，2002）。莱德贝特（Ledbetter，2009a）发展出一套“线上传播态度”量表，用以评估个体对使用线上媒体进行自我披露和社交连接的感受。这一量表还可以用来衡量人们的忧虑感，换言之，也就是对沟通误解和易用性的担忧程度。他还对这一量表进行改良，用以评估人们对通过 Xbox Live 维系关系的态度（Ledbetter & Kuznekoff，2011）。在一项针对同性朋友的研究中，他发现，那些在线上越能舒适地进行自我披露的人，越会认为自己的沟通能力较差，越会通过各种线上媒体和朋友交流，而越少和朋友进行面对面的交流（Ledbetter，2009a）。对使用网络平台进行社交保持积极态度的 Xbox 玩家，会更多通过线上媒体维系关系，却更少进行线下互动（Ledbetter & Kuznekoff，2011）。

关系型媒介的使用也受到文化语境、朋辈群体和年龄的影响。有研究者（Baron & Hård af Segerstad，2010）比较了瑞典、美国和日本的手机使用情况，发现公共媒体（public media）使用中的一些差异可以用文化规范解
162 释。例如，在日本，人们认为地铁和人行道等公共场所需要保持安静，因此短信的使用频率就比其他两个国家要高得多。

虽然如今，短信已经几乎无处不在，但还是年轻人发得最多。林（Ling，2010）对挪威人的短信使用行为进行了一项大规模的历时性研究。因为研究的时间足够长，年龄影响和世代影响就可以分开进行考察。研究发现，在十八九岁和二十出头时，人们正处于忙着交朋友、发展社交生活的人生阶段，他们发短信的数量也达到了顶峰。科尔（Cole，2013）发现，在美国，大多数 24 岁以下的人都认为，发短信对于人际关系的维系至关重要，但在 45 岁以上的人中，只有 1/3 持有这种观点。

芬兰青少年用高度仪式化的方式来使用手机，这显示了在不同的朋辈群体中，媒介的使用差异会有多大（Kasesniemi & Rautiainen，2002）。短信使用在青少年中非常普遍，并被用于巩固他们的朋辈文化。尽管这些短信“转瞬即逝”，但青少年却会把它们收集起来，并抄写在专门为这些短信设计和销售的笔记本上。短信成为与朋友进行比较、交易和创作的物品。

人们居住的距离远近，同样对我们使用哪种媒介有重要影响。如果人们居住在同一座城市，面对面和打电话交流似乎就会占据主导地位，不过如果在近几年进行同类研究，肯定也会发现，短信和社交网站在这些关系中同样重要。研究者发现（Chen et al.，2002；Quan-Haase et al.，2002），在全球范围内，电话都是维持本地关系（local relationships）最常使用的媒介，但在大学生群体中，本地关系最有可能通过面对面交流的方式维持，其次才是打电话（Baym et al.，2004）。这种区别可能是因为大学生都住在学校宿舍中，与在全球范围内收集的线上样本生活方式有很大不同造成的。在我们的学生中，有三分之一的本地关系都会使用互联网维系（Baym et al.，2004）。

在远距离关系中，电话似乎没有承担同样的功能。21 世纪初的调查研

究发现，电子邮件是在远距离时差中保持联系的主要手段（Dimmick et al.，2000）。关－哈泽等人（Quan-Haase et al.，2002）发现，在异地关系中，49%的人与亲人的社交接触是在线上进行的，62%的人在与朋友互动时同样 163
会使用互联网。迪米克等人（Dimmick et al.，2000）的研究表明，人们认为电子邮件比打电话更适合异地关系之间的交流；近一半的人表示，拥有了互联网，他们打长途电话的次数就少了。在我们的学生中，与本地关系相比，互联网互动更适用于远距离联系。学生们进行异地互动同样更多是通过互联网而不是打电话（Baym et al.，2004）。

关系类型也是影响媒介使用的一个重要因素。比起家人，人们似乎更喜欢用互联网和朋友交流。在一项大型国际调查中，陈等人（Chen et al.，2002）发现，比起亲人，人们会更多地与自己的朋友发邮件。关－哈泽等人（Quan-Haase et al.，2002）也使用了这一数据，发现在距离较近的朋友中，电子邮件和面对面交谈的频率差不多。不过，在与本地家庭成员的交往中，电子邮件的使用频率却相对较低。豪泽等人（Houser et al.，2012）发现，比起朋友或重要他者（significant others）来说，亲戚之间会更频繁地使用电子邮件；比起亲戚和恋人，朋友之间会更多地使用社交网站进行交流。我们在第四、五章都看到，比起线下，异性友谊似乎更有可能在线上建立和维持。莱德贝特等人（Ledbetter et al.，2011）发现，在打电话和面对面沟通中，异性朋友之间的日常沟通会比同性之间要少，但在线上却没有什么差别。

关系的亲密程度同样重要。在我研究的美国大学生群体中，两个人关系越亲密，就越可能进行面对面交流或打电话。不过，他们的在线交流频率却并不随着关系的增进或疏远发生改变。与此同时，我对 Last. fm 上朋友提出了一个开放式问题：他们为什么互加对方为好友？被访者的回答表明，把对方带到他们发现的任何媒介上，本身就是亲密关系的一部分。当人们在协调关系的亲密性时，媒介选择的象征性影响尤为显著。萨奇（Sarch，1993）考察了约会关系中电话的使用，发现关系可以通过以下几个因素来衡量，例如电话交谈的频率、时间长短，也许最重要的一点是，打电话交流是否会促成彼此的见面。在这种情况下，电话交谈的吸引力在于它是一种低线索媒介（low-cue medium）。更低线索媒介的出现，尤其是短信，改
164 变了早期的示爱方式。拉森（Larson，2010）确定了四种示爱方式——闲逛、聊天、约会和勾搭。只有约会中的人才会打电话。在关系初期，人们很难决定到底该使用哪种媒介，因为人人都想保护自己的脸面，尽量不要显得太着急。基于以上这些原因，他们通常会先通过异步媒介进行交流，比如短信，这会增强自己的控制力，并允许对方按照自己的时间安排来回复信息（Caughlin & Sharabi，2013；Larson，2010；Pascoe，2010）。随着恋情的发展，打电话成为一个转折点，这意味着双方会带着更多的承诺，更严肃地投入这段感情中（Larson，2010）。Facebook 上留言或关系状态的变化也可以用来表现亲密关系（Larson，2010；Pascoe，2010）。在网上建立一段可见的新关系能够获得同伴的支持和认可，但出于同样的原因，也可能会导致一些问题。在这些信息更新之前，情侣也许会先在线下进行协商（Pascoe，2010）。

文化语境为不同的关系阶段定义了适当的行为，它也会塑造媒体使用及其意义。例如，21 世纪初，在以色列的巴勒斯坦年轻人的恋爱关系中（Hijazi-Omari & Ribak，2008），年轻小伙会将手机当礼物送给女孩，作为承诺这段关系的标志。恋情本身需要对女方的父母保密，手机也一样，这就需要朋友们来帮忙打掩护，这也影响了年轻人对电话外观的偏好（外表小而不显眼）。电话的一端是男人的束缚，另一端则是父母的阻力，它将年轻女性从父母那里解放出来的同时（虽然向父母保密这一做法，本身就证明了父母的权威仍旧继续存在），又将她们置于男朋友更强大的控制之下。不过，这样的传统很可能是短暂的，短短几年之内，巴勒斯坦人使用手机的规范就发生了变化，父母开始给他们十几岁的女儿购买手机。

正如以上这些例子所表明的，关系型媒介的使用可以作为一种象征和制定性别角色的方式（Hijazi-Omari & Ribak，2008；Ling，2004；Sarch，1993）。毫无疑问，性别也是一种影响人们如何使用媒介、使用何种媒介的
165 因素。一般而言，女性会通过社交媒体和电话进行更多的日常交流（Ledbetter et al，2011；Muscanell & Guadagno，2012），男性则更有可能使用社交

网站约会、求职、交友和玩游戏，女性会发布更多的照片、公共信息和私人信息，同时发出更多好友请求（Muscanell & Guadagno，2012）。

网络使用对其他关系的影响

“好吧，”你可能会说，“有价值的新关系会在线上出现，维系日常生活中的关系也会使用各种各样的媒体，但我们的确花太多时间上网、看手机，这难免会影响我们的其他关系，这也是事实啊。”本书第二章讨论公共话语时，这便是其中一个重要议题，同样，这也是特克尔在畅销书《群体性孤独》（Turkle，2011）中的核心观点。新的传播技术会破坏或取代面对面的关系吗？正如批评家们所警告的，数字社区将会取代本地的实体社区，互联网和移动媒体让人们忧心忡忡，数字媒体会引导我们用浅薄的人际关系代替真实的人际关系。我们不再和那些共处一地的人们面对面，而是变得分离、孤立，在任何地方都无法“完整”地存在。

一些早期的研究认为，互联网用户花在家人和朋友身上的时间更少。卡茨和赖斯（Katz & Rice，2002）发现，离家在外的人更有可能在近期使用过互联网。科尔（Cole，2000）发现，与非用户相比，互联网用户与家庭成员之间的社交略少。聂等人（Nie，Hillygus & Erbring，2002）量化了这一问题，他们发现在网上冲浪一分钟，与家庭成员的交流就会减少 20 秒，与朋友的交流会减少 7 秒，与同事的交流会减少 11 秒，自己独处的时间则会增加 45 秒。不过，2012 年，在一项对北美人进行的调查研究中，“认为互联网增加了他们与朋友的联系的人，比认为互联网减少了他们之间联系的人多 10 倍以上；同样，认为互联网让他们和家人走得更近的人，也比持反面态度者多 8 倍以上”（Cole，2013：110）。

将传播技术引入人们的关系当中，一定会带来很多问题，我们也会继续讨论这些问题，不过说它减少了人们之间的交流是没有道理的。我对大学生（Baym et al.，2004）以及 Last. fm（Baym & Ledbetter，2009）用户的 166
研究表明，媒介使用和面对面交流的频率正向相关。学生们越常使用互联网来维系他们的社交关系，就越可能进行面对面的交流、打电话和发邮件。

Last. fm 的朋友在交流时，任何一种媒介的使用频率，都和所有其他媒介的使用频率正向相关。其中面对面交流和打电话、发短信和打电话、打电话和即时通信工具、发短信和即时通信工具之间的联系尤为密切。这一发现也被其他研究所证实。科弗等人（Copher，Kanfer & Walker，2002）邀请美国的社区领袖们花费一周时间，以日记的形式记录所有和他人超越寒暄的交流。当他们比较其中的重度和轻度电子邮件用户时，发现与轻度用户相比，重度用户在人际交往中也会更多进行面对面的交流。在各种媒体上，重度电子邮件用户"不管在总量方面还是百分比方面，都会进行更多的交流，他们的交流时间以及［交流对象］也都比轻度电子邮件用户要多"。（Copher et al.，2002：274）。马泰和巴尔－罗克奇（Matei & Ball-Rokeach，2002）比较了洛杉矶不同地区的互联网用户，发现在当地社区有更多社会关系的人更有可能使用互联网来结识新朋友。由此，他们得出结论："对社区有归属感的人，在哪儿都会有归属感。"在日本文化背景下，石井（Ishii，2006）发现更频繁使用电子邮件的年轻人可以拓宽他们的社交圈，结交更多远方的朋友。

那些关乎所有类型的互联网使用，而不仅仅局限于关系型互联网使用的研究，也发现互联网用户比非用户更具社交性。汉普顿等人（Hampton et al.，2011）发现，互联网用户比非用户拥有非亲属知己的可能性高55%。在一项2000年的调查中，皮尤互联网和美国人生活项目发现，72%的互联网用户（包括长期和重度用户）表示，他们"昨天"曾拜访过家人或朋友。而在非互联网用户中，这一比例仅为61%。罗宾逊等人（Robinson et al.，2002）对美国人进行了随机抽样调查，让他们在15分钟内回顾自己过去的一天。研究发现，互联网用户花在社交活动上的时间是非用户的三倍，进行的交谈也明显比非用户要多。互联网用户睡得更少，在个人卫生上花费
167 的时间也更少，还拥有更多的空闲时间。这也暗示了，上网真正占用了做哪些事情的时间。

人们会一起使用互联网。科尔（Cole，2000）发现，47%的互联网用户每周会花时间和家人一同上网。一项关于儿童在家使用电脑的观察研究

（Orleans & Laney，2000）发现，互联网为孩子们提供了许多互动机会。线上信息是他们交流的主题；孩子们一起在网上搜索对他们有价值的东西；他们得到了一起进行社会实验的机会；互联网还让他们有机会展现令人尊敬的知识和技能。虽然我必须承认，在我家，家庭电脑的使用有时会减少家人共度的时间，不过，我也非常珍视儿子们肩并肩一同度过的时光——有时候在同一张椅子上——在屏幕前玩游戏或是向彼此展示最酷的新发现。他们的父亲也经常会加入其中（Horst，2010）。

在面对面的交流中，通信技术的在场可能会引发一些问题，其中的分歧在于，这些技术能否，以及怎样不具侵扰性地融入面对面的交流。近一半（48%）美国人表示，他们的另一半在网上花费了太多时间，自己时常会被忽视（Cole，2013）。手机因为易于携带的特点，会造成更大的问题。李·汉弗莱斯（Humphreys，2005）的研究表明，在两个人进行面对面的交流时，一方突然打电话或者接电话，另一方对这次交流的感受就会产生微妙的变化。她引用了戈夫曼（Goffman，1963，1971）的说法，认为电话把“在一起的两个人”（withs）变为“两个单独的人”（singles），当人们被对方的电话孤立后，会采取一些适应性行为，比如将目光转移到别处、做点其他事、径直向前走或偷偷在一边听着。高达92%的美国人认为他们的伴侣总把时间花在移动设备上，自己因此而被忽视了（Cole，2013）。

传播技术的使用是否会对人际关系产生危害，在很大程度上取决于对方如何进行解读。奥斯隆等人（Ahlstrom et al.，2012）调查了一些夫妇：
在一些夫妻关系中，只有其中一人经常玩大型多人在线角色扮演游戏；在 168
另一些夫妻关系中两个人都喜欢玩，只不过其中一个人玩得更多。那些相对不怎么玩游戏的一方如何看待游戏，就对婚姻关系的满意度至关重要了。在只有一名玩家的夫妇中，超过半数表示他们经常因为游戏发生争执，其中超过70%玩游戏的人认为，游戏对他们的婚姻产生了负面影响，在他们不玩游戏的配偶中这个比例还要更高。不过，在那些双方都玩游戏的夫妻中，只有三分之一有过争吵，50%的夫妻表示他们通常会积极地谈论游戏，约75%的夫妻表示游戏对婚姻关系的影响是积极的（研究者们警告：夫妻双方千万不要加入同一公会或部落）。

总而言之，关系是通过包括面对面交流在内的许多媒介建立和维系的。这些媒介不仅提供了广泛的可供性，还整合成了一个既统一又复杂的系统。决定在何时使用哪种媒介，可能是一个有压力的选择，媒介会有意无意地暗示出关系的重要性。媒介使用也受到许多因素的影响，对于关系中的双方而言，找到他们一致同意的有关技术使用的行为规范和道德指令，就显得尤其重要了。在本章最后一部分中，我们将简要介绍一些当前发生的失范现象。

不确定的规范

技术随着被驯化的过程从新奇沦为普通。正如我在第二章中所言，在这个过程中，人们必须跨越乌托邦和反乌托邦的反应，努力应对其中混乱的细微差异。本书已经阐明，许多细微的差异已经被抹平，但其他一些问题，例如什么时候拨打或者接听电话更合适，还远远没有得到解决，即使是一对情侣之间也很难达成完全的统一（Duran et al.，2011）。在本章的结尾，我们将讨论有关传播技术的三组问题，这些问题表明，我们仍处在理解这些媒介的过程中。首先我们会针对在什么情况下使用媒介更加合适这一问题，讨论人们之间存在的分歧。接下来会讨论，既然在社交网站中四分之三的朋友都不算“真正”的朋友，那么什么才是“朋友”呢？最后，我们再来看看什么是信息过载。

什么时候合适？

169 并不是每个人都认为互联网总会，或理应在本地被使用。十几年前，我对大学生群体进行了焦点小组访谈，考察他们如何看待在本地人际关系中使用互联网这件事（Baym，2005）。虽然我所在的大学并不以学生群体的多元化闻名，但他们的态度确实差别很大，可以看出，这个话题本身有极大的不确定性，还会引发潜在关系上的麻烦。对于是否能用电子邮件或即时通信工具说分手，或者是否能用互联网来面对那些上次见面冒犯过你的朋友，学生们持有不同意见。一些人，尤其是女生，喜欢用网络来结束关系，其他人却对这种想法感到震惊。大多数人认为这不是处理冲突的好方法，但也有人解释说，他们很能理解为什么朋友们选择了那种媒介，因为自己就是脾气很大的人，或许，他们还会为在很难通过面对面交流的情况下，有另一种方法解决问题而高兴。当然，也有至少一个人表示通过互联网来处理问题是一种缺乏尊重的表现，而这本身就是结束友谊的理由。

霍尔、米尔特纳和我（Hall，Baym，& Miltner，2014）研究了关系亲密的两个人在面对面交谈中使用手机会如何影响他们关系的质量。我们发现这种行为的性质（公开、半公开、私人）虽会造成微妙的影响，不过总体而言，交谈对象是否遵循他们共同认可的既定社会规范其实并不重要，真正重要的是是否遵循了某种独特规范（idiosyncratic norms）。如果一个人感觉双方都遵守了他们的个人标准，就会感到满意，而是否遵从了社会标准其实并不重要。因此我们的结论是合适的标准千变万化，当我们用自己的媒介意识形态来判断其他人的关系质量时，应该非常谨慎。

什么是“朋友”？

另一个存在分歧的领域是社交网站上“加好友”的做法。如果说，在 170
社交网站上的“朋友”与线下所代表的含义并不一致，或者更加确切地说，一个人在线下确认的“真正的”朋友，只是社交网站中朋友的一个类别，那么，对于什么才是“朋友”，哪些人才算朋友，就有可能产生冲突。

许多研究友谊的学者已经注意到人际关系的模糊性（例如 Parks，2006；Rawlins，1992）。线上和线下一样，“‘友谊’这个词既是含糊的，又表现了一定的象征意义，可以用来表示许多不同种类的关系”（Kendall，2002：141）。即使是一对关系中的双方，也可能会在对友谊的界定上存在差异。在社交网络中，为关系贴标签的技术必要性增强了这种模糊性。对于他们的

总体而言，交谈对象是否遵循他们共同认可的既定社会规范其实并不重要，真正重要的是是否遵循了某种独特规范。如果一个人感觉双方都遵守了他们的个人标准，就会感到满意，而是否遵从了社会标准其实并不重要。

“友谊”究竟属于何种关系，每对朋友都可能会有不同的理解（Fono & Raynes-Goldie，2006），人们有可能不得不为自己并不了解的朋友的行为背锅（Boyd & Heer，2006；Donath & Boyd，2004），还可能不理解他们为何要承担这种关系导致的责任（Kim & Yun，2007）。希尔（Sheer，2011）对香港青少年的调查发现，这些人很容易确定他们的 MSN 联系人中哪些是陌生人、哪些是亲密好友，但却很难界定哪些人是“朋友”。

歧义可能会导致冲突。在 LiveJournal 中谈到“朋友”一词时，福诺和雷恩斯－戈尔迪（Fono & Raynes-Goldie，2006）认为，这个词的“自反性和多重含义造成了许多社会焦虑、冲突和误解”。Cyworld 中使用了韩国文化中的亲属称谓“一寸”（ilchon）①，这也引发了许多类似的问题。金和云（Kim & Yun，2007）写道：“一寸的隐喻激发了不同程度的关系紧张，这取决于用户如何解读一寸这个词表达的亲密程度。”即便有不同的标签种类，也同样会出现问题。博伊德（boyd，2006）的一名青少年受访者描述了 MySpace 的“前八位”功能（Top 8 feature），这种功能允许人们将他们的八位朋友列为最重要的好友，这可以说就是一场“心理战”。我采访的音乐家们表示，有一些粉丝把社交媒体上的好友关系解读为一种自己并不想承担的责任。

信息有多少？

171 《韦伯斯特新世界词典》（*Webster's World Dictionary*）的编辑们将 2008 年的年度词语确定为“过度分享”（overshare），意思是过多的自我暴露。主编解释说，之所以选择这个词，不仅仅是因为它既可以当名词也可以作动词，也因为它反映了公共传播的一个重要趋势。他进一步解释道：“有些人以轻蔑的态度使用这个词，因为他们不喜欢过度分享。另一些人则认为过度分享是个好事。人们看待这种行为的方式，乃至他们看待这个世界的

---

① Ilchon 韩语为일촌，直译为“一寸”。“寸”是韩国家族血缘关系的一种计量单位，父母与孩子的关系便是“一寸”，兄弟姐妹之间的关系经过了父母这一层，计为“两寸”，以此类推，孩子和叔叔为三寸。这个说法如今也成为韩国的互联网语言，代指网络中的好友。——译者注

方式，都发生了代际转变。”在什么情况下、对什么人、进行多大程度的自我披露才是合适的？以及从相反的角度来看，隐私保护的尺度究竟在哪里？这些问题导致了严重的文化混乱。如今，许多在线论坛的用户都使用首字母缩写词“TMI”表示“信息过量”（too much information），这暗示了“过度”披露在很大程度上已经成为一种常态，以及人们对于何为适当的自我披露，存在多大程度的不确定。

一个人认为的“过量信息”对另一个人来说可能是有趣的见解，抑或是表达支持和团结的机会。当预料之外的观众看到我们的私人信息时，结果很可能会令人尴尬，甚至会改变我们的生活。

我们已经讨论过很多次，进行披露的一个重要动力是线索的稀缺，这让人们更容易变得诚实，也让诚实导致的负面社会后果看起来更加遥远和不易发生。另一个问题是在第五章中讨论的无实体和坍塌的受众，正如我们看到的，人们真正接触到的受众和他们想象的受众可能非常不同，对整个网络可见的信息，其实也并不是发给网络中的每一个人看的。一个人认为的“过量信息”对另一个人来说可能是有趣的见解，抑或是表达支持和团结的机会。当预料之外的观众看到我们的私人信息时，结果很可能会令人尴尬，甚至会改变我们的生活。发布在社交网站上的信息可能会让人丢掉工作、吊销签证、入狱，并且名誉受损（Snyder et al.，2006）。

公共场所中的手机通话是这种新沟通实践的另一个例子，它同样也扰乱了自我披露的规范。很多人都讨厌听到别人的手机通话，当对话很私人时他们尤其愤怒。我还清楚地记得几年前在坐电梯时听到一个学生在电话里解释自己的债务问题，并向对方借钱。大多数时候，说话者似乎并不在
意他们被偷听，正如戈夫曼所言（Goffman，1971），他们期待无心的观众会 172
假装不在意，表现出一种“礼貌性疏忽”（civil inattention）。

结论

围绕关系和新媒体的问题不能用过度简单的乌托邦或反乌托邦视角来回答，也不能将它的后果理解为是技术或使用者来决定的。技术可供性与

> 围绕关系和新媒体的问题不能用过度简单的乌托邦或反乌托邦视角来回答，也不能将它的后果理解为是技术或使用者来决定的。

来自个人、社会和文化的影响交织，这样一来，媒介对于不同时间内、不同关系中的不同的人，都具有不同的含义。互动媒体的存在，让人们跨越地理距离彼此相连，造就了新的关系。我们又一次看到，媒介中的线索数量影响着它们在新关系中是如何被使用和感知的。在早期的关系中，稀疏的线索可能会让人们高估彼此的吸引力，而在长期的关系中也可能成为冲突的导火索。随着关系的发展，我们寻求线索更加丰富的媒介来充实我们的联系，联系一旦被充实起来，就会使用多种媒介进行交往。这些媒介相互融合，就形成了复媒体环境。

媒介质量影响着我们在关系中能用它来做什么。手机大小合适、方便携带又不显眼，于是便成为人们与所爱之人保持联系的理想选择，但在我与朋友同处一室时也可能会干扰我们之间的谈话。超越空间的异步媒体（如短信和社交网站）很适合远距离关系的维系，但在本地关系中也有自己的用处。在线创建和维系关系十分便利，这有助于人们扩大自己的圈子，维护和包容更多的弱连接，同时也可以用来巩固自己的强连接。

在塑造我们如何使用新媒体、和谁、出于何种目的沟通过程中，社会影响也是至关重要的，关系阶段的不同是其中一个因素。在关系早期，我们保持在最初相遇的媒介上沟通，或者使用更安全的低线索媒介，随着关系的进一步发展，我们的交往会扩展到其他媒介。性格的影响也很重要，害羞和焦虑的人可能更喜欢线上媒介，而对于一上来就特别善于社交的人来讲，只要提供更多与他人交流的机会，就照单全收。另一个重要的因素
173 是文化，一个民族的行为准则会决定人们是否以及何时发短信、打电话，同时还会影响其他媒介的使用。朋辈群体、年龄和性别规范都会影响我们的行为，以及哪些行为会被我们认为是正常的。

随着时间的推移，在许多文化中，人们在线上见面并开始一段关系，已经变成一件很正常的事情。不过，用于指导人们何时、出于何种目的、使用哪种媒介的规范尚未明确。哪些人更适合进行中介化交往、线上关系该有什么样的边界和期待，以及中介化交往中应该谈论哪些话题，都是人

们存在分歧的地方，这也可能对关系本身产生影响。人们不能想当然地认为，与他们有关系的人必定和自己态度一致。想要与他人维持良好的关系，应该弄清的一件事情，就是使用哪种媒介在何时进行交流。个体必须在不同的媒介中调整自己的舒适度，关系中的两个人为了避免冲突，也必须相互协商，确定在交往中使用哪种媒介，以及这种媒介如何反映他们之间的关系。而在群体层面，我们未来一定会在这些问题上达成行动上的共识。不过到了那时，新的媒介也会出现，这一过程又将重新开始。

结语：赛博空间的神话

在第一代传播技术发明数千年之后，人类仍然执着于保持人际关系和自身的真实性，努力培养有意义的人际联系。这一路上，风雨交加、喜忧参半，但人类在生生不息的前进过程中却仍然努力保持乐观，并仍然会向彼此敞开怀抱。

174 在一些人的回忆中，他们还能清晰记得没有互联网和手机的生活是什么样子的，对这些人来说，新科技就像突然从天而降，来到他们的生活中。在另一些人的回忆中，他们与互联网和手机一同成长，新科技早就是他们日常环境的一部分，因此这些人既不会对互联网和手机大惊小怪，也不会对这些新科技的使用进行批判性反思。世界上总会冒出一些新鲜的传播技术，让现在的小孩感到神奇非凡，进而厌倦他们手里的科技产品。这本书既写给那些将科技视为新鲜、迥异之物的人，也写给那些将科技视为理所应当的人，同时还写给那些将会思考未来新科技的人。

可以想见，在未来，每一种全新的互动媒介几乎都应该是通过传播的过滤器让我们知晓的。我们的同伴会讨论它们，它们也会出现在新闻报道、电影和电视节目中。我们会看见关于它们的广告，也许我们认识的一些人会开始使用它们。这些话语所强调的主题、讲述的故事，以及传递的印象都会被文化力量所塑造，这种塑造也将会比一种新机器或新界面本身的意义更加深刻、强大。我们需要理性地解读大众媒体和日常交流中传达的信息，而不要只讨论它们的表面价值。

现在的人们喜欢以技术决定论的视角考量新技术，思考它们对我们做了什么、好还是不好，因此我们发现，有人担忧中介化传播损害了我们面对面交流的能力、损害了语言，还损害了我们与社区和家庭的关系，以肤浅替代了有意义的交流。这些视角与另一种更加乐观的想象彼此共存、关系紧张。这种更加乐观的想象认为，中介化传播会让家庭变得更加亲密，公民会更多参与到公共事务中，资源更加丰富，社交网络也会更加庞大、
175 紧密。技术决定论可以通过它对因果关系的建构来辨识，媒体会被归为原因，人们的变化被归为结果。

不过，在决定技术是什么、将会成为什么的过程中，人也是具有适应性、创造性和影响力的。我们用科技来满足自己的目标，开发者则依靠不断的设计和创新，也为了给人们提供更好的方式，去完成那些开发者意料不到的事情。当初没有人会把电脑当成人际交流的媒介，如果你只是观察它的特性，乍看起来电脑也很难在人际传播中被使用。不过一旦联网，人们就会利用技术提供的可供性，并把它们变成一种社交资源。在互联网从军事科研专用向日常生活网络的转变过程中，人们对于社交和连接彼此的渴望，都成为一种导向力。

1984 年，威廉·吉布森出版了一本关于未来计算机的科幻小说，名叫《神经漫游者》，在这本书里，他发明了一个新词——赛博空间。他是这样描述的（省略号为原文所有）：

> 赛博空间。在世界上的每个国家中，每天有数十亿合法的操作者，以及学习数学概念的孩子们，都可以感受到一种同样的幻觉……这是一种数据的图像表征，来自人体系统中每一台电脑的存储体，复杂得难以想象。一条条光线在智能、数据簇和数据丛的非空间中散发，像城市的灯光，渐渐远去、消退……（Gibson，1984/2000：51）

吉布森将他虚构的“赛博空间”描绘成了一个幻觉里的“非空间”（nonspace），就像一座永不停歇的城市。如果你想从现实世界来到赛博空间，只需“按一下开关，就会瞬间发生”（Gibson，1984/2000：55）。这本书的主角凯斯是一名“赛博空间牛仔”（cyberspace cowboy），赛博空间带给他一种“无形的快感”，让他有理由继续活下去（Gibson，1984/200：56）。尽管在那些谈论新媒体的人中很少有人读过《神经漫游者》，不过吉布森极具预见性的想象现在看来仍旧是适宜的、有影响力的。纵观这本书，作者在很多地方都将中介化交往看作是一种“幻觉”，它无形、虚幻、诱人，再造了一种先驱式自由，就如同当年美国的牛仔神话一样。

对数字传播的决定论导向常常建立在一种对比的感觉之上，也就是说，中介化传播与真实的面对面具身交往截然不同。决定论建立在线上与线下的并置关系之上，明确二者的不同，进而寻找明确的界限。不过，在整本书中，我们已经了解到，二元分割的观点根本经不起推敲。人们有可能通过互联网，在幻想的王国中建立一个与线下的真实情况完全不同的自我，但只要仔细观察便会发现，幻想王国与真实世界之间的界限并非清晰可见的。

当然，这些创造全新自我的实践也只是偶然的，而非常态。总的来说，中介化传播并不是一个空间，而是一种人们用来连接彼此的工具。每一种工具都有意义，而这种意义要依靠他人的解读。这些工具扎根于具身生活（embodied life）中，并对日常现实产生影响，只有在这里，它们才能够被充分理解。

机器的确会产生影响。引言中概述的七个关键概念描述了数字媒体设备的主要可供性，这些可供性一直回荡在媒体使用的过程和结果中。数字媒体在交互性、存储性、可复制性、移动性和可及性方面各不相同，它们之间的差异还在于是否要求人们同时进行交互，或消息之间是否存在时间差。除此之外，它们提供的社交线索也大不相同，正如我们所看到的，这能影响人们的自我呈现、诚实、关系发展和关系维系。如果我们没有这些传播技术，就无法去维护移动、分散的社交网络和职业网络，而如今，这些网络已经被人们视为生活中理所当然的一部分。就像我们在理解有关新媒体的信息时需要拥有批判性工具一样，我们在具体观察一种媒介的特质时也需要概念性工具，来考察这些特质在过去的创新中是如何发挥作用的，并理解它们在新媒体中是如何共同进行修改或扩展的。此外平台的形式、算法和商业模式塑造了它们在人际关系方面的可供性，进而影响了我们的关系。越来越多关系交往发生于商业性空间中，但商业性空间要对股东而不是对用户负责，这样我们在交往中产生的数据，就会以一种我们无法控制的方式成为可供买卖的资产，这是我们应该更加关注和批判的。

人本身也会影响人际关系。我们需要理解社会动力（social dynamics），
177 它既是技术的源泉，也是技术的后果。技术不是凭空产生的，它们要在社会和文化语境下被开发和利用。在历史进程中，作为适应者或非适应者，我们在接触媒体时，会被社会议程、社会责任感和根深蒂固的社会实践所

影响。其中社会实践又主要是通过新技术来复制和实施的，在关系语境、性别、国籍和群体身份对中介化行为与认知的影响中，我们已经看到了这一点。

如果我们把数字关系看作日常生活和社会语境中的一部分，它就不会是一种激进的关系变革的中介，无论这种变革是乌托邦式的还是反乌托邦式的。在进入互联网之前，并没有这样一道门，供我们检查自己的个人身份、社会身份、文化身份、历史身份和世界观，我们也不能自由地创造全新的沟通、自我、关系、群组、网络或世界。我们更没有被迫进入另一个肤浅的模拟世界，交换虚假的信息、疏远真实的彼此。数字媒体既没有拯救我们，也没有毁掉我们，更不是在重塑我们。不过，它们正在以不胜枚举的方式，改变着我们与他人和自己的连接方式。我们跨越遥远的距离，与更多人保持更加长久的联系。我们发现、分享以前从未接触过的支持性资源（supportive resources）。我们越过以前无法想象的界限，创建新的群组和关系。在一些情况下，正是因为互联网，我们陷入了糟糕的困境中；但另一些情况下，在互联网中，我们又找到了新的机会。

如果你的问题是中介化传播是否和非中介交往一样好，或者是线上关系是否和非中介关系一样好，那么，你还是没有找到重点。这并不是一个非此即彼、可以比较的问题。关键在于，谁在进行、为了什么、在什么样的语境下传播，以及他们对此有何期待。在一些情况下，中介化沟通比面对面交流会更好，有些情况下则会更糟，有时候两者又是可以互换的。当中介化媒体已经无法满足某种需求时，互联网和电话的使用不会阻止人们实现这种需求。人们完全可以离开这些机器，与彼此见面，而且，他们还可以使用这些机器来安排一次见面。

研究结果和我们大部分的个人经验都表明，新媒体并不仅仅是一个与线下并置的网络空间。我的希望是，如果有一天人们认为这本书过时了，178
是因为它还在对比讨论“线上”和“线下”两个概念。不过，将中介化传播和具身传播进行比较，并寻找前者对后者影响的这种趋势，一直深深扎根于新传播技术的历史中，并将持续下去。纵观整个历史，新形式的中介具有始终如一的破坏性，它们引发了长期对立的紧张或辩证关系（Baxter & Montgomery，2007）。它们让我们能超越空间，与身体不在场的人们彼此相连，我们的身体可能处于某一环境之中，但我们的思想、情感和自我可能已经飞到了别处。将身体和思想置于二元论中，是哲学家们几百年来一直在思考的命题。独立与依赖之间一直存在矛盾，我们希望拥有独处的自由，去做我们想做的事情，同样也渴望需要和被需要。新技术的到来让两者之间的冲突进一步加剧，因为一方面新技术让我们对自己有了更大的控制权，另一方面也让我们的相互交往更有持续性，还让我们在关系中担负起更多的责任。在所有的关系中，我们都需要在自我披露和隐私保护之间找到平衡。新媒体造成了受众的坍塌和延展，此时，人际关系中既有的那些挑战就被进一步放大了。技术为我们提供了新的能力，我们需要依靠机器去实现这些能力，因此，我们就必须问清楚，人和机器之间的界限在哪里。在数字时代，新媒体会引发人们的疑问：真实的人类究竟指的是什么？

用于人际交流的新媒体，让那些我们认为是理所当然的社会规范清晰可见，同时，也给我们提供了改变这些规范的机会，这在数字时代已经不是什么新鲜事了。社会规范自从几千年前首次出现时，就一直非常多样且善变，并且只要人类仍旧存在，它就会继续进化。我们需要对这些社会进化不断进行整理、反思，而技术也一直会是触发这种反思的恰当的载体。我已经强调要用社会形成论的视角来理解技术，既要认识到机器的可供性会将我们推向某个方向，也要明白人们同时也具有长期和短期的文化、情
179 境和个人轨迹，这些都意味着人有权力影响技术的发展、使用和后果。我们选择以何种方式理解和使用具身交往、旧媒体和新媒体，这都会塑造我们的人际关系。有关传播媒介使用的适当性规范是在不断发展的，只有真正地意识到媒介提供了什么、我们用媒介做出了什么选择，以及这种选择带来了什么后果，我们才能介入自己及我们的同辈和家庭群体，乃至我们的文化中，影响规范发展的进程，在新媒体的发展调整中塑造新的语境并加以利用。

围绕技术形成的话语，以及针对媒介使用和媒介影响的研究结果都告

诉我们，在第一代传播技术发明数千年后，我们仍然致力于保持人际关系和我们自身的真实性。我们开发和使用技术，为的是培养有意义的人际联系。这一路上有歧途、有错乱、有灾难，也有欣喜。我们与什么样的人、形成了什么样的联系，这些问题一直在不断发展的过程中。就像每一个站在我们面前的人一样，我们并不知道彼此的关系未来会怎样。不过，当我看到人们如此迅速并高效地接收网络上的数字信号，即便这些信号从不是为服务我们的连接需求而设计的，我都会乐观地相信，我们将一直以创新为航标，在航行中彼此拥抱。

致谢

感谢我的编辑安德里亚·德鲁甘（Andrea Drugan），以及 Polity 出版社中给我提供帮助的每个人。感谢那些给我提出反馈的人，包括娜塔莉·巴扎罗娃（Natalie Bazarova）、达纳·博伊德（danahboyd）、妮可·埃利森（Nicole Ellison）、基思·汉普顿（Keith Hampton）、凯特·米尔特纳（Kate Miltner）和史蒂夫·施基拉（Steve Schirra）。杰夫·霍尔（Jeff Hall）、阿德里安娜·孔克尔（Adrianne Kunkel）、凯利·拉森（Kiley Larson）、安德鲁·莱德贝特（Andrew Ledbetter）、林美辰（Mei-Chen Lin）、米歇尔·麦卡顿（Michelle McCudden）、瑞安·米尔纳（Ryan Milner）、凯特·米尔特纳（Kate Miltner）和张雁冰（Yan Bing Zhang）和我合作完成了书中提到的一些研究。凯特·米尔特纳（Kate Miltner）、娜塔莉·彭宁顿（Natalie Pennington）、梅丽尔·阿尔珀（Meryl Alper）、斯科特·坎贝尔（Scott Campbell）、林恩·彻尼（Lynn Cherny）、艾丽斯·德尔（Alice Daer）、丽贝卡·霍夫曼（Rebecca Hoffman）、霍利·克鲁泽（Holly Kruse）、阿德里安娜·孔克尔（Adrianne Kunkel）、索尼娅·利文斯通（Sonia Livingston）、艾丽斯·马威克（Alice Marwick）、约书亚·麦克维-舒尔茨（Joshua McVeigh-Schultz）和杰西卡·维塔克（Jessica Vitak）为我指出了一些补充性文献。

同时我也要感谢基利（Kiley）、瑞安（Ryan）、凯特（Kate）、史蒂夫（Steve）和丽贝卡（Rebecca）在编辑和书稿准备期间的帮助。马库斯·斯利夫卡（Markus Slivka）允许我在文中以他作为案例，这份友谊让我感激不尽。非常感谢漫画家们允许我使用他们如此精彩的作品[①]，尤其是乔尔·奥尔夫（Joel Orff）、兰道尔·门罗（Randall Munroe）和罗布·科廷厄姆（Rob Cottingham）。这本书很大程度上要归功于在堪萨斯大学上过我的人际关系和新技术课程的学生。如果没有读过第一版并将它用作教材的那些人，就不会有本书的第二版。通过与他们面对面进行的交流及在电子邮件、Skype 和 Twitter 上的对话和评论，这一版本得到了相当大的改进。我在微软研究院的同事和访问学者也让这本书变得更加丰富。

当然，如果没有家人的支持，我也不会成为现在的我。因此，我愿将最衷心的感谢送给他们。

① 本书中文版未收录漫画。——编者注

参考文献

2birds1blog (2008) *The Twenty Male Poses of Facebook*. (Online) Available at www.2birds1blog.com/2008/04/20-male-poses-of-facebook.html (accessed September 10, 2013).

Aakhus, M. & Rumsey, E. (2010) Crafting supportive communication online: a communication design analysis of conflict in an online support group. *Journal of Applied Communication Research* 38(1), 65–84.

Abbate, J. (1999) *Inventing the Internet*. Cambridge, MA: MIT Press.

Adelman, M. & Ahuvia, A. (1991) Mediated channels for mate seeking: a solution to involuntary singlehood? *Critical Studies in Mass Communication* 8, 273–89.

Agarwal, S. D., Bennett, W. L., Johnson, C. N., & Walker, S. (2014) A model of crowd-enabled organization: theory and methods for understanding the role of Twitter in the Occupy protests. *International Journal of Communication* 8, 646–72.

Ahlstrom, M., Lundberg, N. R., Zabriskie, R., Eggett, D., & Lindsay, G. B. (2012) Me, my spouse, and my avatar: the relationship between marital satisfaction and playing Massively Multiplayer Online Role-Playing Games (MMORPGs). *Journal of Leisure Research* 44(1), 1–22.

Albury, K., Crawford, K., Byron, P., & Mathews, B. (2013) *Young People and Sexting in Australia: Ethics, Representation and the Law*. (Online) Available at www.cci.edu.au/sites/default/files/Young_People_And_Sexting_Final.pdf.

Alper, M. (2013) War on Instagram: framing mobile photography apps in embedded photojournalism. *New Media & Society* (Advance Online Publication). Available at http://nms.sagepub.com/content/early/2013/09/16/1461444813504265.full.pdf+html (accessed August 27, 2014).

Altman, I. & Taylor, D. A. (1973) *Social Penetration: The Development of Interpersonal Relationships*. New York: Holt, Rinehart & Winston.

Andersen, P. & Guerrero, L. (1998) Principles of communication and emotion in social interaction. In P. Andersen & L. Guerrero (eds.)

Handbook of Communication and Emotion: Research, Theory, Applications, and Contexts. San Diego, CA: Academic Press, pp. 49–99.
Anderson, J. Q. (2005) *Imagining the Internet*. Lanham, MA: Rowman & Littlefield.
Antheunis, M. L. & Schouten, A. P. (2011) The effects of other-generated and system-generated cues on adolescents' perceived attractiveness on social networking sites. *Journal of Computer-Mediated Communication* 16(3), 391–406.
Baek, K., Holton, A., Harp, D., & Yaschur, C. (2011) The links that bind: uncovering novel motivations for linking on Facebook. *Computers in Human Behavior* 27(6), 2243–8.
Bailard, C. S. (2012) A field experiment on the internet's effect in an African election: savvier citizens, disaffected voters, or both? *Journal of Communication* 62(2), 330–44.
Baker, A. (2008) Down the rabbit hole: the role of place in the initiation and development of online relationships. In A. Barak (ed.) *Psychological Aspects of Cyberspace: Theory, Research, Applications*. New York: Cambridge University Press, pp. 163–84.
Banet-Weiser, S. (2004) Surfin' the net: children, parental obsolescence, and citizenship. In M. Sturken, D. Thomas, & S. J. Ball-Rokeach (eds.) *Technological Visions: The Hopes and Fears that Shape New Technologies*. Philadelphia, PA: Temple University Press, pp. 270–92.
—(2012) *Authentic™: The Politics of Ambivalence in a Brand Culture*. New York: New York University Press.
Baron, N. S. (1984) Computer mediated communication as a force in language change. *Visible Language* 18(2), 118–41.
—(1998) Letters by phone or speech by other means: the linguistics of email. *Language and Communication* 18, 133–70.
—(2000) *Alphabet to Email: How Written English Evolved and Where It's Heading*. London: Routledge.
—(2008) *Always On: Language in an Online and Mobile World*. New York: Oxford University Press.
Baron, N. S. & Hård af Segerstad, Y. (2010) Cross-cultural patterns in mobile phone use: public space and reachability in Sweden, the US, and Japan. *New Media & Society* 12(1), 13–34.
Baron, N. S. & Ling, R. (2003) IM and SMS: a linguistic comparison. Paper presented at Association of Internet Researchers Conference: Internet Research 4.0. Toronto, October.
Bartle, R. (2004) *Designing Virtual Worlds*. Berkeley, CA: New Riders Publishing.

Baxter, L. & Montgomery, B. (2007) *Relating: Dialogues and Dialectics*. New York: Guilford Press.

Baym, N. K. (1995) The performance of humor in computer-mediated communication. *Journal of Computer-Mediated Communication* 1(2). (Online) Available at http://onlinelibrary.wiley.com/doi/10.1111/j.1083-6101.1995.tb00327.x/full.

—(1996) Agreement and disagreement in a computer-mediated group. *Research on Language and Social Interaction* 29, 315–46.

—(2000) *Tune In, Log On: Soaps, Fandom, and Online Community*. Thousand Oaks, CA: Sage.

—(2005) Online communication in close relationships: revealing what surveys obscure. In M. Consalvo & M. Allen (eds.) *Internet Research Annual* Volume II. Berlin: Peter Lang, pp. 51–62.

—(2007) The new shape of online community: the example of Swedish independent music fandom. *First Monday* 12(8). (Online) Available at http://firstmonday.org/ojs/index.php/fm/article/view/1978/1853.

—(2012) Fans or friends? Seeing social media audiences as musicians do. *Participations: Journal of Audience & Reception Studies* 9(2), 286–316.

—(2013) The perils and pleasures of tweeting with fans. In K. Weller, A. Bruns, J. Burgess, M. Mahrt, & C. Puschmann (eds.) *Twitter and Society*. New York: Peter Lang, pp. 221–36.

Baym, N. K. & boyd, d. (2012) Socially mediated publicness: an introduction. *Journal of Broadcasting & Electronic Media* 56(3), 320–9.

Baym, N. K. & Burnett, R. (2009) Amateur experts: international fan labour in Swedish independent music. *International Journal of Cultural Studies* 12(5), 433–49.

Baym, N. K. & Ledbetter, A. (2009) Tunes that bind? Predicting friendship strength in a music-based social network. *Information, Community, & Society* 12(3), 408–27.

Baym, N. K., Zhang, Y. B., Kunkel, A., Lin, M.-C., & Ledbetter, A. (2007) Relational quality and media use. *New Media & Society* 9(5), 735–52.

Baym, N. K., Zhang, Y. B., & Lin, M. (2004) Social interactions across media: interpersonal communication on the internet, telephone, and face to face. *New Media & Society* 6(3), 299–318.

Benjamin, W. (2009 [1935]) *The Work of Art in the Age of Mechanical Reproduction*. New York: Classic Books America.

Bermudez, E. (2009) Death of blogger mom's daughter prompts outpouring from Internet community. *Los Angeles Times*, April 12. (Online) Available at http://articles.latimes.com/2009/apr/12/local/me-sickgirl12.

Berscheid, E., Dion, K., Hatfield, E., & Walster, G. W. (1971) Physical attractiveness and dating choice, a test of the matching hypothesis. *Journal of Experimental Social Psychology* 7, 173–89.

Bevan, J. L., Pfyl, J., & Barclay, B. (2012) Negative emotional and cognitive responses to being unfriended on Facebook: an exploratory study. *Computers in Human Behavior* 28(4), 1458–64.

Bijker, W. E., Hughes, T. P., & Pinch, T. J. (1987) *The Social Construction of Technological Systems: New Directions in the Sociology and History of Technology*. Cambridge, MA: MIT Press.

Bijker, W. E. & Law, J. (1992) *Shaping Technology / Building Society: Studies in Sociotechnical Change*. Cambridge, MA: MIT Press.

Bilton, N. (2014) Tangled web of memories lingers after a breakup. *The New York Times*, July 9. (Online) Available at www.nytimes.com/2014/07/10/fashion/on-social-media-memories-linger-after-a-breakup.html?_r=0.

Boddy, W. (2004) *New Media and Popular Imagination: Launching Radio, Television, and Digital Media in the United States*. Oxford: Oxford University Press.

Boellstorff, T. (2008) *Coming of Age in Second Life: An Anthropologist Explores the Virtually Human*. Princeton, NJ: Princeton University Press.

Bordbar, F. (2010) Gender, identity, and language use: a case of Tehrani teenage bloggers' virtual speech community. *International Journal of Language Studies* 4(2), 119–38.

Boulianne, S. (2009) Does internet use affect engagement? A meta-analysis of research. *Political Communication* 26(2), 193–211.

Bourdieu, P. (1984) *Distinction: A Social Critique of the Judgement of Taste*. London: Routledge.

boyd, d. (2006) Friends, friendsters, and MySpace top 8: writing community into being on social network sites. *First Monday* 11(12). (Online) Available at http://firstmonday.org/ojs/index.php/fm/article/view/1418/1336.

boyd, d. & Ellison, N. B. (2007) Social network sites: definition, history, and scholarship. *Journal of Computer-Mediated Communication* 13(1). (Online) Available at http://onlinelibrary.wiley.com/doi/10.1111/j.1083-6101.2007.00393.x/full (accessed September 10, 2013).

boyd, d., Hargittai, E., Schultz, J., & Palfrey, J. (2011) Why parents help their children lie to Facebook about age: unintended consequences of the "Children's Online Privacy Protection Act." *First Monday*. (Online) Available at http://journals.uic.edu/ojs/index.php/fm/article/view/3850/3075.

boyd, d. & Heer, J. (2006) Profiles as conversation: networked identity performance on Friendster. In *Proceedings of Thirty-Ninth Hawai'i*

International Conference on System Sciences. Los Alamitos, CA: IEEE Press.
Brand, R. J., Bonatsos, A., D'Orazio, R., & DeShong, H. (2012) What is beautiful is good, even online: correlations between photo attractiveness and text attractiveness in men's online dating profiles. *Computers in Human Behavior* 28(1), 166–70.
Brenner, J. & Smith, A. (2013) 72% of online adults are social networking site users. *Pew Internet & American Life Project*. (Online) Available at www.pewinternet.org/files/old-media//Files/Reports/2013/PIP_Social_networking_sites_update_PDF.pdf.
Briggs, A. & Burke, P. (2009) *A Social History of the Media: From Gutenberg to the Internet*. Malden, MA: Polity.
Brock, A. (2012) From the blackhand side: Twitter as a cultural conversation. *Journal of Broadcasting & Electronic Media* 56(4), 529–49.
Bruns, A. & Burgess, J. (2011) The use of Twitter hashtags in the formation of ad hoc publics. Paper presented at the 6th European Consortium for Political Research General Conference. Reykjavik, August.
Burgess, J. (2006) Hearing ordinary voices: cultural studies, vernacular creativity and digital storytelling. *Continuum: Journal of Media and Cultural Studies* 20(2), 201–14.
Burgess, J. & Baym, N. K. (2014) Web history and popular memory. Paper presented at the International Communication Association Conference. Seattle, WA, May.
Burgess, J. & Green, J. (2009) *YouTube: Online Video and Participatory Culture*. Cambridge: Polity.
Burleson, B. R. & Kunkel, A. (2006) Revisiting the different cultures thesis: an assessment of sex differences and similarities in supportive communication. In K. Dindia & D. Canary (eds.) *Sex Differences and Similarities in Communication*, 2nd edn. Mahwah, NJ: Lawrence Erlbaum, pp. 135–55.
Burleson, B. R. & MacGeorge, E. L. (2002) Supportive communication. In M. L. Knapp & J. A. Daly (eds.) *Handbook of Interpersonal Communication* 3rd edn. Thousand Oaks, CA: Sage, pp. 374–424.
Byrne, D. N. (2007) Public discourse, community concerns, and civic engagement: exploring black social networking traditions on BlackPlanet.com. *Journal of Computer-Mediated Communication* 13(1). (Online) Available at http://onlinelibrary.wiley.com/doi/10.1111/j.1083-6101.2007.00398.x/full.
Campbell, S. W. & Kwak, N. (2009) Political involvement in "mobilized" society: the interactive relationships among mobile communication, social network characteristics, and political life. Paper presented at

International Communication Association Pre-conference, Mobile.

Campbell, S. & Kwak, N. (2011) Political involvement in "mobilized" society: the interactive relationships among mobile communication, network characteristics, and political participation. *Journal of Communication* 61(6), 1005–24.

Campbell, S. & Russo, R. (2003) The social construction of mobile telephony: an application of the social influence model to perceptions and uses of mobile phones within personal communication networks. *Communication Monographs* 70, 317–34.

Carnevale, P. & Probst, T. M. (1997) Conflict on the internet. In S. Kiesler (ed.) *Culture of the Internet*. Mahwah, NJ: Lawrence Erlbaum, pp. 233–55.

Carr, N. (2008) Is Google making us stupid? *The Atlantic*, July/August. (Online) Available at www.theatlantic.com/doc/200807/google.

Cassell, J. & Cramer, M. (2007) Hi tech or high risk? Moral panics about girls online. In T. MacPherson (ed.) *Digital Youth, Innovation, and the Unexpected*. The MacArthur Foundation Series on Digital Media and Learning. Cambridge, MA: MIT Press, pp. 53–75.

Cassidy, E. M. (2013) Gay men, social media and self-presentation: managing identities in Gaydar, Facebook and beyond. (Dissertation) Available at http://eprints.qut.edu.au/61773.

Castronova, E. (2004) The price of bodies: a hedonic pricing model of avatar attributes in a synthetic world. *Kyklos* 57(2), 173–96.

Caughlin, J. P. & Sharabi, L. L. (2013) A communicative interdependence perspective of close relationships: the connections between mediated and unmediated interactions matter. *Journal of Communication* 63(5), 873–93.

Chan, D. K. S. & Cheng, G. H. L. (2004) A comparison of offline and online friendship qualities at different stages of relationship development. *Journal of Social and Personal Relationships* 21(3), 305–20.

Chayko, M. (2008) *Portable Communities: The Social Dynamics of Online and Mobile Connectedness*. Albany, NY: SUNY Press.

Chen, G. M. (2012) Why do women write personal blogs? Satisfying needs for self-disclosure and affiliation tell part of the story. *Computers in Human Behavior* 28(1), 171–80.

Chen, W., Boase, J., & Wellman, B. (2002) The global villagers: comparing internet users and uses around the world. In B. Wellman & C. Haythornthwaite (eds.) *The Internet in Everyday Life*. Malden, MA: Blackwell, pp. 74–113.

Cherny, L. (1999) *Conversation and Community: Chat in a Virtual World*. Stanford: CSLI Publications.

Choi, J. H. (2006) Living in Cyworld: contextualising cy-ties in South Korea.

In A. Bruns & J. Jacobs (eds.) *Use of Blogs*. New York: Peter Lang, pp. 173–86.

Christensen, H. S. (2011) Political activities on the internet: slacktivism or political participation by other means? *First Monday* 2(7). (Online) Available at http://firstmonday.org/ojs/index.php/fm/article/view/3336/2767.

Citron, D. K. & Norton, H. (2011) Intermediaries and hate speech: fostering digital citizenship for our information age. *Boston University Law Review* 91, 1435–84.

Clark, L. S. (1998) Dating on the net: teens and the rise of "pure" relationships. In S. Jones (ed.) *Cybersociety 2.0: Revisiting Computer Mediated Communication and Community*. Thousand Oaks, CA: Sage, pp. 159–83.

Cockroft, L. (2009) Facebook "enhances intelligence" but Twitter "diminishes it" claims psychologist. *Telegraph*, September 7. (Online) Available at www.telegraph.co.uk/technology/twitter/6147668/Facebook-enhances-intelligence-but-Twitter-diminishes-it-claims-psychologist.html.

Cohen, S. (1972) *Folk Devils and Moral Panics*. London: MacGibbon and Kee.

Cole, J. (2000) *Surveying the Digital Future*. UCLA Center for Communication Policy. (Online) Available at www.digitalcenter.org/wp-content/uploads/2012/12/2000_digital_future_report_year1.pdf.

—(2013) *Surveying the Digital Future*. USC Annenberg School Center for the Digital Future. (Online) Available at www.digitalcenter.org/wp-content/uploads/2013/06/2013-Report.pdf.

Coleman, J. S. (1988) Social capital in the creation of human capital. *The American Journal of Sociology* 94, S95–S120.

Convince & Convert (2012) 42 percent of consumers complaining in social media expect 60 minute response time. (Online) Available at www.convinceandconvert.com/social-media-research/42-percent-of-consumers-complaining-in-social-media-expect-60-minute-response-time.

Copher, J. I., Kanfer, A. G., & Walker, M. B. (2002) Everyday communication patterns of heavy and light email users. In B. Wellman & C. Haythornthwaite (eds.) *The Internet in Everyday Life*. Malden, MA: Blackwell, pp. 263–90.

Cortese, J. & Seo, M. (2012) The role of social presence in opinion expression during FtF and CMC discussions. *Communication Research Reports* 29(1), 44–53.

Cover, R. (2012) Performing and undoing identity online: social networking, identity theories and the incompatibility of online profiles and friendship regimes. *Convergence* 18(2), 177–93.

Craig, E. & Wright, K. B. (2012) Computer-mediated relational development and maintenance on Facebook. *Communication Research Reports* 29(2), 119–29.

Crawford, K. (2011) Listening not lurking: the neglected form of participation. In H. Grief, L. Hjorth, & A. Lasén (eds.) *Cultures of Participation*. Berlin: Peter Lang, pp. 63–77.

Culnan, M. J. & Markus, M. L. (1987) Information technologies. In F. M. Jablin, L. L. Putnam, H. Roberts, & L. W. Porter (eds.) *Handbook of Organizational Computing: An Interdisciplinary Perspective*. Newbury Park, CA: Sage, pp. 420–43.

Curtis, P. (1997) Mudding: social phenomena in text-based virtual realities. In S. Kiesler (ed.) *Culture of the Internet*. Mahwah, NJ: Lawrence Erlbaum, pp. 121–42.

Cutrona, C. E. & Russell, D. W. (1990) Type of social support and specific stress: toward a theory of optimal matching. In B. R. Sarason, I. G. Sarason, & G. R. Pearce (eds.) *Social Support: An Interactional View*. New York: Wiley, pp. 319–66.

Daft, R. L. & Lengel, R. H. (1984) Information richness: a new approach to managerial behaviour and organizational design. *Research in Organizational Behaviour* 6, 191–233.

Dahlgren, P. (2005) The internet, public spheres, and political communication: dispersion and deliberation. *Political Communication* 22, 147–62.

—(2009) *Media and Political Engagement: Citizens, Communication, and Democracy*. Cambridge: Cambridge University Press.

Danet, B. (1997) Books, letters, documents: the changing aesthetics of texts in late print culture. *Journal of Material Culture* 2(1), 5–38.

—(1998) Text as mask: gender, play and performance on the internet. In S. G. Jones (ed.) *Cybersociety 2.0: Computer-Mediated Communication and Community Revisited*. Thousand Oaks, CA: Sage, pp. 129–58.

—(2001) *Cyberpl@y: Communicating Online*. Oxford: Berg.

Darics, E. (2010) Politeness in computer-mediated discourse of a virtual team. *Journal of Politeness Research* 6(1), 129–50.

Davis, K. (2012) Tensions of identity in a networked era: young people's perspectives on the risks and rewards of online self-expression. *New Media & Society* 14(4), 634–51.

DeAndrea, D. C. & Walther, J. B. (2011) Attributions for inconsistencies between online and offline self-presentations. *Communication Research* 38(6), 805–25.

de Sola Pool, I. (1977) *The Social Impact of the Telephone*. Cambridge, MA: MIT Press.

de Zúñiga, G. & Valenzuela, S. (2010) The mediating path to a stronger citizenship: online and offline networks, weak ties, and civic engagement. *Communication Research* 38(3), 397–421.

Dimmick, J. (2003) *Media Competition and Coexistence: The Theory of the Niche*. Mahwah, NJ: Lawrence Erlbaum Associates.

Dimmick, J., Feaster, J. C., & Ramirez Jr., A. (2011) The niches of interpersonal media: relationships in time and space. *New Media and Society* 8, 1265–82.

Dimmick, J., Kline, S.L., & Stafford, L. (2000) The gratification niches of personal e-mail and the telephone: competition, displacement, and complementarity. *Communication Research* 27(2), 227–48.

Donath, J. (2007) Signals in social supernets. *Journal of Computer-Mediated Communication* 13(1). (Online) Available at http://onlinelibrary.wiley.com/doi/10.1111/j.1083-6101.2007.00394.x/full.

Donath, J. & boyd, d. (2004) Public displays of connection. *BT Technology Journal* 22(4), 71–82.

Douglas, S. (2004 [1999]) *Listening In: Radio and the American Imagination*. Minneapolis, MN: University of Minnesota Press.

Dresner, E. & Herring, S. C. (2010) Functions of the nonverbal in CMC: emoticons and illocutionary force. *Communication Theory* 20(3), 249–68.

Driscoll, K. (2014) Hobbyist inter-networking and the popular internet imaginary: forgotten histories of networked personal computing. (Dissertation) Available at http://digitallibrary.usc.edu/cdm/compoundobject/collection/p15799coll3/id/444362/rec/2.

Dundes, A. (1977) Who are the folk? In W. Bascom (ed.) *Frontiers of Folklore*. Boulder, CO: Westview Press, pp. 17–35.

Duran, R. L., Kelly, L., & Rotaru, T. (2011) Mobile phones in romantic relationships and the dialectic of autonomy versus connection. *Communication Quarterly* 59(1), 19–26.

Ellison, N. & boyd, d. (2013) Sociality through social network sites. In W. Dutton (ed.) *The Oxford Handbook of Internet Studies*. Oxford: Oxford University Press, pp. 151–72.

Ellison, N., Hancock, J. T., & Toma, C. L. (2012) Profile as promise: a framework for conceptualizing veracity in online dating self-presentations. *New Media & Society* 14(1), pp. 45–62.

Ellison, N., Heino, R., & Gibbs, J. (2006) Managing impressions online: self-presentation processes in the online dating environment. *Journal of Computer-Mediated Communication* 11(2). (Online) Available at http://onlinelibrary.wiley.com/doi/10.1111/j.1083-6101.2006.00020.x/full.

Ellison, N., Steinfeld, C., & Lampe, C. (2007) The benefits of Facebook "friends": exploring the relationship between college students' use of online social networks and social capital. *Journal of Computer-Mediated Communication* 12(4). (Online) Available at http://onlinelibrary.wiley.com/doi/10.1111/j.1083-6101.2007.00367.x/full.

—(2009) Connection strategies: relationship formation and maintenance on social network sites. Paper presented at International Communication Association Conference. Chicago, IL, May.

Ellison, N., Vitak, J., Gray, R., & Lampe, C. (2014) Cultivating social resources on social network sites: Facebook relationship maintenance behaviors and their role in social capital. *Journal of Computer-Mediated Communication* 19(4), 855–70.

Facer, K. (2012) After the moral panic? Reframing the debate about child safety online. *Discourse: Studies in the Cultural Politics of Education* 33(3), 397–413.

Fang, I. (2008) *Alphabet to Internet: Mediated Communication in Our Lives*. St. Paul, MN: Rada Press.

Ferrara, K., Brunner, H., & Whittemore, G. (1991) Interactive written discourse as an emergent register. *Written Communication* 8, 8–34.

Finkenauer, C., Engels, R. C. M. E., Meeus, W., & Oosterwegel, A. (2002) Self and identity in early adolescence: the pains and gains of knowing who and what you are. In T. H. Brinthaupt & R. P. Lipka (eds.) *Understanding Early Adolescent Self and Identity: Applications and Interventions*. Albany, NY: SUNY Press, pp. 25–56.

Fiore, A. T. & Donath, J. S. (2005) Homophily in online dating: when do you like someone like yourself? Paper presented at ACM Computer–Human Interaction Conference. Portland, OR.

Fischer, C. S. (1992) *America Calling: A Social History of the Telephone to 1940*. Berkeley, CA: University of California Press.

Flanagin, A. J. & Metzger, M. J. (2001) Internet use in the contemporary media environment. *Human Communication Research* 27, 153–81.

Florini, S. (2013) Tweets, tweeps, and signifyin': communication and cultural performance on "Black Twitter." *Television & New Media* 15(3), 223–37.

Fono, D. & Raynes-Goldie, K. (2006) Hyperfriendship and beyond: friends and social norms on LiveJournal. In M. Consalvo & C. Haythornthwaite (eds.) *Internet Research Annual*, Volume IV: *Selected Papers from the AOIR Conference*. New York: Peter Lang, pp. 91–103.

Fornås, J., Klein, K., Ladendorf, J., Sundén, J., & Sveningsson, M. (2002) Into digital borderlands. In J. Fornås, K. Klein, J. Ladendorf, J. Sunden, & M. Sveningsson (eds.) *Digital Borderlands: Cultural Studies of Identity and Interactivity on the Internet*. New York: Peter Lang, pp. 1–47.

Fortunati, L. (2005) Is body to body communication still the prototype? *The Information Society* 21, 53–61.
Fox, S. & Boyles, J. L. (2012) Disability in the digital age. *Pew Internet & American Life Project.* (Online) Available at www.pewinternet.org/2012/08/06/disability-in-the-digital-age.
Fragoso, S. (2006) WTF, a crazy Brazilian invasion. In F. Sudweeks & H. Hrachovec (eds.) *Proceedings of CATaC 2006*. Murdoch, Australia: Murdoch University Press, pp. 255–74.
Fulk, J. (1993) Social construction of communication technology. *Academy of Management Journal* 36, 921–50.
Fulk, J. & Collins-Jarvis, L. (2001) Wired meetings: technological mediation of organizational gatherings. In F. M. Jablin & L. L. Putnam (eds.) *The New Handbook of Organizational Communication: Advances in Theory, Research and Methods*. Thousand Oaks, CA: Sage, pp. 624–63.
Fulk, J., Steinfield, C. W., Schmitz, J., & Power, J. G. (1987) A social information processing model of media use in organizations. *Communication Research* 14(5), 529–52.
Gentile, B., Twenge, J. M., Freeman, E. C., & Campbell, W. K. (2012) The effect of social networking websites on positive self-views: an experimental investigation. *Computers in Human Behavior* 28(5), 1929–33.
Gergen, K. J. (1991) *The Saturated Self: Dilemmas of Identity in Contemporary Life*. New York: Basic Books.
—(2002) The challenge of absent presence. In J. E. Katz & M. Aakhus (eds.) *Perpetual Contact: Mobile Communication, Private Talk, Public Performance*. Cambridge: Cambridge University Press, pp. 227–41.
—(2008) Mobile communication and the transformation of the democratic process. In J. E. Katz (ed.) *Handbook of Mobile Communication Studies*. Cambridge, MA: MIT Press, pp. 297–310.
Gershon, I. (2010) *The Breakup 2.0: Disconnecting over New Media*. Ithaca, NY: Cornell University Press.
Gibson, J. J. (1977) The theory of affordances. In R. Shaw & J. Bransford (eds.) *Perceiving, Acting and Knowing*. Hillsdale, NJ: Erlbaum, pp. 67–82.
Gibson, W. (1984/2000) *Neuromancer*, ACE edn. New York: The Berkley Publishing Group.
Giddens, A. (1993) *The Transformation of Intimacy*. Palo Alto, CA: Stanford University Press.
Gilbert, E., Karahalios, K., & Sandvig, C. (2008) The network in the garden: an empirical analysis of social media in rural life. Paper presented at CHI 2008 conference. Florence, Italy, April.

Gil de Zúñiga, H. & Valenzuela, S. (2011) The mediating path to a stronger citizenship: online and offline networks, weak ties and civic engagement. *Communication Research* 38(3), 397–421.

Gillespie, T. (2010) The politics of "platforms." *New Media & Society* 12(3), 347–64.

Goffman, E. (1959) *The Presentation of Self in Everyday Life*. Garden City, NY: Doubleday.

—(1963) *Behavior in Public Places: Notes on the Social Organization of Gatherings*. New York: Free Press.

—(1971) *Relations in Public: Microstudies of the Public Order*. New York: Basic Books.

Golder, S. A., Wilkinson, D., & Huberman, B. A. (2007) Rhythms of social interaction: messaging within a massive online network. In C. Steinfield, B. Pentland, M. Ackerman, & N. Contractor (eds.) *Proceedings of Third International Conference on Communities and Technologies*. London: Springer, pp. 41–66.

Goodwin, C. (1981) *Conversational Organization: Interaction between Speakers and Hearers*. New York: Academic Press.

Granovetter, M. S. (1973) The strength of weak ties. *American Journal of Sociology* 78, 1160–80.

Gray, K. (2012) Intersecting oppressions and online communities: examining the experiences of women of color in Xbox Live. *Information, Communication, & Society* 15(3), 411–28.

Green-Hamann, S., Eichhorn, K. C., & Sherblom, J. C. (2011) An exploration of why people participate in *Second Life* social support groups. *Journal of Computer-Mediated Communication* 16(4), 465–91.

Gross, R. & Acquisti, A. (2005) Information revelation and privacy in online social networks. In *Proceedings of the ACM WPES'05*. Alexandria, VA: ACM Press, pp. 71–80.

Gurak, L. L. (1997) *Persuasion and Privacy in Cyberspace: The Online Protests over Lotus MarketPlace and the Clipper Chip*. New Haven, CT: Yale University Press.

—(2001) *Cyberliteracy: Navigating the Internet with Awareness*. New Haven, CT: Yale University Press.

Haas, S. M., Irr, M. E., Jennings, N. A., & Wagner, L. M. (2011) Communicating thin: a grounded model of online negative enabling support groups in the pro-anorexia movement. *New Media & Society* 13(1), 40–57.

Haddon, L. (2006) The contribution of domestication research. *The Information Society* 22(4), 195–204.

Hall, J. A. & Baym, N. K. (2012) Calling and texting (too much): mobile maintenance expectations, (over)dependence, entrapment, and friendship satisfaction. *New Media & Society* 14(2), 316–31.

Hall, J. A., Baym, N. K., & Miltner, K. M. (2014) Put down that phone and talk to me: understanding the roles of mobile phones – norm adherence and similarity in relationships. *Mobile Media & Communication* 2(2), 134–53.

Hall, J. A. & Pennington, N. (2012) What you can really know about someone from their Facebook profile (and where you should look to find out). In C. Cunningham (ed.) *Social Networking and Impression Management*. Lanham, MD: Lexington Books, pp. 247–70.

Hall, J. A., Pennington, N., & Leuders, A. (2013) Impression management and formation on Facebook: a lens model approach. *New Media & Society* 21(4), 460–87.

Hamilton, K., Karahalios, K., Sandvig, C., & Eslami, M. (2014) A path to understanding the effects of algorithm awareness. In *Proceedings of the ACM CHI Conference on Human Factors in Computing Systems*. (Online) Available at http://dl.acm.org/citation.cfm?id=2559206.2578883&coll=DL&dl=ACM&CFID=413711084&CFTOKEN=99840305.

Hampton, K. N. (2010) Internet use and the concentration of disadvantage: glocalization and the urban underclass. *American Behavioral Scientist* 53(8), 1111–32.

Hampton, K. (2011) Comparing bonding and bridging ties for democratic engagement: everyday use of communication technologies within social networks for civic and civil behaviors. *Information, Communication & Society* 14(4), 510–28.

Hampton, K., Lee, C.-J., & Her, E. J. (2011) How new media affords network diversity: direct and mediated access to social capital through participation in local social settings. *New Media & Society* 13(7), 1031–49.

Hampton, K. N., Livio, O., & Sessions, L. (2010) The social life of wireless urban spaces: internet use, social networks, and the public realm. *Journal of Communication* 60(4), 701–22.

Hampton, K. N., Sessions, L., & Her, E. J. (2011) Core networks, social isolation, and new media: how internet and mobile phone use is related to network size and diversity. *Information, Communication & Society* 14(1), 130–55.

Hampton, K. N., Sessions-Goulet, L., & Albanesius, G. (2014) Change in the social life of urban public spaces: the rise of mobile phones and women, and the decline of aloneness over 30 years. *Urban Studies*. (Online) Available at http://usj.sagepub.com/content/early/2014/05/28/0042098014534905.

Hampton, K. N. & Wellman, B. (2003) Neighboring in Netville: how the

internet supports community and social capital in a wired suburb. *City & Community* 2(4), 277–311.
Hancock, J. T., Thom-Santelli, J., & Ritchie, T. (2004) Deception and design: the impact of communication technology on lying behavior. Paper presented at CHI 2004 conference. Vienna, Austria, April.
Hansen, D., Ackerman, M., Resnick, P., & Munson, S. (2007) Virtual community maintenance with a repository. In *Proceedings of ASIS&T 2007*. Milwaukee, WI, pp. 1–20.
Haraway, D. (1990) A manifesto for cyborgs: science, technology, and socialist feminism in the 1980s. In L. J. Nicholson (ed.) *Feminism/Postmodernism*. London: Routledge, pp. 190–233.
Hård af Segerstad, Y. (2005) Language use in Swedish mobile text messaging. In R. Ling & P. Pederson (eds.) *Mobile Communications: Renegotiations of the Social Sphere*. London: Springer, pp. 313–34.
Hardaker, C. (2010) Trolling in asynchronous computer-mediated communication: from user discussions to academic definitions. *Journal of Politeness Research* 6(2), 215–42.
Hargittai, E. (2002) Second-level digital divide: differences in people's online skills. *First Monday* 7(4). (Online) Available at http://firstmonday.org/ojs/index.php/fm/article/view/942/864for.
Hargittai, E. & Hinnant, A. (2008) Digital inequality: differences in young adults' use of the internet. *Communication Research* 35(5), 602–21.
Harper, R., Bird, C., Zimmerman, T., & Murphy, B. (2013) Dwelling in software: aspects of the felt-life of engineers in large software projects. In *Proceedings of the 13th European Conference on Computer Supported Creative Work*. Paphos, Cyprus, pp. 163–80.
Hartelius, E. (2005) A content-based taxonomy of blogs and the formation of a virtual community. *Kaleidoscope: A Graduate Journal of Qualitative Communication Research* 4, 71–91.
Hassid, J. (2102) Safety valve or pressure cooker: blogs in Chinese political life. *Journal of Communication* 62, 212–30.
Haythornthwaite, C. (2002) Strong, weak, and latent ties and the impact of new media. *Information Society* 18, 385–401.
—(2005) Social networks and internet connectivity effects. *Information, Communication, & Society* 8(2), 125–47.
Haythornthwaite, C. & Wellman, B. (2002) The internet in everyday life: an introduction. In B. Wellman & C. Haythornthwaite (eds.) *The Internet in Everyday Life*. Malden, MA: Blackwell, pp. 3–41.
Helsper, E. & Eynon, R. (2013) Distinct skill pathways to digital engagement. *European Journal of Communication* 28(6), 696–713.
Henderson, S. & Gilding, M. (2004) "I've never clicked this much with

anyone in my life": trust and hyperpersonal communication in online friendships. *New Media & Society* 6, 487–506.

Herring, S. (1996) Posting in a different voice: gender and ethics in computer-mediated communication. In C. Ess (ed.) *Philosophical Perspectives on Computer-Mediated Communication*. Albany, NY: SUNY Press, pp. 115–45.

—(2001) Computer-mediated discourse. In D. Schiffrin, D. Tannen, & H. E. Hamilton (eds.) *The Handbook of Discourse Analysis*. Malden, MA: Blackwell, pp. 612–34.

Herring, S. & Danet, B. (2003) Editor's introduction: the multilingual internet. *Journal of Computer-Mediated Communication* 9(1). (Online) Available at http://onlinelibrary.wiley.com/doi/10.1111/j.1083-6101.2003.tb00354.x/full.

Herring, S. C., Paolillo, J. C., Ramos-Vielba, I., et al. (2007) Language networks on LiveJournal. In *Proceedings of the Fortieth Hawaii International Conference on System Sciences*. Los Alamitos, CA. (Online) Available at http://ella.slis.indiana.edu/~herring/hicss07.pdf.

Hijazi-Omari, H. & Ribak, R. (2008) Playing with fire: on the domestication of the mobile phone among Palestinian girls in Israel. *Information, Communication & Society* 11, 149–66.

Hiltz, S. R. & Turoff, M. (1978) *The Network Nation: Human Communication via Computer*. Reading, MA: Addison-Wesley.

Hochman, N. & Manovich, L. (2013) Zooming into an Instagram city: reading the local through social media. *First Monday* 18(7). (Online) Available at http://firstmonday.org/ojs/index.php/fm/article/view/4711/3698.

Hochman, N. & Schwartz, R. (2012) Visualizing Instagram: tracing cultural visual rhythms. In *Proceedings of the International AAAI Conference on Weblogs and Social Media*. (Online) Available at https://www.aaai.org/ocs/index.php/ICWSM/ICWSM12/paper/view/4782/5091.

Horrigan, J. & Rainie, L. (2002) The broadband difference: how online behavior changes with high-speed internet connections. *Pew Internet & American Life Project*. (Online) Available at www.pewinternet. org/Reports/2002/The-Broadband-Difference-How-online-behavior changes-with-highspeed-Internet-connections.aspx.

Horst, H. A. (2010) Families. In M. Ito et al. (eds.) *Hanging Out, Messing Around, and Geeking Out: Kids Living and Learning with New Media*. Cambridge, MA: MIT Press, pp. 149–94.

Houser, M. L., Fleuriet, C., & Estrada, D. (2012) The cyber factor: an analysis of relational maintenance through the use of computer-mediated communication. *Communication Research Reports* 29(1), 34–43.

Howard, P. N. & Parks, M. R. (2012) Social media and political change: capacity, constraint, and consequence. *Journal of Communication* 62, 359–62.

Howard, P. N., Rainie, L., & Jones, S. (2001) Days and nights on the internet: the impact of a diffusing technology. *American Behavioral Scientist* 45(3), 383–404.

Humphreys, L. (2005) Cell phones in public: social interactions in a wireless era. *New Media & Society* 7(6), 810–33.

—(2007) Mobile social networks and social practice: a case study of Dodgeball. *Journal of Computer-Mediated Communication*, 13(1). (Online) Available at http://onlinelibrary.wiley.com/doi/10.1111/j.1083-6101.2007.00399.x/full.

—(2010) Mobile social networks and urban public space. *New Media & Society* 12(5), 763–78.

—(2011) Who's watching whom? A study of interactive technology and surveillance. *Journal of Communication* 61(4), 575–95.

Institut za Etnologiju i Folkloristiku (2004) *Etnografije interneta*. Zagreb: Ibis grafika.

International Telecommunications Union (2013) Measuring the information society. (Online) Available at www.itu.int/en/ITU-D/Statistics/Documents/publications/mis2013/MIS2013_without_Annex_4.pdf.

Internet Safety Technical Task Force (2008) *Enhancing Child Safety & Online Technologies*. Cambridge, MA: Berkman Center for Internet & Society, Harvard University. (Online) Available at http://cyber.law.harvard.edu/pubrelease/isttf.

Ishii, K. (2006) Implications of mobility: the uses of personal communication media in everyday life. *Journal of Communication* 56(2), 346–65.

Ito, M. (1997) Virtually embodied: the reality of fantasy in a multi-user dungeon. In D. Porter (ed.) *Internet Culture*. New York: Routledge, pp. 87–110.

Ito, M., Baumer, S., Bittanti, M., et al. (2010) *Hanging Out, Messing Around, and Geeking Out*. Cambridge, MA: MIT Press.

Jenkins, H. (2006) *Convergence Culture: Where Old and New Media Collide*. New York: New York University Press.

Jiang, L. C., Bazarova, N. N., & Hancock, J. T. (2011) The disclosure–intimacy link in computer-mediated communication: an attributional extension of the hyperpersonal model. *Human Communication Research* 37(1), 58–77.

John, N. A. (2013a) Sharing and Web 2.0: the emergence of a keyword. *New Media & Society* 15(2), 167–82.

— (2013b) The social logics of sharing. *The Communication Review* 16(3), 113–31.

Jones, L. M., Mitchell, K. J., & Finkelhor, D. (2013) Online harassment in context: trends from three youth internet safety surveys (2000, 2005, 2010). *Psychology of Violence* 3(1), 53–69.

Jung, J., Qiu, J., & Kim, Y. C. (2001) Internet connectedness and inequality: beyond the digital divide. *Communication Research* 28(4), 507–35.

Jung, Y., Song, H., & Vorderer, P. (2012) Why do people post and read personal messages in public? The motivation of using personal blogs and its effect on users' loneliness, belonging, and well-being. *Computers in Human Behavior* 28, 1626–33.

Kapedzic, S. & Herring, S. C. (2011) Gender, communication, and self-presentation in teen chatrooms revisited: have patterns changed? *Journal of Computer-Mediated Communication* 17(1), 39–59.

Kasesniemi, E. & Rautiainen, P. (2002) Mobile culture of children and teenagers in Finland. In J. E. Katz & M. Aakhus (eds.) *Perpetual Contact: Mobile Communication, Private Talk, Public Performance.* Cambridge: Cambridge University Press, pp. 170–92.

Katz, J. E. & Aakhus, M. (2002) Introduction: framing the issues. In J. E. Katz & M. Aakhus (eds.) *Perpetual Contact: Mobile Communication, Private Talk, Public Performance.* Cambridge: Cambridge University Press, pp. 1–13.

Katz, J. E. & Aspden, P. (1997) A nation of strangers? *Communications of the ACM* 40(12, December), 81–6.

Katz, J. E. & Rice, R. E. (2002) Project Syntopia: social consequences of internet use. *IT & Society* 1(1), 166–79.

Kendall, L. (2002) *Hanging out in the Virtual Pub: Masculinities and Relationships Online.* Berkeley, CA: University of California Press.

Kibby, M. (2010) The gendered practice of fandom online. In R. Lind (ed.) *Race/Gender/Media: Considering Diversity across Audiences, Content and Producers,* 2nd edn. Chicago: AB-Longman, pp. 237–44.

Kiesler, S., Siegel, J., & McGuire, T. W. (1984) Social psychological aspect of computer-mediated communication. *American Psychologist* 39, 1123–34.

Kim, K.-H. & Yun, H. (2007) Cying for me, cying for us: relational dialectics in a Korean social network site. *Journal of Computer- Mediated Communication* 13(1). (Online) Available at http://onlinelibrary.wiley.com/doi/10.1111/j.1083-6101.2007.00397.x/full.

Kirkpatrick, D. (2010) *The Facebook Effect: The Inside Story of the Company that is Connecting the World.* New York: Simon & Schuster.

Knapp, M. L. (1983) Dyadic relationship development. In J. M. Wiemann &

R. P. Harrison (eds.) *Nonverbal Interaction*. Beverly Hills, CA: Sage, pp. 179–207.

Kollock, P. (1999) The economies of online cooperation: gifts and public goods in cyberspace. In M. Smith & P. Kollock (eds.) *Communities in Cyberspace*. New York: Routledge, pp. 220–42.

Koutsogiannis, D. & Mitsikopoulou, B. (2003) Greek and Greeklish: trends and discourses of "glocalness". *Journal of Computer-Mediated Communication* 9(1). (Online) Available at http://onlinelibrary.wiley.com/doi/10.1111/j.1083-6101.2003.tb00358.x/full.

Kramer, A. D., Guillory, J. E., & Hancock, J. (2014) Experimental evidence of massive-scale emotional contagion through social networks. *Proceedings of the National Academy of Sciences of the United States of America* 111(24), 8788–90.

Kraut, R., Mukhopadhyay, T., Szczypula, J., Kiesler, S., & Scherlis, B. (2000) Information and communication: alternative uses of the internet in households. *Information Systems Research* 10, 287–303.

Kunkel, A. W. & Burleson, B. R. (1999) Assessing explanations for sex differences in emotional support: a test of the different cultures and skill specialization accounts. *Human Communication Research* 25, 307–40.

Lampe, C., Ellison, N., & Steinfeld, C. (2007) A familiar Face(book): profile elements as signals in an online social network. In *Proceedings of Conference on Human Factors in Computing Systems*. New York: ACM Press, pp. 435–44.

Languages (n.d.). NITLE Blog Census. (Online) Available at www. hirank.com/semantic-indexing-project/census/lang.html.

Larsen, M. C. (2007) Understanding social networking: on young people's construction and co-construction of identity online. Paper presented at Internet Research 8.0 conference. Vancouver, BC, October.

Larson, K. A. (2003) The influence of gender and topic on nonverbal communication in online discussion boards. Unpublished undergraduate honors thesis, Department of Communication Studies, University of Kansas, Lawrence, KS.

— (2010) Negotiating romantic and sexual relationships: patterns and meanings of mediated interaction. (Dissertation) Department of Communication Studies, University of Kansas, Lawrence, KS. (Online) Available at http://hdl.handle.net/1808/7828.

Lave, J. & Wenger, E. (1991) *Situated Learning: Legitimate Peripheral Participation*. New York: Cambridge University Press.

Lea, M., O'Shea, T., Fung, P., & Spears, R. (1992) "Flaming" in computer-mediated communication: observations, explanations, implications. In

M. Lea (ed.) *Contexts of Computer-Mediated Communication*. London: Harvester Wheatsheaf, pp. 89–112.

Lea, M. & Spears, R. (1991) Computer-mediated communication, de-individuation and group decision-making. *International Journal of Man–Machine Studies Special Issue: Computer-Supported Cooperative Work and Groupware* 34, 283–301.

Ledbetter, A. M. (2009a) Measuring online communication attitude: instrument development and validation. *Communication Monographs* 76(4), 463–86.

— (2009b) Patterns of media use and multiplexity: associations with sex, geographic distance and friendship interdependence. *New Media & Society* 11(7), 1187–208.

Ledbetter, A. M., Broeckelman-Post, M. A., & Krawsczyn, A. M. (2011) Modeling everyday talk: differences across communication media and sex composition of friendship dyads. *Journal of Social and Personal Relationships* 28, 223–41.

Ledbetter, A. M. & Kuznekoff, J. H. (2011) More than a game: friendship relational maintenance and attitudes toward Xbox LIVE communication. *Communication Research* 39(2), 269–90.

Lee, J. R., Moore, D. C., Park, E., & Park, S. G. (2012) Who wants to be "friend-rich?" Social compensatory friending on Facebook and the moderating role of public self-consciousness. *Communication Research* 21(4), 460–87.

Lefler, J. (2011) I can has thesis? A linguistic analysis of lolspeak (Dissertation). Available at http://etd.lsu.edu/docs/available/etd-11112011-100404/unrestricted/Lefler_thesis.pdf.

Lenhart, A. & Madden, M. (2007) Teens, privacy, & online social networks (April 18). *Pew Internet and American Life Project*. (Online) Available at www.pewinternet.org/Reports/2007/Teens-Privacy-and-Online-Social-Networks.aspx?r=.

Leonard, L. G. & Toller, P. (2012) Speaking ill of the dead: anonymity and communication about suicide on mydeathspace.com. *Communication Studies* 63(4), 387–404.

Licoppe, C. & Heurtin, J. P. (2002) France: preserving the image. In J. E. Katz & M. Aakhus (eds.) *Perpetual Contact: Mobile Communication, Private Talk, Public Performance*. Cambridge: Cambridge University Press, pp. 94–109.

Licoppe, C. & Legout, M.-C. (2014) Living inside mobile social information: the pragmatics of Foursquare notifications". In J. Katz (ed.) *Living Inside Mobile Information*. Dayton, OH: Greyden Press, pp. 109–30.

Lievrouw, L. A. (2006) New media design and development: diffusion

of innovations v. social shaping of technology. In L. A. Lievrouw & S. Livingston (eds.) *The Handbook of New Media, Updated Student Edition.* London: Sage, pp. 246–65.
—(2011) *Alternative and Activist New Media.* Malden, MA: Polity.
Lim, M. (2012) Clicks, cabs, and coffee houses: social media and oppositional movements in Egypt, 2004–2011. *Journal of Communication* 62, 231–48.
Lim, S., Vadrevu, S., Chan, Y., & Basnyat, I. (2012) Facework on Facebook: the online publicness of juvenile delinquents and youths-at-risk. *Journal of Broadcasting & Electronic Media* 56(3), 346–61.
Ling, R. (2004) *The Mobile Connection: The Cell Phone's Impact on Society.* San Francisco: Elsevier.
—(2005) The socio-linguistics of SMS: an analysis of SMS use by a random sample of Norwegians. In R. Ling & P. Pederson (eds.) *Mobile Communications: Renegotiations of the Social Sphere.* London: Springer, pp. 335–49.
—(2010) Texting as a life phase medium. *Journal of Computer-Mediated Communication* 15(2), 277–92.
—(2012) *Taken For Grantedness.* Cambridge, MA: MIT Press.
Ling, R. & Yttri, B. (2002) Hyper-coordination via mobile phones in Norway. In J. E. Katz & M. Aakhus (eds.) *Perpetual Contact: Mobile Communication, Private Talk, Public Performance.* Cambridge: Cambridge University Press, pp. 139–69.
Lingel, J. (2013) Information practices and urban spaces. (Dissertation) Available at https://rucore.libraries.rutgers.edu/rutgers-lib/41833.
Lingel, J. & boyd, d. (2013) "Keep it secret, keep it safe": information poverty, information norms, and stigma. *International Journal on Semantic Web and Information Systems* 2(1), 42–71.
Lister, M., Dovey, J., Giddings, S., Grant, I., & Kelly, K. (2003) *New Media: A Cultural Introduction.* London: Routledge.
Litt, E. (2012) Knock, knock. Who's there? The imagined audience. *Journal of Broadcasting & Electronic Media* 56(3), 330–45.
Liu, H. (2007) Social network profiles as taste performances. *Journal of Computer-Mediated Communication* 13(1). (Online) Available at http://onlinelibrary.wiley.com/doi/10.1111/j.1083-6101.2007.00395.x/full.
Liu, H., Maes, P., & Davenport, G. (2006) Unraveling the taste fabric of social networks. *International Journal on Semantic Web and Information Systems* 2(1), 42–71.
Livingstone, S. (2005) Mediating the public/private boundary at home: children's use of the internet for privacy and participation. *Journal of Media Practice* 6(1), 41–51.
—(2008) Internet literacy: young people's negotiation of new online

opportunities. In T. McPherson (ed.) *Digital Youth, Innovation, and the Unexpected.* The MacArthur Foundation Series on Digital Media and Learning. Cambridge, MA: MIT Press, pp. 101–21.

Livingstone, S., Haddon, L., & Görzig, A. (2012) *Children, Risk and Safety on the Internet: Research and Policy Changes in Comparative Perspective.* Bristol: Policy Press.

Livingstone, S. & Helsper, E. (2013) Children, internet and risk in comparative perspective. *Journal of Children and Media* 7(1), 1–8.

Livingstone, S. & Smith, P. (2014) Annual research review: harms experienced by child users of online and mobile technologies: the nature, prevalence and management of sexual and aggressive risks in the digital age. *Journal of Child Psychology and Psychiatry* 55(6), 635–54.

Lockard, J. (1997) Progressive politics, electronic individualism and the myth of virtual community. In D. Porter (ed.) *Internet Culture.* New York: Routledge, pp. 219–32.

MacKenzie, D. & Wajcman, J. (1985/1999) *The Social Shaping of Technology.* Buckingham: Open University Press.

Madden, M., Lenhart, A., Cortesi, S., et al. (2013) Teens, social media, and privacy. *Pew Internet & American Life Project.* (Online) Available at www.pewinternet.org/2013/05/21/teens-social-media-and-privacy.

Madianou, M. & Miller, D. (2012a) *Migration and New Media: Transnational Families and Polymedia.* New York: Routledge.

— (2012b) Polymedia: towards a new theory of digital media in interpersonal communication. *International Journal of Cultural Studies* 16(2), 169–87.

Mankoff, R. (ed.) (2004) *The Complete Cartoons of the New Yorker.* New York: Black Dog and Leventhal Publishers.

Markus, L. (1994) Finding the happy medium: explaining the negative effects of electronic communication on social life at work. *ACM Transactions on Information Systems* 12, 119–49.

Marvin, C. (1988) *When Old Technologies Were New.* New York: Oxford University Press.

—(2004) Peaceable kingdoms and new information technology: prospects for the nation-state. In M. Sturken, D. Thomas, & S. J. Ball-Rokeach (eds.) *Technological Visions: The Hopes and Fears that Shape New Technologies.* Philadelphia, PA: Temple University Press, pp. 240–54.

Marwick, A. (2012) The public domain: surveillance in everyday life. *Surveillance & Society* 9(4), 378–93.

—(2013) *Status Update: Celebrity, Publicity and Branding in the Social Media Age.* New Haven, CT: Yale University Press.

— (in press) Instafame: luxury selfies in the attention economy. *Public Culture.*

Marwick, A. & boyd, d. (2010) I tweet honestly, I tweet passionately: Twitter users, context collapse and the imagined audience. *New Media & Society* 13(1), 114–33.

— (2014) Theorizing networked privacy. *New Media & Society*. (Online) Available at http://nms.sagepub.com/content/early/2014/07/19/1461444814543995.abstract.

Marwick, A. & Ellison, N. (2012) "There isn't wifi in heaven!" Negotiating visibility on Facebook memorial pages. *Journal of Broadcasting and Electronic Media* 56(3), 378–400.

Matei, S. & Ball-Rokeach, S. (2002) Belonging in geographic, ethnic, and internet spaces. In B. Wellman & C. Haythornthwaite (eds.) *The Internet in Everyday Life*. Malden, MA: Blackwell, pp. 404–30.

Matzat, U. (2004) Cooperation and community on the internet: past issues and present perspectives for theoretical–empirical internet research. *Analyse & Kritik* 26(1), 63–90.

Mayer, A. & Puller, S. L. (2007) The old boy (and girl) network: social network formation on university campuses. *Journal of Public Economics* 92, 329–47.

McKenna, K. Y. A. & Bargh, J. A. (1998) Coming out in the age of the internet: identity "demarginalization" from virtual group participation. *Journal of Personality & Social Psychology* 74, 681–94.

McKenna, K. Y. A., Green, A. S., & Gleason, M. E. J. (2002) Relationship formation on the internet: what's the big attraction? *Journal of Social Issues* 58(1), 9–31.

McLaughlin, M. L., Osborne, K. K., & Smith, C. B. (1995) Standards of conduct on Usenet. In S. Jones (ed.) *Cybersociety: Computer-Mediated Communication and Community*. Thousand Oaks, CA: Sage, pp. 90–111.

McLaughlin, C. & Vitak, J. (2012) Norm evolution and violation on Facebook. *New Media & Society* 14, 299–315.

Mehrabian, A. (1971) *Silent Messages*. Belmont, CA: Wadsworth.

Mesch, G. (2012) Minority status and the use of computer-mediated communication: a test of the social diversification hypothesis. *Communication Research* 39(3), 317–37.

Mesch, G. and Levanon, Y. (2003) Community networking and locally based social ties in two suburban localities. *City and Community* 2, 335–51.

Mesch, G. and Talmud, I. (2006) The quality of online and offline relationships. *The Information Society* 22, 137–48.

Meyrowitz, J. (1985) *No Sense of Place: The Impact of Electronic Media on Social Behavior*. New York: Oxford University Press.

Miller, D. & Slater, D. (2000) *The Internet: An Ethnographic Approach*. Oxford: Berg.

Milner, R. (2012) The world made meme: discourse and identity in participatory media. (Dissertation) Available at http://kuscholarworks.ku.edu/dspace/handle/1808/10256.

Miltner, K. M. (2014) "There's no place for lulz on LOLCats": the role of genre, gender, and group identity in the interpretation and enjoyment of an internet meme. *First Monday* 19(8). (Online) Available at http://firstmonday.org/ojs/index.php/fm/article/view/5391/4103.

Miniwatts Marketing Group (2013) World internet penetration rates by geographic regions. (Online) Available at www.internetworldstats.com/stats.htm.

Mitra, A. (1997) Virtual commonality: looking for India on the internet. In S. Jones (ed.) *Virtual Culture*. Newbury Park, CA: Sage, pp. 55–79.

Monroy-Hernández, A., boyd, d., Kiciman, E., De Choudhury, M., & Counts, S. (2013) The new war correspondents: the rise of civic media curation in urban warfare. In *Proceedings of the 16th ACM Conference on Computer Supported Cooperative Work and Social Computing*. San Antonio, TX, pp. 1443–52.

Morozov, E. (2009) The brave new world of slacktivism. *Foreign Policy*. (Online) Available at http://neteffect.foreignpolicy.com/posts/2009/05/19/the_brave_new_world_of_slacktivism.

Muscanell, N. L. & Guadagno, R. E. (2012) Make new friends or keep the old: gender and personality differences in social networking use. *Computers in Human Behavior* 28(1), 107–12.

Myers, D. (1987a) A new environment for communication play: online play. In G. A. Fine (ed.) *Meaningful Play, Playful Meaning*. Champaign, IL: Human Kinetics Publishers, pp. 231–45.

—(1987b) "Anonymity is part of the magic": individual manipulation of computer-mediated communication contexts. *Qualitative Sociology* 19(3), 251–66.

Nakamura, L. (2002) *Cybertypes: Race, Ethnicity, and Identity on the Internet*. New York: Routledge.

Nardi, B. (2010) *My Life as a Night Elf Priest: An Anthropological Account of World of Warcraft*. Ann Arbor, MI: University of Michigan Press.

Neustaedter, C. & Greenberg, S. (2012) Intimacy in long-distance relationships over video chat. In *Proceedings of the Conference on Human Factors in Computing Systems*. New York: ACM Press, pp. 753–62.

Nie, N. H., Hillygus, D. S., & Erbring, L. (2002) Internet use, interpersonal relations and sociability: a time diary study. In B. Wellman & C. Haythornthwaite (eds.) *The Internet in Everyday Life*. Malden, MA: Blackwell, pp. 215–43.

Nissenbaum, H. (2010) *Privacy in Context: Technology, Policy, and the Integrity of Social Life*. Stanford, CA: Stanford University Press.
Norman, D. (1988) *The Design of Everyday Things*. New York: Basic Books.
Norris, P. (2001) *Digital Divide: Civic Engagement, Information Poverty and the Internet*. Cambridge: Cambridge University Press.
Nye, D. E. (1997) *Narratives and Spaces: Technology and the Construction of American Culture*. New York: Columbia University Press.
—(2004) Technological prediction. In M. Sturken, D. Thomas, & S. J. Ball-Rokeach (eds.) *Technological Visions: The Hopes and Fears that Shape New Technologies*. Philadelphia, PA: Temple University Press, pp. 159–76.
O'Hara, K., Massimi, M., Harper, R., Rubens, S., & Morris, J. (2014) Everyday dwelling with WhatsApp. In *Proceedings of the 17th ACM Conference on Computer Supported Cooperative Work & Social Computing*. Baltimore, MD, pp. 1131–43.
O'Sullivan, P. B. (2000) What you don't know won't hurt ME: impression management functions of communication channels in relationships. *Human Communication Research* 26(3), 403–31.
O'Sullivan, P. B., Hunt, S., & Lippert, L. (2004) Mediated immediacy: a language of affiliation in a technological age. *Journal of Language and Social Psychology* 23, 464–90.
Oksman, V. & Turtiainen, J. (2004) Mobile communication as a social stage: meanings of mobile communication in everyday life among teenagers in Finland. *New Media & Society* 6, 319–39.
Oldenburg, R. (1989) *The Great Good Place: Cafes, Coffee Shops, Community Centers, Beauty Parlors, General Stores, Bars, Hangouts, and How They Get You Through the Day*. New York: Paragon House.
Ong, W. J. (1982) *Orality and Literacy: The Technologizing of the World*. New York: Routledge.
Orleans, M. & Laney, M. C. (2000) Children's computer use in the home: isolation or sociation? *Social Science Computer Review* 18(1), 56–72.
Ottoni, R., Las Casas, D., Pesce, J. P., et al. (2014) Of pins and tweets: investigating how users behave across image- and text-based social networks. In *Proceedings of the International AAAI Conference on Weblogs and Social Media*. (Online) Available at www.aaai.org/ocs/index.php/ICWSM/ICWSM14/paper/view/8059/8139.
Papacharissi, Z. (2002) The presentation of self in virtual life: characteristics of personal home pages. *Journalism and Mass Communication Quarterly* 79(3), 643–60.
Papacharissi, Z. & Oliveira, M. (2012) Affective news and networked publics: the rhythms of news storytelling in #Egypt. *Journal of Communication* 62(2), 266–82.

Pariser, E. (2011) *The Filter Bubble: How the New Personalized Web is Changing What We Read and How We Think*. New York: The Penguin Press.

Parks, M. (2006) *Personal Relationships and Personal Networks*. Mahwah, NJ: Lawrence Erlbaum.

—(2011) Boundary conditions for the application of three theories of computer-mediated communication to MySpace. *Journal of Communication* 61(4), 557–74.

Parks, M. R. & Floyd, K. (1996) Making friends in cyberspace. *Journal of Communication* 46(1), 80–97.

Parks, M. R. & Roberts, L. D. (1998) "Making MOOsic": the development of personal relationships online and a comparison to their offline counterparts. *Journal of Social and Personal Relationships* 15(4), 517–37.

Pascoe, C. J. (2010) "You have another world to create": teens and online hangouts. In M. Ito et al. (eds.) *Hanging Out, Messing Around, and Geeking Out: Kids Living and Learning with New Media*. Cambridge, MA: MIT Press, pp. 50–3.

Pearce, K. E. and Kendzior, S. (2012) Networked authoritarianism and social media in Azerbaijan. *Journal of Communication* 62, 283–98.

Pentzold, C. (2011) Imagining the Wikipedia community. What do Wikipedia authors mean when they write about their community? *New Media & Society* 13(5), 704–21.

Philipsen, G. (1992) *Speaking Culturally: Explorations in Social Communication*. Albany, NY: SUNY Press.

Plato (2008 [360 BCE]) *Phaedrus*. Charleston, SC: Forgotten Books.

Postmes, T. & Baym, N. K. (2005) Intergroup dimensions of the internet. In J. Harwood & H. Giles (eds.) *Intergroup Communication: Multiple Perspectives*. New York: Peter Lang, pp. 213–38.

Potts, L. (2014) *Social Media in Disaster Response: How Experience Architects Can Build for Participation*. New York: Routledge.

Powers, W. (2010) *Hamlet's Blackberry: Building a Good Life in the Digital Age*. New York: HarperCollins.

Preece, J. & Ghozati, K. (1998) In search of empathy online: a review of 100 online communities. In *Proceedings of the 1998 Association for Information Systems Americas Conference*. Baltimore, MD: Association for Information Systems, pp. 92–4.

Preece, J. & Maloney-Krichmar, D. (2003) Online communities. In J. Jacko & A. Sears (eds.) *Handbook of Human–Computer Interaction*. Mahwah, NJ: Lawrence Erlbaum, pp. 596–620.

Preece, J., Nonnecke, B., & Andrews, D. (2004) The top 5 reasons for lurking: improving community experiences for everyone. *Computers in Human Behavior* 20(2), 201–23.

Purcell, K., Buchanan, J., & Friedrich, L. (2013) The impact of digital tools on student writing and how writing is taught in schools. *Pew Internet & American Life Project.* (Online) Available at www.pewinternet.org/Reports/2013/Teachers-technology-and-writing.aspx.

Puro, J.-P. (2002) Finland: a mobile culture. In J. E. Katz & M. Aakhus (eds.) *Perpetual Contact: Mobile Communication, Private Talk, Public Performance.* Cambridge: Cambridge University Press, pp. 19–29.

Putnam, R. (1995) Bowling alone: America's declining social capital. *Journal of Democracy* 6(1), 65–78.

—(2000) *Bowling Alone: The Collapse and Revival of American Community.* New York: Simon & Schuster.

Quan-Haase, A., Wellman, B., Witte, J., & Hampton, K. N. (2002) Capitalizing on the net: social contact, civic engagement, and sense of community. In B. Wellman & C. Haythornthwaite (eds.) *The Internet in Everyday Life.* Malden, MA: Blackwell, pp. 291–324.

Rabby, M. (2007) Relational maintenance and the influence of commitment in online and offline relationships. *Communication Studies* 58(3), 315–37.

Rafaeli, S. & Sudweeks, F. (1997) Networked interactivity. *Journal of Computer-Mediated Communication* 2(4). (Online) Available at http://onlinelibrary.wiley.com/doi/10.1111/j.1083-6101.1997.tb00201.x/full.

Rainie, L., Lenhart, A., Fox, S., Spooner, T., & Horrigan, J. (2000) Tracking online life: how women use the internet to cultivate relationships with family and friends. *Pew Internet & American Life Project.* (Online) Available at www.pewinternet.org/Reports/2000/Tracking-Online-Life.aspx.

Rainie, L. & Smith, A. (2012) Politics on social networking sites. *Pew Internet & American Life Project.* (Online) Available at www.pewinternet.org/2012/09/04/main-findings-8.

Rakow, L. (1992) *Gender on the Line: Women, the Telephone and Community Life.* Chicago, IL: University of Illinois Press.

Rawlins, W. K. (1992) *Friendship Matters: Communication, Dialectics and the Life Course.* New York: Aldine de Gruyter.

Rheingold, H. (1993) *The Virtual Community: Homesteading on the Electronic Frontier.* Reading, MA: Addison-Wesley.

Rice, R. E. (1984) Mediated group communication. In R. E. Rice and associates (eds.) *The New Media: Communication, Research, and Technology.* Beverly Hills, CA: Sage, pp. 129–56.

—(1989) Issues and concepts in research on computer-mediated communication systems. In J. A. Anderson (ed.) *Communication Yearbook,* Volume XII. Newbury Park, CA: Sage, pp. 436–76.

Rice, R. E. & Love, G. (1987) Electronic emotion: socioemotional content in a computer-mediated communication network. *Communication Research* 14(1), 85–108.

Robinson, J. P., Kestnbaum, M., Neustadtl, A., & Alvarez, A. S. (2002) The internet and other uses of time. In B. Wellman & C. Haythornthwaite (eds.) *The Internet in Everyday Life*. Malden, MA: Blackwell, pp. 244–62.

Rudder, C. (2014) We experiment on human beings! (Online) Available at http://blog.okcupid.com/index.php/we-experiment-on-human-beings.

Rutter, J. & Smith, G. W. H. (1999) Presenting the offline self in an everyday online environment. Paper presented at Identities in Action Conference. University of Wales, December.

Ryan, T. & Xenos, S. (2011) Who uses Facebook? An investigation into the relationship between the Big Five, shyness, narcissism, loneliness, and Facebook usage. *Computers in Human Behavior* 27(5), 1658–64.

Sarch, A. (1993) Making the connection: single women's use of the telephone in dating relationships with men. *Journal of Communication* 42, 128–44.

Savicki, V., Lingenfelter, D., & Kelley, M. (1996) Gender language style and group composition in internet discussion groups. *Journal of Computer-Mediated Communication* 2(3). (Online) Available at http://onlinelibrary.wiley.com/doi/10.1111/j.1083-6101.1996.tb00191.x/full.

Schegloff, E. (2002) Beginnings in the telephone. In J. E. Katz & M. Aakhus (eds.) *Perpetual Contact: Mobile Communication, Private Talk, Public Performance*. Cambridge: Cambridge University Press, pp. 284–300.

Schuler, D. (1996) *New Community Networks: Wired for Change*. Reading, MA: Addison-Wesley.

Senft, T. (2008) *Camgirls: Celebrity & Community in the Age of Social Networks*. New York: Peter Lang.

Shea, V. (n.d.). Netiquette: flame wars. (Online) Available at www.albion.com/bookNetiquette/0963702513p73.html.

Sheer, V. C. (2011) Teenagers' use of MSN features, discussion topics, and online friendship development: the impact of media richness and communication control. *Communication Quarterly* 59(1), 82–103.

Shifman, L. (2013) *Memes in Digital Culture*. Cambridge, MA: MIT Press.

Shklovski, I. & Valtysson, B. (2012) Secretly political: civic engagement in online publics in Kazakhstan. *Journal of Broadcasting & Electronic Media* 56(3), 417–33.

Short, J., Williams, E., & Christie, B. (1976) *The Social Psychology of Telecommunications*. Chichester: Wiley.

Silver, D. (2000) Margins in the wires: looking for race, gender and sexuality in the Blacksburg Electronic Village. In B. Kolko, L. Nakamura, & G. B. Rodman (eds.) *Race in Cyberspace*. New York: Routledge, pp. 133–50.

Silverstone, R., Hirsch, E., & Morley, D. (1992) Information and communication technologies and the moral economy of the household. In R. Silverstone & E. Hirsch (eds.) *Consuming Technologies: Media and Information in Domestic Spaces*. London: Routledge, pp. 9–17.

Smith, A. & Dugan, M. (2013) Online dating & relationships. *Pew Internet & American Life Project*. (Online) Available at www.pewinternet.org/2013/10/21/online-dating-relationships.

Smith, A., Schlozman, K. L., Verba, S., & Brady, H. (2009) The internet and civic engagement. *Pew Internet and American Life Project*. (Online) Available at www.pewinternet.org/Reports/2009/15--The Internet-and-Civic-Engagement.aspx.

Snyder, J., Carpenter, D., & Slauson, G. J. (2006) MySpace.com: a social networking site and social contract theory. In *Proceedings of ISECON 2006*. (Online) Available at http://isedj.org/5/2.

Solove, D. J. (2007) *The Future of Reputation: Gossip, Rumor, and Privacy on the Internet*. New Haven, CT: Yale University Press.

Sorbring, E. & Lundin, L. (2012) Mothers' and fathers' insights into teenagers' use of the internet. *New Media & Society* 14(7), 1181–97.

Sparta Networks (n.d.) Lincoln uses Sparta social networks to help make dreams come true. (Online) Available at www.spartasocialnetworks.com/clients/case-studies/case-study-lincoln.

Spears, R. & Lea, M. (1992) Social influence and the influence of the "social" in computer-mediated communication. In M. Lea (ed.) *Contexts of Computer-Mediated Communication*. Hemel Hempstead: Harvester Wheatsheaf, pp. 30–65.

Spigel, L. (1992) *Make Room for TV: Television and the Family Ideal in Postwar America*. Chicago, IL: University of Chicago Press.

—(2004) Portable TV: studies in domestic space travels. In M. Sturken, D. Thomas, & S. J. Ball-Rokeach (eds.) *Technological Visions: The Hopes and Fears that Shape New Technologies*. Philadelphia, PA: Temple University Press, pp. 110–44.

Sproull, L. & Kiesler, S. (1991) *Connections: New Ways of Working in the Networked Organization*. Cambridge, MA: MIT Press.

Stafford, L., Kline, S. L., & Dimmick, J. (1999) Home e-mail: relational maintenance and gratification opportunities. *Journal of Broadcasting & Electronic Media* 43(4), 659–69.

Standage, T. (1998) *The Victorian Internet*. New York: Berkley.

—(2013) *Writing on the Wall: Social Media – The First 2,000 Years*. New York: Bloomsbury USA.

Steinkuehler, C. A. & Williams, D. (2006) Where everybody knows your (screen) name: online games as "third places." *Journal of*

Computer-Mediated Communication 11(4). (Online) Available at http://onlinelibrary.wiley.com/doi/10.1111/j.1083-6101.2006.00300.x/full.
Stephenson, N. (1992) *Snow Crash*. New York: Spectra.
Stivale, C. (1997) Spam: heteroglossia and harassment in cyberspace. In D. Porter (ed.) *Internet Culture*. New York: Routledge, pp. 133–44.
Stoll, C. (1995) *Silicon Snake Oil: Second Thoughts on the Information Highway*. New York: Doubleday.
Stone, A. R. (1995) *The War of Desire and Technology at the Close of the Mechanical Age*. Cambridge, MA: MIT Press.
Stross, C. (2007) *Halting State*. New York: Berkley Publishing Group.
Sturken, M. & Thomas, D. (2004) Introduction: technological visions and the rhetoric of the new. In M. Sturken, D. Thomas, & S. J. Ball-Rokeach (eds.) *Technological Visions: The Hopes and Fears that Shape New Technologies*. Philadelphia, PA: Temple University Press, pp. 1–18.
Stutzman, F., Gross, R., & Acquisti, A. (2012) Silent listeners: the evolution of privacy and disclosure on Facebook. *Journal of Privacy and Confidentiality* 4(2), 7–41.
Stutzman, F. & Hartzog, W. (2013) Boundary regulation in social media: online dating & relationships. In *Proceedings of the ACM Conference on Computer Supported Cooperative Work*. Seattle, WA, pp. 769–78.
Tajfel, H. & Turner, J. C. (1986) The social identity theory of intergroup behavior. In S. Worchel & W. G. Austin (eds.) *The Psychology of Intergroup Relations*. Chicago, IL: Nelson-Hall, pp. 7–24.
Tang, G. & Lee, F. L. F. (2013) Facebook use and political participation: the impact of exposure to shared political information, connections with public political actors and network structural heterogeneity. *Social Science Computer Review* 31(6), 763–73.
Thomas, D. (2004) Rethinking the cyberbody: hackers, viruses, and cultural anxiety. In M. Sturken, D. Thomas, & S. J. Ball-Rokeach (eds.) *Technological Visions: The Hopes and Fears that Shape New Technologies*. Philadelphia, PA: Temple University Press, pp. 219–39.
Thurlow, C., Lengel, L., & Tomic, A. (2004) *Computer-Mediated Communication: Social Interaction and the Internet*. Los Angeles: Sage.
Tiidenberg, K. (2014) Bringing sexy back: reclaiming the body aesthetic via self-shooting. *Cyberpsychology: Journal of Psychosocial Research on Cyberspace* 8(1), article 3.
Toma, C. L. & Hancock, J. T. (2010) Looks and lies: the role of physical attractiveness in online dating self-presentation and deception. *Communication Research* 37(3), 335–51.
Tosun, L. P. (2012) Motives for Facebook use and expressing the "true self" on the internet. *Computers in Human Behavior* 28(4), 1510–17.

Translate to Success (2009) Internet language use statistics. (Online) Available at www.translate-to-success.com/internet-language-use.html.

Tufekci, Z. and Wilson, C. (2012) Social media and the decision to participate in political protest: observations from Tahrir Square. *Journal of Communication* 62, 363–79.

Turkle, S. (1996) *Life on the Screen: Identity in the Age of the Internet*. New York: Simon & Schuster.

—(1997) Constructions and reconstructions of self in virtual reality: playing in the MUDs. In S. Kiesler (ed.) *Culture of the Internet*. Mahwah, NJ: Lawrence Erlbaum, pp. 143–55.

—(2004) "Spinning" technology: what we are not thinking about when we are thinking about computers. In M. Sturken, D. Thomas, & S. J. Ball-Rokeach (eds.) *Technological Visions: The Hopes and Fears that Shape New Technologies*. Philadelphia, PA: Temple University Press, pp. 19–33.

—(2011) *Alone Together: Why We Expect More from Technology and Less from Each Other*. New York: Basic Books.

Tuszynski, S. (dir.) (2007) *IRL: In Real Life*. (Film) DL Films.

Twitter tweets are 40% "babble" (2009). *BBC News*, August 19. (Online) Available at http://news.bbc.co.uk/2/hi/technology/8204842.stm.

Uimonen, P. (2013) Visual identity in Facebook. *Visual Studies* 28(2), 122–35.

Ullman, E. (1997) *Close to the Machine: Technophilia and its Discontents*. San Francisco: City Lights Books.

UN (2001) Human Development Report. *Making New Technologies Work for Human Development*. (Online) Available at http://hdr.undp.org/en/reports/global/hdr2001.

Utz, S. (2010) Show me your friends and I will tell you what type of person you are: how one's profile, number of friends, and type of friends influence impression formation. *Journal of Computer-Mediated Communication* 15(2), 314–35.

Valenzuela, S., Arriagada, A., & Scherman, A. (2012) The social media basis of youth protest behavior: the case of Chile. *Journal of Communication*, 62, 299–314.

Van der Heide, B., D'Angelo, J. D., & Shumaker, E. M. (2012) The effects of verbal versus photographic self-presentation on impression formation in Facebook. *Journal of Communication* 62, 98–116.

van Dijck, J. (2013) *The Culture of Connectivity: A Critical History of Social Media*. New York: Oxford University Press.

Van House, N. (2011) Personal photography, digital technologies, and uses of the visual. *Visual Studies* 25(1), 125–34.

Walker, R. (2008) *Buying In: The Secret Dialogue between What We Buy and Who We Are*. New York: Random House.

Walther, J. B. (1992) Interpersonal effects in computer-mediated interaction. *Communication Research* 19(1), 52–90.
—(1994) Anticipated ongoing interaction versus channel effects on relational communication in computer-mediated interaction. *Human Communication Research* 20(4), 473–501.
—(1996) Computer-mediated communication: impersonal, interpersonal and hyperpersonal interaction. *Communication Research* 23(1), 3–43.
—(2011) Theories of computer mediated communication and interpersonal relations. In M. Knapp & J. Daly (eds.) *The SAGE Handbook of Interpersonal Communication*, 4th edn. Thousand Oaks, CA: Sage, pp. 443–80.
Walther, J. B., Anderson, J. F., & Park, D. (1994) Interpersonal effects in computer-mediated interaction: a meta-analysis of social and anti social communication. *Communication Research* 21(4), 460–87.
Walther, J. B. & Boyd, S. (2002) Attraction to computer-mediated social support. In C. Lin & D. Atkin (eds.) *Communication Technology and Society: Audience Adoption and Uses*. Cresskill, NJ: Hampton Press, pp. 153–88.
Walther, J. B. & Burgoon, J. K. (1992) Relational communication in computer-mediated interaction. *Human Communication Research* 18(1), 50–88.
Walther, J. B., Liang, Y., DeAndrea, D. C., Tong, S. T., Spottswood, E. L., & Amichai-Hamburger, Y. (2011) The effect of feedback on identity shift in computer-mediated communication. *Media Psychology* 14(1), 1–26.
Walther, J. B., Van der Heide, B., Kim, S. Y., & Westerman, D. (2008) The role of friends' appearance and behavior on evaluations of individuals on Facebook: are we known by the company we keep? *Human Communication Research* 34, 28–49.
Warschauer, M. (2004) *Technology and Social Inclusion: Rethinking the Digital Divide*. Cambridge, MA: MIT Press.
Watzlawick, P., Beavin, J. B., & Jackson, D. J. (1967) *Pragmatics of Human Communication: A Study of Interactional Patterns, Pathologies and Paradoxes*. New York: W. W. Norton.
Wellman, B. (1988) Networks as personal communities. In B. Wellman & S. D. Berkowitz (eds.) *Social Structures: A Network Analysis*. Cambridge: Cambridge University Press, pp. 130–84.
Wellman, B. & Gulia, M. (1999) Virtual communities as communities: net surfers don't ride alone. In M. Smith & P. Kollock (eds.) *Communities in Cyberspace*. New York: Routledge, pp. 167–94.
Wellman, B., Quan-Haase, A. Q., Boase, J., Chen, W., Hampton, K., & de Diaz, I. I. (2003) The social affordances of the internet for

networked individualism. *Journal of Computer-Mediated Communication* 8(3). (Online) Available at http://onlinelibrary.wiley.com/doi/10.1111/j.1083-6101.2003.tb00216.x/full.

Welser, H. T., Gleave, E., Fischer, D., & Smith, M. (2007) Visualizing the signatures of social roles in online discussion groups. *The Journal of Social Structure* 8(2). (Online) Available at www.cmu.edu/joss/content/articles/volume8/Welser.

Whitty, M. & Gavin, J. (2001) Age/sex/location: uncovering the social cues in the development of online relationships. *Cyberpsychology and Behavior* 4(5), 623–30.

Who's Online (2014) *Pew Internet & American Life Project*, April. (Online) Available at www.pewinternet.org/Static-Pages/Trend-Data/Whos-Online.aspx.

Wiemann, J. M. & Knapp, M. L. (1975) Turn-taking in conversations. *Journal of Communication* 25, 75–92.

Wolak, J. & Finkelhor, D. (2013) Are crimes by online predators different from crimes by sex offenders who know youth in-person? *Journal of Adolescent Health* 53, 1–6.

WordPress.com (2014) A live look at activity across WordPress.com. (Online) Available at http://en.wordpress.com/stats.

Wright, K. B., Rains, S., & Banas, J. (2010) Weak-tie support network preference and perceived life stress among participants in health-related, computer-mediated support groups. *Journal of Computer-Mediated Communication* 15, 606–24.

Wynn, E. & Katz, J. E. (1998) Hyperbole over cyberspace: self-presentation and social boundaries in internet home pages and discourse. *The Information Society* 13(4), 297–328.

索　引

（所注页码为英文原书页码，即本书边码）

Personal Connections in the Digital Age
9780745670331
By Nancy K. Baym

图书在版编目（CIP）数据

交往在云端：数字时代的人际关系：第2版／（美）南希·K. 拜厄姆著；董晨宇，唐悦哲译．--北京：中国人民大学出版社，2020.1

（新闻与传播学译丛．学术前沿系列）

书名原文：Personal Connections in the Digital Age Second Edition

ISBN 978-7-300-27215-3

Ⅰ．①交… Ⅱ．①南…②董…③唐… Ⅲ．①数字技术—多媒体技术—影响—人际关系—研究 Ⅳ．①C912.11

中国版本图书馆CIP数据核字（2019）第262721号

新闻与传播学译丛·学术前沿系列

交往在云端

数字时代的人际关系

第2版

［美］南希·K. 拜厄姆 著

董晨宇 唐悦哲 译

Jiaowang zai Yunduan

出版发行	中国人民大学出版社		
社　　址	北京中关村大街31号	**邮政编码**	100080
电　　话	010－62511242（总编室）		010－62511770（质管部）
	010－82501766（邮购部）		010－62514148（门市部）
	010－62515195（发行公司）		010－62515275（盗版举报）
网　　址	http://www.crup.com.cn		
经　　销	新华书店		
印　　刷	北京宏伟双华印刷有限公司		
规　　格	170 mm×240 mm　16开本	**版　　次**	2020年1月第1版
印　　张	15.25 插页2	**印　　次**	2022年9月第4次印刷
字　　数	211 000	**定　　价**	65.00元